Torsten "Toto" Heim
Mit Alexandra Huß

Vom Leben und vom Überleben

hansanord

Torsten "Toto" Heim

mit Alexandra Huß

Vom Leben und vom Überleben

IMPRESSUM

1. Auflage 2022

ISBN Print 978-3-947145-60-7
ISBN E-Book 978-3-947145-61-4

Cover | Umschlag: Tobias Priessner
Satz: Christiane Schuster | www.kapazunder.de
Lektorat: Ute Wielandt

Für Fragen und Anregungen:
info@hansanord-verlag.de

Fordern Sie unser Verlagsprogramm an:
vp@hansanord-verlag.de

hansanord

hansanord Verlag
Johann-Biersack-Str. 9
D 82340 Feldafing
Tel. +49 (0) 8157 9266 280
FAX +49 (0) 8157 9266 282
info@hansanord-verlag.de
www.hansanord-verlag.de

Inhalt

Nachtschatten. Kein Mond. Und die Finsternis liegt über den Welten. Wer in dieser Nacht die Zeichen zu deuten versteht, weiß, dass nur noch der mutigste aller Götter die Mächte der Finsternis aufhalten kann: Thor, der Herr des Gewitters, der Riesentöter mit dem Donnerhammer, der schon so viele Schlachten geschlagen hat. Aber diesmal braucht selbst er, Odins ältester Sohn, die Hilfe eines Freundes …

(Auszug aus Thor, der Donnergott)

Widmung Peter Althof

Toto ist für mich ein Herzensmensch, immer lustig und wenn man ihn braucht, ist er für einen da. Ein echter Freund!

Nürnberg im April 2022

Widmung Rainer Wendt

Toto verkörpert wichtige Polizeitugenden: Kameradschaft, Geradlinigkeit und Zuverlässigkeit. Viele Menschen lieben seinen ruppig-herzlichen Ruhrgebietsjargon und die Art, wie er mit der Bevölkerung umzugehen weiß. Recht und Ordnung waren und sind bei ihm jederzeit in guten Händen. Toto ist viel mehr als ein Kultpolizist, er ist ein echter Kumpel und langjähriger Freund. Uns verbinden unzählige gemeinsame Stunden und Gespräche.

Rainer Wendt -
Bundesvorsitzender der Deutschen Polizeigewerkschaft

April 2022

Heimathafen

Der Winter des Jahres 1962/63 war der kälteste des 20. Jahrhunderts. Die Flüsse und Seen im ganzen Land waren zugefroren, ein eiskalter Wind mit starken Böen hielt auch das beschauliche Örtchen Hilden in Schach. Während die Schneedecke auf den Gehwegen immer dichter wurde, lag meine Mutter im Krankenhaus und brachte mich auf die Welt. Es war der 24. Februar 63, vor den Fenstern wurde es dunkel, die Nacht begann. Sie hatte sich für die Geburtsstation in Hilden entschieden, sodass mein Vater aufgrund des schlechten Wetters den Weg von Solingen, ihrem Wohnort, bis zur Klinik zu Fuß zurücklegen musste. Es fuhr weder ein Bus noch ein Taxi, also trabte er bei Nacht und bitterer Kälte gute fünf Kilometer über vereiste Straßen, um mich zu begrüßen. Nach den ersten Atemzügen war ich hellwach, ich blinzelte ihn an und hatte Bock auf das Leben. Meine Eltern gaben mir den altnordischen Namen Torsten, der in seiner Bedeutung auf Thor, den Gott der Seefahrer und des Wetters, zurückzuführen ist. In den mythologischen Edda-Schriften hatte er die Aufgabe des Beschützers von Midgard, der Welt der Menschen. Vielleicht schwang da schon eine Prophezeiung mit, ein Wink des Schicksals?

Zur Person

Torsten Heim besuchte das Geschwister-Scholl-Gymnasium bis 1981. Daraufhin folgte die Polizeiausbildung von 1981 bis 1984 in Bochum. Zwischen 1984 und 1989 war er in Köln stationiert. Im Moment ist er als Polizeihauptkommissar im Wach- und Wechseldienst in Bochum tätig.

Der Botschafter der Herman van Veen-Stiftung und der deutschen Kinderhospiz- und Familienstiftung hat einen Sohn und eine Tochter.

Familie

Unsere Familienverhältnisse waren überschaubar. Von den Eltern habe ich gelernt, was es heißt, fleißig und ordentlich zu sein, aber aufgewachsen bin ich sozusagen bei den Omas, da ich mich dort am meisten aufgehalten habe. Oma Käthe, die Mutter meines Vaters und seines Bruders, wohnte direkt im Haus gegenüber, ich brauchte nur über den Hof zu gehen, um den Duft aus ihrer Küche bereits zu riechen. Denn Kochen, und das wissen wir fast alle, konnten die Omas ja am besten.

Oma Käthe war streng, aber sie steckte mir immer mit den Worten, ich solle mir Bonbons kaufen und sie genießen, ein paar Pfennige zu. Mit Opa Karl, dem Vater meines Vaters, hatte ich kaum Kontakt. Er sprach nicht viel, eigentlich mit niemandem. Ich durfte ihm aber den Henkelmann zur Mittagspause bringen, er war selbstständiger Scherenschleifer und arbeitete um die Ecke in einer Firma.

Mich Stöpsel kannte man schon am Eingangstor und ich bewunderte Opa, mit welcher Ruhe und Gelassenheit er die Messer wetzte und schliff.

Mit meinem Onkel Benny zog ich später in der Jugend um die Häuser. Wir waren bis tief in die Nacht unterwegs und tanzten, tranken, aßen und rauchten mit anderen jungen Menschen. Es war eine aufregende Zeit, in der man sich noch mit zwanzig Mark ordentlich einen hinter die Binde gießen konnte. Wir heckten so manche Streiche aus und hielten fest zusammen. Unsere Eltern waren ab Freitag not amused, wenn wir die Städte unsicher machten. Benny kannte zur damaligen Zeit jeder, man hatte Respekt vor ihm und ließ mich ebenfalls in Ruhe. Da das Jugendschutzgesetz noch anders strukturiert war, konnte ich unter seiner Aufsicht bis zum frühen Morgen unterwegs sein. Da ich in den Ferien und neben der Schule gejobbt habe, hatte ich auch die nötigen Geldmittel, um sie auszugeben. Es war eine spannende Zeit. Mit meinem jüngeren Bruder hatte ich eigentlich sehr wenig zu tun. Er zog sich aus bestimmten Gründen zurück und wurde zum Eigenbrötler. Wir haben auch heute keinen Kontakt mehr.

Mein Vater nahm mich mit auf diverse Baustellen und ich half ihm, wo ich konnte. Zumeist wurden im Akkord Wände verputzt und am Wochenende half man Bekannten und Freunden beim Renovieren. Dadurch verdiente ich mir ein paar Mark dazu und lernte das Arbeitsmaterial und den Arbeitsbereich zu schätzen. Es war ein Knochenjob, sodass ich abends müde ins Bett fiel. Die Eltern konnten mir nicht so viel Taschengeld geben, wie es die anderen Kinder auf dem Gymnasium bekamen, aber durch meinen Zuverdienst konnte ich dort und in der Clique um Benny mithalten. In den Sommerferien fuhren wir meist mit dem Auto für mehrere Wochen in den Urlaub. Der Straßenverkehr war damals halb so wild und rasen konnte man mit dem Pkw auch nicht wirklich. Wir erholten uns an der Costa Brava oder Costa Dorada in Spanien und wir trafen dort Bekannte aus Holland und Deutschland. Es waren immer sehr gemütliche und familiäre Ferien. Ansonsten besuchten wir Oma Maria in der Pfalz und ich liebte diese Zeiten, es gab weder Handy noch Fernsehen. Die Fortbildung übernahm der Opa, der uns alte Kriegsgeschichten aus dem Zweiten Weltkrieg erzählte, er war Flieger und in russischer Gefangenschaft gewesen. Opas brummige Stimme höre ich noch heute, die Geschichten haben mich fasziniert. Und wenn die eigentlichen Herren des Hauses in der Küche Kuchen backten, saß ich auf seinem warmen Schoss und löste mit ihm Kreuzworträtsel.

Ganz besonders stolz bin ich natürlich auf meine beiden Kinder. Dass ich 1996 und 2000 doch Vater werden würde, damit hatte ich nicht mehr gerechnet.

Eigentlich wollte ich immer eigene Kinder haben, doch in den vorherigen Beziehungen hatten wir leider nicht das Glück, welche zu bekommen. Wie eng das Leben und der Tod miteinander verknüpft waren, sollte ich kurz vor der Geburt meines Sohnes Lukas feststellen.

Es ereignete sich am Freitag, den 13.12.1996. Ich musste mit einer Kollegin einen tödlichen Verkehrsunfall auf dem Sheffieldring in Bochum aufnehmen, bei dem drei heranwachsende Menschen ihr Leben verloren haben. Sie fuhren mit einem 3-er BMW viel zu schnell, prallten gegen die Leitplanken, der Pkw wurde aufgeladen und gegen einen Betonpfeiler gedrückt. Die Insassen waren auf der Stelle tot. Auf der Stadtautobahn herrschte Grabesstille, der Schock saß bei allen Beteiligten tief. Ich fuhr nachts nach Hause, weckte meine damalige Frau und erzählte ihr diese traurige Geschichte. Während ich redete, legte ich die Hand auf ihren Bauch und spürte das neue Leben. Vier Tage später durfte ich bei der Entbindung meines Sohnes dabei sein. Durch einen Vorbereitungskurs, den ich meist verschlief, war ich trotzdem gut vorbereitet. Wer einmal eine Geburt live miterlebt hat, weiß, wovon ich spreche, und ich werde nicht ins Detail gehen. Schließlich war es geschafft und ich hielt meinen kleinen Jungen auf dem Arm. Ein unvorstellbares Gefühl. Jetzt, fünfundzwanzig Jahre später, darf ich ihn immer noch erleben und ich freue mich, dass er auch mit seiner Schwester gut auskommt. Das ist ja bei Geschwistern so eine Sache. Aber zurück.

Nach der Risikogeburt meines Sohnes teilte man uns mit, dass wir wohl keine weiteren Kinder bekommen könnten. Wir waren natürlich enttäuscht und traurig. Aber auch diese schwierige Zeit schafften wir und dann, im Sommer 2000, kam unsere Tochter Sophia zur Welt. So hatten wir doch noch mal das Glück, Eltern zu werden, die Freude darüber war groß.

Als die Entbindung näher rückte, wollte das Baby schon acht Tage vor dem Termin zur Welt kommen. Auf dem Weg zum Krankenhaus schaute bereits ihr Köpfchen raus und nach einer heftigen Wassergeburt waren wir Eltern einer gesunden Tochter. Eine berauschende Emotion, unser Glück war perfekt.

Nach all den Jahren, die wie im Flug vergangen sind, nach Krankheiten und Wehwehchen, Freud und Leid, die das Erwachsenwerden mit sich brachte, schafften beide ihr Abitur auf dem Gymnasium. Sie wählten tolle Berufe in sozialen Bereichen und stehen heute kurz davor, ihre Abschlussprüfungen zu machen. Für meinen Stolz, die Liebe und die Dankbarkeit, die ich ihnen gegenüber empfinde, gibt es keine Worte.

Weihnachten in der Pfalz

An ein Weihnachten Ende der 60-er Jahre kann ich mich besonders gut erinnern. Den Heiligen Abend wollten wir im Kreise der Familie verbringen und so stiegen wir in den Zug, der uns in ein Winterwunderland brachte.

Meine Großeltern mütterlicherseits lebten in der Pfalz, es waren bescheidene Leute, die nicht viel besaßen. In dem roten Häuschen, das unmittelbar am Waldesrand lag, wohnten sie gemeinsam mit den Urgroßeltern. Ein schmaler Pfad trennte das Grundstück mit Garten und Stall von dichten grünen Bäumen und einem Bach, in dem ich im Sommer badete. Nun lag so viel Schnee, dass ich bis zu den Knien darin versank, die Schornsteine qualmten und die Luft roch nach Holz, nach Winter und Gewürzen. Die Zweige der riesigen Tannen hatten schwer mit der Last des Schnees zu kämpfen, sie bogen sich und bei kräftigem Wind ließen sie die weißen Kristalle durch die bitterkalte Luft stieben. Das Haus der Schumachers, die die Arbeit des Schumachers auch tatsächlich ausgeübt haben, war klein und beengt, doch an Gemütlichkeit hatte es nicht gefehlt. Es gab zwei Wolfsspitze, die die Füchse vertrieben, und zwei Katzen, die Mäuse und Ratten jagten. Meine Großeltern hatten acht Kaninchen, die in ihren Stallungen fett ansetzten, eines davon war ganz schwarz, das mochte ich besonders gerne.

Die Vorbereitungen fürs Fest wurden aufgeteilt. Die Frauen unterhielten sich in der zweckmäßigen Küche, während sie das Festessen für den Abend zubereiteten. Es sollte traditionell Braten, Klöße und Rotkohl geben. Großvater und ich gingen in den Wald, um einen Weihnachtsbaum zu schlagen. Ich trug die Axt wie ein Held und fühlte mich in der Gesellschaft des alten Mannes sehr wohl und geborgen. Der Förster, ein Onkel meiner Mutter, wies uns ein Areal mit Bäumen zu, in dem wir uns den schönsten aussuchen durften, und als unsere Arbeit verrichtet war, zogen wir ihn quer durch den Wald zurück zum Haus. Der Weg lag bald im Dunkeln, denn Laternen gab es dort nicht, aber Angst hatte ich keine. Noch bevor wir die Haustür öffneten, rochen wir den Duft aus der Küche, meine Wangen glühten vor Aufregung und Appetit. Die Wärme des Ofens in der Wohnstube tat gut, Urgroßmutter, Großmutter und Mutter bestaunten den Tannenbaum. Mein Vater und der Urgroßvater, der eine mit Zigarette, der andere mit einer Pfeife im Mund, nickten zustimmend. Es war eine Zeit, in der es nicht viel gab, aber unser Familienkonstrukt zeugte von Zusammenhalt und Miteinander. Die Nachbarschaft funktionierte, man tauschte Lebensmittel wie Eier gegen Äpfel oder Kartoffeln gegen Brot und kaufte fehlende Dinge beim Krämer, der freitags aus dem Nachbarort vorbeischaute und seine Waren feilbot. Man folgte dem Rhythmus des einfachen Lebens, baute Obst und Gemüse eigenhändig an, es gab Kühe für die Milch und Hühner für die Eier. Sie schlachteten teilweise noch selbst, holten die Kartoffeln aus der Erde und säten das Korn, um Brote zu backen. Erschöpft vom Waldspaziergang gesellte ich mich zu den Frauen in die Küche, nun roch es nach Plätzchen und Mandeln, Nüssen und zerlassener Butter. Ich naschte vom Teig, bis ich Bauchweh bekam und zurück zu Großvater geschickt wurde, der mich über den Hof zum Plumpsklo begleitete, denn eine Toilette im Haus war damals noch nicht üblich. Die Hunde liefen uns hinterher, die Kaninchen im Stall schienen zu schlafen, auch mein Lieblingstier, der Schwarze, war nicht zu sehen. Ich fragte meinen Opa, ob wir gleich noch mal nach den Tieren schauen konnten, aber er wiegelte ab.

»Der Baum muss noch geschmückt werden«, sagte er hüstelnd. Das Plumpsklo war kein schöner Ort, das habe sogar ich als kleiner Knirps verstanden. Es war kalt und ungemütlich, es bestand aus Holz mit Guckloch, an das ich nicht heranreichte, und es stank fürchterlich. So lang ich konnte, versuchte ich einzuhalten, um diesem Erlebnis zu entgehen. Den Weg zurück ins Warme rannte ich, denn nun wurde der Christbaum geschmückt, die Kerzen aufgesteckt, das Lametta durfte ich auf die Zweige legen.

Zur Sicherheit deponierten wir einen Eimer mit Wasser in der Nähe, falls die Flammen der Wachskerzen auf die Tannenzweige übergehen sollten. Die Erwachsenen wechselten die Kleidung, auch mich zog man schick an. Eine Schallplatte mit Weihnachtsmusik lag auf der Anrichte, die ich zur Bescherung auf den Plattenspieler legte. Doch bevor das Fest begann, schlich ich mich doch noch mal zum Stall, um meinem Hasen frohe Weihnachten zu wünschen. So tapste ich auf Zehenspitzen in den Flur, zog die Stiefel über, öffnete die Tür und ließ sie einen Spalt breit auf. Dann ging ich über den verschneiten Hof, die Luft roch herrlich frisch. Hinter den Fenstern sah ich die Umrisse meiner Familie, den glitzernden Weihnachtsbaum, das gelbe Licht aus dem Küchenfenster erhellte mir den Weg. Da war der Hasenstall, ich legte den Riegel am Holzverschlag zur Seite und versuchte die Tiere in der Dunkelheit auszumachen, da lagen sie, eng beieinander, doch der Schwarze war nicht dabei. Mehrfach zählte ich nach, aber es blieb bei sieben. Erschrocken rannte ich zurück ins Haus und berichtetet aufgelöst von meiner Entdeckung. Die Erwachsenen schauten betreten drein, Großvater schob die Schuld auf den Fuchs, der habe ihn sicher geholt. Das kam mir allerdings komisch vor, denn mein Hase war doppelt so groß und dreimal so dick wie der Fuchs, der sich hier rumtrieb. Ich redete mir ein, er käme bald zurück, denn ich wollte am Weihnachtsabend nicht traurig sein. Mein Blick fiel auf die Pakete unterm Tannenbaum, eines davon war sicher für mich. Und dann genossen wir das leckere Essen, wir sangen im Kerzenschein zur Melodie der Schallplatte die alten volkstümlichen Weihnachtslieder, ich zupfte das Paketband auseinander und freute mich über eine Ritterburg mit fünf hölzernen Rittern. Bis auf die kratzige Strumpfhose war es ein wundervolles Fest, das ich nie vergessen werde. Na ja, nicht ganz. Denn im Bratentopf hatte mein Schwarzer gelegen, was ich Gott sei Dank erst Jahre später erfahren sollte.

Im Zeichen des Mondes

Ein bahnbrechendes Ereignis für die Menschheit vergaß ich nie, obwohl es schon so lange her war.

1969 war ich sechs Jahre alt und ich sollte im Sommer eingeschult werden. Ich war sehr aufgeregt, vor allem, wen ich kennenlernen durfte und was in der großen Schultüte sein würde. Im Juli 69 wurde ich plötzlich nachts von meinem Vater geweckt. Was war passiert? Es war noch nicht einmal morgens und mein Vater trug noch seinen zerknitterten Schlafanzug.

»Torsten, komm schnell ins Wohnzimmer. Es kommt da was im Fernsehen, das muss du dir anschauen. Dieses Ereignis wirst du dein ganzes Leben nicht vergessen«, rief er aufgeregt.

Ich huschte zu ihm rüber und legte mich auf die Couch, deckte mich zu und trank etwas Tee, den mein Vater mir hingestellt hatte. Im Fernsehapparat – damals wurden nur Schwarz-Weiß-Bilder gesendet – erklärte ein Reporter gerade, dass es zu einer Mondlandung kommen sollte. Den Mond kannte ich ja, vor allem wenn er voll war und man den Mann im Mond sehen konnte. Eigentlich so nah und doch so fern. Oder aus den Geschichten, in denen sich Menschen bei Vollmond in einen Werwolf verwandelten. Dieses Mal war aber eine Raumkapsel mit drei Astronauten, die Apollo 11, von der Erde aus gestartet und hatte die Mondumlaufbahn erreicht. Nach einigen Umkreisungen hatte man sich dem richtigen Eintrittswinkel genähert und man konnte die Mondlandefähre Eagle auf dem Mond landen lassen. Ich verstand nur, dass der Mond einmal Teil der Erde gewesen war und nun mit der Erde die Sonne umkreiste. So wollte es die Natur. Wie viele Millionen Jahre alt die Erde und die Menschheit waren, begriff ich damals noch nicht. Die Übertragung, die es im Fernsehen gab, war schlecht, und ich konnte kaum etwas erkennen. Nach einiger Zeit war man mit der Mondfähre gelandet und nun betrat Neil Armstrong als erster Mensch den Mond, nach ihm Buzz Aldrin. Es sah aus wie in einem Science-Fiction-Film, wie die beiden umhersprangen und ihre Eindrücke zum Besten gaben. Der deutsche Reporter übersetzte das Gesagte und kommentierte das Ereignis mit voller Inbrunst. Man hörte, dass er sehr aufgeregt war. Nach einiger Zeit wurde mir langweilig und ich schlief ein, während mein Vater gebannt auf den Bildschirm starrte. Was dort gerade passierte, verstand ich erst Jahre später, als ich erwachsener wurde. Nach der heutigen rasanten Entwicklung zu urteilen, schafft es die Menschheit in naher Zukunft auch, den Mars zu betreten. Wenn man sich vorstellt, was für Entfernungen die Raumschiffe, die Raumsonden, die Satelliten und die von dort kommenden Signale zurücklegen, welche scharfen und bunten Bilder von dort aus dem Weltraum gesendet werden, das ist schon einzigartig. Allerdings schafft es die Menschheit nur zusammen, die unendlichen Weiten der Galaxien zu erforschen und zu erkunden. Ohne Kriege und Umweltzerstörung. Im Endeffekt bleiben wir Menschen nur so klein und winzig wie ein Sandkorn in der Wüste. Alles manchmal unvorstellbar, aber das Ereignis der Mondlandung vergaß ich nie.

Grundschulzeit

Meine Grundschulzeit verbrachte ich in der Grundschule Fürker Irlen in Merscheid. Der Namensteil Fürker leitete sich durch die Nähe zu der seit dem Mittelalter vorhandenen Hofschaft Fürk ab, Irlen bedeutete Erlen, diese Bäume säumten in dem Gebiet einst einen kleinen Zufluss zum Viehbach. Zur Einschulung war meine Schultüte größer als ich, in ihr steckten eine Menge Leckereien, die ich im Anschluss nach und nach verputzte. Dort verbrachte ich vier Jahre, es gab vier Klassen, die zwischen fünfunddreißig und vierzig Kinder hatten. Es gab einen Rektor, der mir damals schon sehr alt vorkam, und eine dunkelhaarige Klassenlehrerin mit Brille. Beide waren streng, es galt Ruhe und Disziplin zu wahren und wenn das nicht funktionierte, gab es auch mal einen Hieb mit dem Holzlineal auf die Finger. Die Klasse untereinander schloss schnell Freundschaft, wir übten gemeinsam die deutsche Schrift, leider gab es in den Jahren danach nie ein Klassentreffen und die meisten von ihnen sah ich nie wieder. Ich schrieb gute Noten, denn ich wollte unbedingt auf das Gymnasium, und mein Fleiß wurde belohnt, obwohl der Besuch eines Gymnasiums zur damaligen Zeit eher für finanziell Bessergestellte üblich war. Doch ich hatte es geschafft, ich kam auf die Geschwister-Scholl-Schule. Toto aus der Arbeiterfamilie, die Mutter Sekretärin, der Vater Stuckateur, der Häuser und Wände verputzte.

Nach den Schularbeiten trafen wir uns an den verschiedensten Treffpunkten, wir tobten und spielten in der Natur, es gab keine Handys, wir bastelten uns Netze und fingen Lurche und Frösche. Es gab im Ort eine stillgelegte Kläranlage, in der Nähe gab es einen alten Bunker, in dem die Polizei später alte Kriegswaffen fand. Dort befindet sich heute eine Autobahn. Wir kletterten auf Bäume, bauten uns mit einem Taschenmesser Pfeil und Bogen und machten uns so richtig schmutzig. Pünktlich zum Abendessen gingen wir nach Hause, es gab frisches Brot und Käse. Manchmal eine heiße Suppe. Das Schlimmste für uns Kinder war, wenn wir Hausarrest bekamen, nicht draußen sein zu können, war eine entsetzliche Strafe. Wenn ich heute zurückblicke, habe ich in meiner Kindheit nichts verpasst, ich erinnere mich an das gestohlene Obst vom Nachbarn, per Räuberleiter erbeutet, an den wilden Hund, vor dem wir dann schnurstracks weglaufen mussten. Denn wehe, man wurde erwischt, dann hieß es mit dem Handrasenmäher des Nachbarn Rasen mähen, und das vier Wochen lang. Es war eine schöne Zeit, unbeschwert und frei.

Die Eltern gingen arbeiten, sie machten beide erst spät den Führerschein. Ich beschäftigte mich dann mit einem Buch, tauschte Mickey-Mouse-Hefte oder spielte Fußball auf der Feuerwehrwiese. Meine Mutter und mein Vater lasen, um die neuesten Informationen zu bekommen, die Tageszeitung oder hörten Radio. Einen Fernseher gab es erst später, eine braune Holzkiste, bei der man, um umzuschalten, noch aufstehen und den Knopf am Apparat drücken musste. Dann erschien das Testbild und man konnte zwischen dem Ersten und Zweiten Programm wählen. Was ich in der heutigen Zeit vermisse, ist der Zusammenhalt. Unsere früheren Nachbarn waren Italiener, Türken und Jugoslawen. Alle spielten und lebten zusammen, wir hatten eine Menge Spaß. Am Wochenende traf man sich, jeder brachte etwas zu essen mit, entweder gab es Pizza vom Italiener oder leckeres Fleisch beim Türken. Bei uns wurde gegrillt, es gab belegte Brote auf die Hand. In unserem Fußballverein Union Solingen waren alle integriert, die Eltern gingen arbeiten und die Kinder zur Schule.

Ohne Probleme.

Gymnasium

Nach der Grundschulzeit wollte ich unbedingt auf ein Gymnasium, um später Sportlehrer zu werden. Das war ein heikles Thema, da der Schulbesuch dort Geld kostete und viele Familien sich dies nur schwer leisten konnten.

Außerdem brauchte man eine bestimmte Qualifikation, damit man angenommen wurde, die besaß ich, und so setzte ich mich gegenüber meinen Eltern durch. Also besuchte ich ab 1973 das damalige Geschwister-Scholl-Gymnasium in Solingen-Ohligs, das zu Fuß nur eine Viertelstunde vom Elternhaus entfernt lag. Es war eine aufregende und spannende Zeit. Ich erinnere mich gerne an unsere einstige Klassenlehrerin Frau Voss. Wenn sie den Klassenraum betrat, blieb uns allen die Spucke weg, denn sie erschien uns unnahbar und rein.

Sie war hochgewachsen und trug einen schwarzen Hosenanzug, ein buntes Halstuch wehte im Wind. Sie war dezent geschminkt, trug eine Lesebrille und sah sehr gepflegt aus.

Wir Jungs waren sofort verliebt und hatten Riesenrespekt vor ihr. Ich begeisterte mich für Sport, Religion, Deutsch und Englisch, Erdkunde und Musik. Schwer tat ich mich nur in Physik, Chemie und Latein. Letzteres musste ich wählen, wenn ich Sport und Medizin studieren wollte. Wie der Lernstoff rüberkam, war natürlich wichtig, denn nichts war schlimmer als Langeweile im Unterricht. Ich erfuhr viel Unterstützung seitens des Lehrpersonals und kam gut durch die Schulzeit.

Das Motto hieß ganz glasklar: Entweder ihr lernt auch selbstständig oder ihr wechselt die Schule. Ich hatte Glück, dass der Sportlehrer mich ins Herz geschlossen hatte, ich spielte in allen Schülermannschaften um die Stadtmeisterschaften mit, egal ob es Tischtennis, Handball oder Fußball war. Und wir hatten Erfolg. Das freute den Coach, der sich im Wettkampf mit den Kollegen der anderen Schulen befand, und da seine Schwester bei uns Mathematik unterrichtete und seine Tante die Direktorin war, lief es bei mir. Selbst in der Pubertät kam ich, bis auf eine Ehrenrunde, gut durch die Zeit. Ich lernte – als Raufbold – vor allem, dass man sich geistig auseinandersetzte und sich nicht immer prügelte oder schubste.

Die Zwei-Klassen-Gesellschaft merkte man hier niemandem an, man wusste aber, wessen Familie eine Arbeiterfamilie und welche Unternehmer, Kaufleute und Firmeninhaber waren. Während ich in der Freizeit mit Bus, Bahn oder Fahrrad fuhr, hatten die besser situierten Jugendlichen schon Mofas oder Mokicks. Trotzdem waren wir eine tolle Clique, die zusammenhielt, etwas unternahm oder sich zu Feten in den reichen Häusern traf. Die siebziger und der Anfang der achtziger Jahre besaßen weniger Hektik. Es gab keine Handys, wir spielten den ganzen Tag draußen oder trafen uns im Freibad und zum Bolzen auf der Feuerwehrwiese. In den Kirchen gab es Jugendclubs, wo wir Cola tranken und Klammerblues tanzten.

In der Oberstufe bekamen wir einen interessanten Zusatzkurs, die Theater-AG/Schauspiel. Ich mochte die Bühne und spielte mit anderen Schülern die Sketche von Loriot oder Otto Waalkes nach. Und obwohl ich mich eher als introvertierten und schüchternen Jungen sah, hat mir diese AG für mein späteres Leben viel mit auf den Weg gegeben. Selbstbewusstsein und Disziplin, und damit wurde ein Grundstein gelegt, auch für die Dreharbeiten und Auftritte zu Toto & Harry.

Erste Liebe

Verknallt war ich das erste Mal mit süßen siebzehn, ihr Name war Britta, sie war ein Jahr jünger als ich und wir lernten uns in der Tanzschule kennen.

Sie tanzte mit meinem Kumpel Oliver in einer Gold-Star-Formation und es sah wirklich toll aus, wie die Tänzerinnen und Tänzer über das spiegelglatte Parkett schwebten. Ich selber hatte für einen Tanzkurs keine Zeit, aber am Wochenende gab es dort eine Disco und jedes Mitglied der Tanzschule durfte einen Gast mitbringen. So zog ich mit Oliver und Holger los und Britta forderte mich bei der Damenwahl auf. Ich bekam sofort einen roten Kopf, stellte mich aber gar nicht so ungeschickt an. Wir verabredeten uns zum Kaffee oder zum Eisessen, wir lernten uns langsam kennen, indem wir etwas unternahmen und viel miteinander redeten. Die typischen Zettelchen steckten auch wir uns zu: Willst du mit mir gehen? Ja / nein / vielleicht später / warum nicht?

Wenn das Kreuzchen dann an der richtigen Stelle war, ging man händchenhaltend durch die Stadt. Im Kino folgte der erste Kuss, aber ohne Zunge. Ich war ganz hin und weg und wir verstanden uns gut.

Britta kam aus schwierigen Familienverhältnissen und ich war so etwas wie ein Halt für sie. Sie machte eine Lehre zur Fleischfachverkäuferin und ich begann die Ausbildung bei der Polizei. Mein Vater besorgte uns recht früh eine kleine Wohnung, viele Freunde halfen uns bei der Renovierung. Sie zog mit einem sprechenden Graupapagei ein, der uns mit seinem Gekrächze auf Trab hielt. Es war ein aufregendes Jahr, wir lachten und wir schmusten viel. Leider lernte sie dann einen anderen Mann kennen und ich war raus. Ich erwischte sie eines mittwochs in flagranti.

Da ich die Woche über im Lehrgang bei der Polizei Bochum war und noch keinen Führerschein hatte, kam ich normalerweise erst freitags mit der S-Bahn nach Solingen zurück. Aber an diesem Mittwoch war alles anders. Ein Lehrgangskollege musste wegen einer dringenden Familienangelegenheit zurück und ich klinkte mich ein. So stand ich freudig und voller Erwartung vor der Wohnungstür und hörte plötzlich Gestöhne. Ich schloss leise auf und sah schon das Dilemma. Britta lag mit einem Typen auf der Couch, sie liebten sich.

Für mich brach eine Welt zusammen und ich ging wortlos rüber zu meinen Eltern, die in der Nähe wohnten. Durch dieses Ereignisses wäre ich fast durch den Lehrgang gerasselt, konnte mich aber gerade noch fangen.

Durch die Enttäuschung schlief ich bei ihnen in einem großen Partyraum und versuchte mich zu erholen.

Ich bin darüber hinweggekommen und sie lebt heute mit ihrem Mann und den vier Kindern in Düsseldorf.

Der Weg zur Polizei, Ingo und Onkel Benny

1980 lag in Solingen bei meinen Eltern ein Brief im Postkasten – Der Werbe- und Auswahldienst der Polizei in Nordrhein-Westfalen suchte junge und dynamische Männer ab sechzehn Jahren. Mein Bruder Ingo war sofort Feuer und Flamme. Ich dagegen konnte mir ein Leben in grüner Uniform nicht vorstellen. Doch da hatte ich die Rechnung ohne meine Mutter gemacht. Denn mein Bruder war erst fünfzehn und durfte deshalb nicht alleine zum Einstellungstest. Man redete mit ins Gewissen, und so fuhr ich mit, von Solingen nach Essen. Ich erinnere mich noch ganz genau, ich hatte überhaupt keine Lust dazu, mein Berufswunsch war Sportlehrer, das war für mich ganz klar, was sollte ich also bei der Polizei? Dort angekommen sahen wir die Konkurrenz. Fünfzig junge Männer, die bis auf meine Wenigkeit alle unbedingt zum Polizeidienst wollten. Aber gut, Mutter hatte es mir vorher immer wieder eingebläut, ich müsse mich anstrengen, denn wenn ich den Test nicht schaffte, bliebe ihr zweitgeborener Sohn alleine zurück. Der Test ging nämlich über zwei Tage, und wer zu schlecht war, der fuhr sofort nach Hause. Alles begann mit einem vermeintlich harmlosen Diktat, doch bei dem erwischte es schon die Hälfte der Truppe. Ein Polizeibeamter sammelte die Zettel ein, er kam kurze Zeit später zurück und bat über zwanzig von uns nach draußen. Durchgefallen, ab nach Hause. In diesem Moment packte mich der Ehrgeiz und ich gab alles.

Auf das Diktat folgten Dreisatz-Aufgaben und wieder verabschiedeten sich ein paar der Teilnehmer. Dann wurden wir auf Farbenblindheit getestet und mussten schließlich noch eine Nacherzählung schreiben, Ingo und ich blieben im Rennen. Am zweiten Tag ging es zum Sporttest. Wie gesagt, ich wollte Sportlehrer werden, da schockten mich Liegestützen nicht wirklich. Zum Schluss waren wir noch zwölf Mann und jetzt hieß es ab zum Polizeiarzt. Wir saßen alle in Unterhosen auf einem schummerigen Flur, die alten Holzstühle knarzten, es war kalt und wir hatten langsam keine Lust mehr. Auf einmal flog die Tür auf, der Amtsarzt kam heraus und brüllte uns an:

»Wer von euch ist Schalke-Fan?«

Wie bereits gesagt: Ich saß dort nur in Unterhose, mir war kalt, ich wollte nach Hause. Also hob ich den Finger. Ich war zwar Bochum-Fan (und bin es mit Leib und Seele bis heute), aber das war damals schließlich eine erlaubte Notlüge. Ich musste auf einem Trimmrad strampeln, bis ich nicht mehr konnte.

Im Nebenraum flüsterte der Arzt mit der Krankenschwester, doch ich verstand jedes Wort.

»Der Erste muss es schaffen, dann haben die anderen noch Hoffnung. Wir nehmen eh nur vier von den fünfzig.«

In dem Moment wusste ich, dass ich es meistern würde. Es war ein tolles Gefühl, obwohl ich ja eigentlich gar nicht zur Polizei wollte. Mein Bruder fiel aufgrund seines Wachstums durchs Raster, die eine Schulter war höher als die andere, er wurde zurückgestellt. Für Ingo brach eine Welt zusammen, er hat geheult wie ein Schlosshund, denn Polizist war schließlich sein Traumberuf. Und nun war er raus und ausgerechnet der große Bruder, der falsche Schalke-Fan, wurde genommen. War das Schicksal? Das frage ich mich bis heute. Zu Hause angekommen wusste meine Mutter nicht, ob sie weinen oder lachen sollte. Denn ihr Jüngster hatte immer noch Tränen in den Augen, sie spendete Trost auf der einen und zeigte stolz auf der anderen Seite. Von da an hatte ich mich mit dem Gedanken angefreundet, zur Polizei zu gehen, auch mit Hinblick auf Onkel Benny, das schwarze Schaf der Familie. Er freute sich damals am meisten, dass aus mir was Ordentliches werden würde. Er hatte oft Pech im Leben und war fast immer zur falschen Zeit am falschen Ort.

Meine späteren Kollegen bei der Polizei kannten ihn aus nun genannten Gründen alle sehr gut …

Bennys schräge Laufbahn begann, als er nach einem Dorffest seine angetrunkene Freundin sicher nach Hause fahren wollte. Leider hatte er keinen Führerschein und prompt sah er die Haltekelle. Anzeige. Den etwas größeren Auftritt hatte er dann ein paar Jahre später. Benny war 1,82 Meter groß, er hatte ein breites Kreuz und viele Muskeln. Er trug einen Vollbart und hatte lange kastanienbraune Haare. An jenem Rosenmontag trug er dazu einen bodenlangen Lodenmantel, einen Stetson und einen Patronengurt. Umgeschnallt hatte er einen ausrangierten silbernen 45er-Colt, an den Füßen klackerten die Sporen der Cowboy-Stiefel. In diesem Outfit ging er mit einem Kumpel in die Deutsche Bank, um Geld von seinem Konto abzuheben. Mit einem Zigarillo im Mundwinkel sagte er den legendären, in unserer Familie immer wieder genannten Satz:

»Gib mir all mein Geld, Gringo.«

Der Bankangestellte, möglicherweise ein Karnevalsmuffel, drückte sofort den Alarmknopf. Die Polizei stürmte in die Bank, nahm ihn fest, sperrte ihn ein und wir mussten ihn anschließend auslösen.

Ein anderes Mal hatte er einen über den Durst getrunken und fuhr artig mit dem Taxi nach Hause. Der Fahrer dachte offenbar, so einen Besoffenen ziehe ich schön über den Leisten. Vor Fahrtbeginn machte Benny einen Festpreis von zwanzig Mark aus, worauf der Taxifahrer sich zunächst einließ, doch kurz vor der Haustür verlangte er siebenunddreißig Mark. Der Konflikt war vorprogrammiert, denn mein Onkel ließ sich nicht verarschen. Er gab dem Mann die vereinbarte Summe und wollte sich verabschieden, da schlug der Taxifahrer Alarm. Zwei andere Taxen kamen angebraust und versuchten ihn festhalten, er holte kurzerhand aus, im Nu lagen die drei Droschkenkutscher rücklings auf der Straße. Und wieder kam die Polizei, er wanderte in die Zelle, den Rest kennt Ihr ja schon. Manchmal brachten ihn auch die eigenen Freunde in Bedrängnis. Eines Nachts telefonierte er lautstark mit einem Kumpel, seine Mutter, die in deren Haus die untere Etage bewohnte, bat ihn doch bitte aufzulegen, denn es war weit nach Mitternacht. Doch Benny blökte sie an:

»Sei still, sonst bringe ich dich um!«

Sein Kollege am anderen Ende der Leitung verstand den rüden Spaß, der zwischen den beiden nicht unüblich war, nicht und rief die Polizei. Drei Stunden nach dem Telefonat traten Polizisten mit gezogenen Waffen die Tür ein und stürmten in die Wohnung. Die Mutter kam im Nachthemd aus dem Schlafzimmer geschossen und fragte die Beamten, ob sie noch richtig tickten, worauf die verdutzten Kollegen ihr antworteten:

»Wir dachten, Ihr Sohn habe Ihnen etwas angetan!«

»Da habt ihr euch ja ’ne Menge Zeit gelassen. Wenn der wirklich ernst gemacht hätte, wäre ich wohl schon tot«, gab sie gähnend zurück. Trotzdem musste mein Onkel den Beamten auf die Wache folgen.

Später arbeitete er als Bodyguard, da bekam er einen Auftrag in der Schweiz. Mit einem Kollegen sollte er einen Geschäftsmann bewachen. Erst schien alles ganz toll, eine Villa, schöne Frauen und Champagner bis zum Abwinken. Doch als nachts die Lichter ausgingen, flogen plötzlich die Türen aus den Angeln und Blendgranaten durch die Fenster. Ein Spezial-Einsatz-Kommando der Polizei stürmte das Anwesen. Der Geschäftsmann hatte einen ganzen Koffer mit Bargeld veruntreut und wollte die Dollars auf einem Schweizer Nummernkonto verstecken. Der Spezialist in unserer Familie kannte ja bereits den Ablauf: Festnahme, Zelle, Verhör. Und ausgerechnet er, mein lieber Onkel Benny, freute sich nun am meisten, dass der kleine Torsten zur Polizei ging.

Verrückt, oder? Ingo, mein Bruder, ging übrigens später zur Bundeswehr und wurde Berufssoldat.

Bei meinen Kumpels in der Schule war das allerdings ganz anders. Alle lachten mich aus. Du wirst Bulle – unvorstellbar doof. Ich dachte nur, ihr spinnt doch. Da konnte ich Motorradfahren, Sport machen und hübsche Mädels kontrollieren. Bis dahin war es aber noch ein weiter Weg.

Eine ärztliche Kontrolle warf mich kurzzeitig aus der Laufbahn, beim Röntgen hatte man auf meiner linken Lunge einen Schatten entdeckt. Ich rauchte schon eine Weile und erschrak: War es bald so weit, musste ich jetzt sterben?

Doch der dunkle Fleck hatte einen ganz anderen Grund. Ich spielte damals Handball und warf mit links. Als ich das dem Arzt erzählte, fing der an zu lachen: »Der Schatten ist wahrscheinlich ein besonders dicker Brustmuskeln. Du hast zwar eine Bronchitis, aber sterben wirst du daran nicht.« Und damit stand mir auf dem Weg zum Schutzmann nichts mehr im Wege. Vorher ging ich noch zum Friseur. Meine Haare waren mittlerweile schulterlang, was mir persönlich gut gefiel, und als dann die Schneidemaschine anfing zu rattern und die ganze Perücke zu Boden fiel, war das echt schlimm für mich. Man konnte jetzt die Segelohren deutlich sehen –

und ich fand auch, dass die schiefen Schneidezähne nun viel mehr auffielen. Dass die Haare später in der Ausbildung noch kürzer werden würden, habe ich mir allerdings nicht träumen lassen. Der 1. Oktober 1981 war dann der Tag der Wahrheit. Ich musste zum Dienstantritt von Solingen nach Bochum, um mich in einer Polizei-Kaserne zu melden. Das Ruhrgebiet, den Kohlenpott, kannte ich gar nicht richtig, ich dachte, es gebe dort nur rußgeschwärzte Häuser und Gesichter. Als ich aus der Bahn stieg und zu Fuß die Castroper Straße hinauflief, sah ich das mir von einem Schulausflug bekannte Planetarium. Weiter hinten ragte der Förderturm des Bergbaumuseums in den blauen Himmel und der Bochumer Tempel, das Ruhrstadion, gab sich die Ehre, mich zu begrüßen.

Damals ahnte ich noch nicht, dass ich hier noch so manche Schlacht außerhalb des Spielfelds mit Hooligans schlagen würde. Und dann war es auch schon so weit, da stand der Toto mit kurzen Haaren, Segelohren und feuchten Händen vor dem Kasernentor und begehrte Einlass. In meinem Magen grummelte es. Ein älterer Polizeibeamter kam an das Tor und sprach mich an. Fast verstand ich ihn nicht, es war tiefster Kohlenpott-Slang:

»Na, Junge, watt wollste hier? Wollste zu de Polizei, oder watt?«

Ich schaute zu ihm auf, ein Polizeiobermeister mit zwei Sternen. Damals war das in der Hierarchie eine Art Gott. Ich murmelte verlegen, dass ich mich hier melden sollte, und dann begleitete er mich zur Unterkunft. Dort betrat ich das Büro und wen erblickten meine jugendlichen Augen: Hartmut Fromm, mit einhundert Spielen Profispieler des VfL Bochum in der 1. Bundesliga. Mein Mund stand wohl geraume Zeit offen, denn er fragte belustigt, warum ich ihn so erstaunt anblickte.

Ich stammelte: »Ich habe Sie in einem Kicker-Sonderheft gesehen.« Hartmut Fromm, er wurde mein Ausbilder. Das fing ja gut an!

Der Führerschein

Zur heutigen Zeit dürfen die Heranwachsenden ab dem siebzehnten Lebensjahr den Führerschein machen. Damit können sie sofort am öffentlichen Verkehr teilnehmen, entweder beim begleiteten Fahren oder selbstständig mit dem eigenen Wagen oder dem Familienauto. Früher war das noch anders. Meine Eltern zum Beispiel mussten sich in den siebziger Jahren zunächst das Geld zusammensparen, um dann nacheinander die Fahrerlaubnis zu erlangen. Da gab es noch keine Sicherheitsgurte im Fahrzeug, das Benzin war noch bezahlbar und es wurde im Auto ordentlich geraucht. Man konnte sogar am eigenen Auto herumschrauben und es reparieren und der Fahrzeugverkehr auf den Straßen war noch sehr übersichtlich.

Auch in meiner Zeit des Heranwachsens hatten die meisten Mitstreiter in der Oberstufe schon ein motorbetriebenes Zweirad und ab achtzehn Jahren dann den Führerschein. Ich hatte das Gefühl, dass ich der Einzige in unserer Clique gewesen war, der noch mit dem Fahrrad oder mit der S-Bahn von Solingen-Ohligs zur Polizeikaserne nach Bochum fuhr.

Da ich die Annahme für den Polizeidienst in NRW in der Tasche hatte, musste ich eineinhalb Jahre warten, um bei der Polizei einige Führerscheinklassen zu erlangen. Das gab es damals noch. Man erlangte diverse Fahrerlaubnisse im 2. Ausbildungsabschnitt. Wer Klasse 3 oder B hatte, konnte sogar einen Führerschein für den Lkw machen. Und dann war es endlich so weit. Ende Oktober fingen wir parallel an, uns auf die Fahrprüfungen für Motorrad und Pkw vorzubereiten.

Erst einmal hatten wir Fahrschulunterricht und wir büffelten für die theoretischen Prüfungen, bevor wir uns die einzelnen Fahrzeuge anschauen konnten. Uns wurde viel erklärt und nach einer Zeit durften wir morgens schon mal die VW Bullys bereitstellen, wenn nötig befreiten wir die Autos von Eis und Schnee. Wir waren in 2er-Gruppen unterwegs und wir hatten insgesamt zweieinhalb Monate Zeit, die einzelnen Prüfungen zu schaffen, damit am Ende die Klassen 1 und 3 erteilt werden konnten. Ich machte dabei circa vierzig Fahrstunden auf dem BMW-Motorrad und etwa fünfzig Stunden mit dem VW. Für einen meiner Kollegen und für mich war das eine ereignisreiche Zeit, denn wir zwei fielen immer wieder auf. Das Erste, was uns passierte, ereignete sich an einem Montagmorgen um sieben Uhr. Viele in der Kaserne schliefen noch, aber wir hatten den VW Bully schon aus der beheizten Garage geschoben und warteten nun auf den Fahrlehrer. Meinem Kollegen war aber nun langweilig geworden und er fing an, das Innenleben des Streifenwagens zu untersuchen und an verschiedenen Schaltflächen des Funkgerätes und des Sondersignals zu drehen. Ich sagte noch, er soll das lieber lassen, das gebe nur Ärger, da passierte es auch schon. Ewald hatte am Knopf des Martinshorns gezogen, sodass das Horn anging und wir nun den kompletten Garagenhof und einen Teil der Kaserne beschallten. Jetzt wurde mein Kumpel doch nervös und er versuchte, das Signalhorn auszuschalten. Leider zog er noch fester, bis er eben diesen Knopf in der Hand hielt. Mir wurde schlecht. Die Lichter in der Polizeikaserne gingen an und wir wurden immer hektischer. Ich öffnete schnell die Motorhaube, den das Signal lief ja über die Batterie, vielleicht konnte ich etwas abklemmen und das extrem laute TATÜTATA stoppen. Mir lief, trotz des kalten Wintertages, der Schweiß den Rücken hinunter. Dass Ewald nicht ohnmächtig wurde, war ein Wunder. Plötzlich stand unser strenger Fahrlehrer neben uns, zog an einem Kabel und das Gerät stoppte. Wenn Blicke töten könnten, wären wir auf der Stelle umgefallen. Er packte uns am Nacken und schüttelte uns wie kleine Katzen. Dabei fauchte er: »Seid ihr eigentlich von allen guten Geistern verlassen worden? Was hatte ich euch gesagt? Finger weg, ein Polizeiauto ist kein Spielzeug.«

Das Ende vom Lied: Wir mussten beim Hundertschaftsführer antreten, um uns zu entschuldigen.

Die Strafe: Freitagnachmittags einige Polizeiautos säubern, während die anderen Kollegen nach Hause fahren durften. Nachdem wir die theoretischen Prüfungen bestanden hatten, stand die praktische Fahrprüfung für

Pkw an. Ewald hatte schon Vorkenntnisse, ich nicht. Und so fuhren wir dann auch. Mein Kumpel war nach mehreren Fahrstunden sicher, ich hatte immer noch Angst und Respekt vor der Geschwindigkeit.

Der Fahrlehrer, der oft etwas knurrig wirkte, aber einen netten Charakter hatte, sagte kopfschüttelnd zu mir:

»Um Ewald mache ich mir bei der Prüfung in zwei Wochen keine großen Sorgen, aber du fährst ziemlich schlecht. Für dich wird es schnell zu Ende sein, wenn du dich jetzt nicht konzentrierst. Du hast doppelt so viele Fahrstunden, wir haben zwei Schleuderkurse gemacht und du würgst den Motor immer noch ab. Reiß dich zusammen!« Das saß und ich war den Tränen nah. Und dann kam der Tag der Prüfung. Ich hatte fast die ganze Nacht nicht geschlafen, rauchte erst einmal eine Beruhigungszigarette und wartete. Jetzt kam der Fahrlehrer mit dem Prüfer zu uns und während sie sich unterhielten, zwinkerte mir mein Fahrlehrer zu. Ewald setzte sich ans Steuer, schnallte sich an und richtete die Spiegel ein, da kam auch schon der erste Anschiss.

»Das hätten Sie direkt machen können. Jetzt geht es rechts aus der Kaserne in Richtung Innenstadt. Viel Erfolg.«

Nach kurzer Fahrt erreichten wir den Imbuschplatz in Bochum. Dort musste er verkehrsbedingt rechts vor links beachten. Da ihn aber ein Fahrzeug passieren ließ, weil es den Polizeiwagen erkannte, sollte er die Strecke erneut abfahren. Wir passierten die gleiche Stelle, ein anderes Auto fuhr vorbei und Ewald beachtete die Regel nicht, sodass der Fahrlehrer erheblich bremsen musste, um einen Verkehrsunfall zu vermeiden. Er schüttelte über diesen Fehler nur den Kopf, während mein Kollege an den Fahrbahnrand fahren durfte.

»Muss ich nicht mehr rückwärts einparken?«, fragte er eingeschüchtert.

»Nein, Sie sind durchgefallen, da Sie zwei Mal die Vorfahrt nicht beachtet haben. Herr Heim übernimmt jetzt das Steuer«, sagte der Prüfer und nickte mir zu. Ich setzte mich auf den Fahrersitz und sollte um den Block fahren. Bei einer größeren Parklücke musste ich anhalten und rückwärts einparken. Da mir die Lücke knapp erschien, ließ ich den Fahrerlehrer aussteigen, um mich eventuell einzuweisen. Dies war aber doch nicht nötig und ich lenkte den Wagen souverän auf den Parkplatz.

»Danke, Herr Heim, Sie haben bestanden. Sind Sie vorher schon einmal Auto gefahren? Sie fahren wirklich sicher. Und nun ab zur Kaserne, da warten die nächsten Fahrschüler auf mich.« Bei der Nachbesprechung freute sich der Fahrlehrer für mich:

»Hast du toll gemacht. Keine Prüfungsangst und es war richtig, mich aussteigen zu lassen. Wenn man jemanden dabei hat, kann derjenige ruhig am Heck nachsehen.« (Den Piepser und die Warnmelder zum Einparken gab es damals noch nicht.)

»Hab ja auch einen guten Fahrlehrer«, grinste ich, »und nächste Woche kommt ja noch die Zweiradprüfung, die schaffe ich übrigens auch.«

Natürlich wieder mit einem geringfügigen Zwischenfall. Ewald und ich konnten schon ganz gut Motorrad fahren und wir wurden kurz vor der Prüfung übermütig. Wir wendeten einen kleinen Trick an, indem wir den begleitenden Fahrschulwagen vorfahren ließen und an einer roten Ampel anhielten, um dann bei Grün den Hahn aufzudrehen. So auch an diesem Tag auf der Königsallee. Leider hatten wir nicht damit gerechnet, dass die Kollegen vom Verkehrsdienst eine Geschwindigkeitskontrolle durchführten, und so wurden wir gestoppt, weil wir natürlich zu schnell unterwegs gewesen waren. Der Fahrlehrer schüttelte nur den Kopf und wieder einmal machten wir freitags länger, weil wir zur Strafe noch alle vier Motorräder putzen durften. Heute verfüge ich über verschiedene Fahrerlaubnisse, zwischendurch fuhr ich gepanzerte Fahrzeuge und konnte Personen befördern.

Letztens war ich mit dem Streifenwagen unterwegs und kam am Schrebergarten meines Fahrlehrers vorbei. Als er mich sah, schüttelte er lächelnd den Kopf, er hob den rechten Daumen in die Luft und winkte mir zu.

Die Ausbildung

Diese ersten Jahre waren sehr familiär. Trotzdem haben sie uns schlicht und ergreifend den Arsch aufgerissen. Als ich in der Polizeikaserne antreten musste, gab es noch jeden Abend einen Stubendurchgang. Heute undenkbar, damals aber absolut normal, es war wie beim Bund. Da ging um 22 Uhr das Licht aus, der Ausbilder kam herein, und dann sprang einer von uns auf, um Meldung zu machen. Frei nach dem Motto: vier Schnakenbeine im Bett, fertig zur Nachtruhe. Die ersten Wochen durften wir die Kaserne nicht verlassen. Es war eine harte Umstellung nach der behüteten Schulzeit. Außerdem lag die Frauenquote zu der Zeit noch bei null, was schade war, denn etwas Abwechslung bei dem Lernstress hätte sicher gutgetan. Die Uniformen wurden ausgegeben, meine Haare lagen hinten auf dem Kragen auf und ich musste noch mal zum Polizeifriseur. Die lieben Vorschriften. Der Friseur, ein mürrischer alter Mann, setzte die Maschine an und säbelte alles, ohne zu fragen, ratzeputz ab. Ich wagte gar nicht, hinzusehen. Ich stand auf, ohne Tschüss zu sagen, und ging zurück in die Stube, dann weinte ich. Um den Anblick im Spiegel, meine Haare, die Segelohren und die schiefen Zähne. Nun begann die harte Zeit des Lernens. Im Grundlehrgang gab es fast nur Theorie: Vorschriften, Paragraphen, Formblätter. Im zweiten Ausbildungsjahr wurde es dann spannender, wir lernten, mit gepanzerten Fahrzeugen zu fahren, ich machte den Motorradführerschein und es gab sehr viel Sport. Woran ich mich noch sehr gut erinnere, waren die Geländespiele wie beim Militär. Wozu das nützlich sein sollte, wusste niemand, aber es war halt so vorgesehen. Wir bekamen zu fünft einen Kompass und eine Karte, wir wurden irgendwo im Wald ausgesetzt und mussten nun den Weg zurück zur Kaserne finden. Fast alle aus der Truppe hatten im Anschluss Blasen an den Füßen. Oder wir übten Großlagen. Das sah bestimmt bescheuert aus, wie wir im Hof der Polizeikaserne die sogenannte Schildkröte einstudierten, wir gingen in einem Viereck zusammen, vorne, an den Seiten und über uns die durchsichtigen Schutzschilder, die Steine oder Wurfmaterial abwehren sollten. Es war wie bei Asterix und Obelix gegen die Römer. Nur dass wir die doofen Römer waren. Es fuhr ein Wasserwerfer vor und die Kollegen bespritzten uns, eine Truppe aus dem anderen Jahrgang kam verkleidet als Störer angerannt und bewarf uns mit Holzklötzchen. So sah das aus, Theorie und Praxis.

Was die Prüfungen anging, war alles sehr streng.

Wer in einer Klausur beim Schummeln erwischt wurde, flog raus. Der konnte sofort einpacken. Ich selbst habe viel gepaukt, jeden Nachmittag nach dem Unterricht habe ich auf der Stube noch stundenlang über den Büchern gehockt. Dadurch war ich immer, um es mal in der Fußballsprache auszudrücken, auf »Ballhöhe« und es hat mir bei den anstehenden Prüfungen sehr geholfen. Mit den Lehrern hatte ich Glück. Viele waren hinterher unsere Kumpel, denn bei den berühmten Kasernenabenden hieß es dann:

»Übrigens, ich bin der Paul.«

Nur einer der Ausbilder ist mir in schlechter Erinnerung geblieben. Ich weiß noch genau, wie die Klassentür aufging und der Mann reinkam. Ein drahtiger Typ, graue Pferdemähne, ein rundes Kassengestell auf der Nase. Er baute sich arrogant auf, lächelte und sagte:

»Guten Morgen, ich bin ein Hauptkommissar und ihr seid nichts, gar nichts!«

Erst dachten wir, das wäre seine ganz besondere Art von Humor. Aber es war sein Ernst. Dementsprechend verlief der Unterricht, und unsere Motivation, diesem Lehrkörper zuzuhören, lag bei nullkommanull. Es waren unruhige Nächte in den harten Klausurwochen, Vorschriften waberten durch meine Träume, aber irgendwie klappte es doch. Jetzt war ich ein echter Polizist, konnte auf der Straße in Uniform rumlaufen und den Menschen helfen. Ich war zufrieden.

Am 1. April 1984 bestand ich schließlich meine 1. Fachprüfung nach der Grundausbildung. Ich blieb noch sechs Monate bei der Hundertschaft Bochum, dann durfte ich mir wünschen, wohin ich wechseln wollte – entweder Köln, Bonn oder Düsseldorf. Da ich aber gerne in Bochum geblieben wäre, lächelte mein Chef mich kopfschüttelnd an: Köln, Bonn oder Düsseldorf. Ich entschied mich dann freiwillig für Köln. Als ich in die Domstadt kam, durfte ich mir wieder etwas wünschen. Diesmal war ich vorgewarnt, deshalb schockierten mich die Alternativen nicht wirklich: Hundertschaft oder Rollfeld am Flughafen. Meine Entscheidung fiel auf Ersteres, denn dort ging es ähnlich weiter wie zuvor in Bochum: Wir machten Großeinsätze jeder Art, ob Terrorismus-Fahndung oder Kontrollen auf der Autobahn, Häuserräumung oder Anti-Atom-Demonstration, wir waren bundesweit und rund um die Uhr dabei.

Schlimm war die Zeit der Häuserräumungen in Hamburg und Berlin. Wir bekamen den Steineregen ab, die Kollegen wurden verletzt, alle hatten die Schnauze voll. Kurz irgendwo gepennt, wieder raus in den Kampf. Das ging tagelang so, und ich zweifelte so manches Mal an meinem Job. Besonders, als an der Startbahn West in Frankfurt Polizisten erschossen wurden. Und es ist die eine Frage, deren Antwort ich bis heute nicht beantwortet bekam: Warum hassten diese Menschen uns so sehr? Aus welchem Grund wollten sie verletzen oder gar töten, obwohl sie niemanden von uns überhaupt kannten? Nur weil wir Polizisten waren und den Staat vertraten? Konnte man Konflikte nicht friedlich und ohne Gewalt lösen? Das gleiche sinnlose Spielchen, wenn wir Demonstranten und Gegendemonstranten voreinander schützen mussten, weil sie sich sonst die Köpfe einschlugen. Oft hatte ich Angst, wenn neben mir ein Kollege mit blutender Platzwunde oder gebrochener Nase zu Boden ging. Und ungeschoren bin ich natürlich auch nicht davon gekommen.

Mein Spind

In meinem Spind hockt ein kleiner Stoffbär, der ein rotes Herzchen hält, daneben liegt ein vierblättriges Kleeblatt in einem Bilderrahmen. Vor jedem Einsatz wird der Teddy von mir geknuddelt, das Ritual hat mir bisher Glück gebracht.

»Der soll auf den Papa aufpassen«, hatte meine Tochter gesagt und ihn mir in die Hand gedrückt.

Auf der Innenseite des Schrankes kleben Fotos, auf denen die Familie zu sehen ist, ein Blick darauf bläut mir ein, für wen ich gesund zurückkehren muss. Neben dem Bademantel hängt die zwei Kilo schwere schusssichere Weste mit dem Namen »second chance«, die ich zu jedem Einsatz trage. Ich muss sie am Körper spüren, sonst habe ich keine Ruhe und ich vergesse nie, was passieren kann und warum ich sie überziehen muss.

Es ist alles aufgeräumt und ordentlich. Oben links liegen Unterziehpullis und ein Rollkragenpullover, daneben Unterhemden. Neben den Hemden liegt die Dienstmütze, davor Pistolenholster und Koppel. Im Fach darunter ein paar Akten und Kladden, dahinter Einweghandschuhe. Ein Fach weiter Socken und Unterhosen, dazwischen ein Schlagstock. Ordnung muss sein!

Meine Reise mit Mike

1/Chicago

Ende der 80-er gründeten wir aus einer Bierlaune heraus in unserer Stammkneipe einen Kegelverein. Dieser bestand aus circa zehn Männern, die sich aus der Gastwirtschaft kannten. Der Wirt, der wie ein Weltmeister kochen konnte, und eine Bedienung waren natürlich auch an Bord. Dort lernte ich Mike kennen und schätzen, der damals bei der Firma M. arbeitete. Da Mike von der Bundeswehr aus eine Zeit lang in Amerika stationiert gewesen war, wollten wir dort mehrere Wochen Urlaub machen, um das Land besser kennenzulernen und Mikes dortige Freunde zu besuchen. Also sparten wir das ganze Jahr und planten grob unsere fünfwöchige Tour. Zu jener Zeit gab es noch die gute alte D-Mark, die wir beiseitelegten und zu einem günstigen Kurs umtauschten. Außerdem nahmen wir Euro-Schecks mit und konnten bestimmte Hotelbuchungen und Mietwagen schon vorab bezahlen. Da ich bei der Polizei noch nicht so viel Geld verdiente, um den Urlaub finanzieren zu können, half ich unserem Wirt beim Einkaufen, Kochen und Bedienen aus. Da gab es etwas Taschen– und Trinkgeld. Im Frühsommer ging es dann endlich los. Wir hatten in Eschborn, Nähe Frankfurt, bei Mike übernachtet, der dort eine Wohnung hatte. Mit Bus und Bahn ging es von dort zum Frankfurter Flughafen, wo ich schlechte dienstliche Erfahrungen gemacht hatte. Als ich die Terminals sah, wurde ich kurz traurig. Dort hatte man gegen einen neuen Startbahnbau demonstriert. Wir, die Polizei, waren über Jahre dort im Einsatz. Aus dem ganzen Bundesgebiet setzte man Kolleginnen und Kollegen ein. Einige gewalttätige Demonstranten steckten aufgestellte Barrikaden an, es wurden Stahlkugeln abgeschossen und Molotowcocktails geworfen. Es gipfelte 1987 darin, dass ein Angehöriger einer autonomen Gruppe gezielt vierzehn Schüsse auf eingesetzte Polizeibeamte, die man gut an den weißen Schutzhelmen erkennen konnte, abgab. Es wurden neun Kollegen verletzt, zwei davon tödlich. Die Farbe der Trauer war Grün. Den Täter ermittelte man und er wurde zu einer hohen Gefängnisstrafe verurteilt, er ist aber heute wieder auf freiem Fuß. Wir waren mit einer anderen Gruppe eingesetzt und erfuhren es nachts.

Das Demonstrationsrecht hatten wir Bürger uns über lange Jahre erstritten, aber was hatte Gewalt dort zu suchen? Meinungsfreiheit ja, aber bitte friedlich und ohne Waffen.

Als ich Mike die Geschichte, die er ja aus der Presse kannte, erzählte, drückte er mich feste und sprach:

»Leider können wir das nicht mehr verändern und jetzt versuchst du, dich zu entspannen. Deine Jahre bei der Polizei werden bestimmt noch spannend, wer weiß, was du noch alles erleben wirst.«

Recht sollte er haben. Nach einem etwa elfstündigen Flug erreichten wir den Flughafen von Chicago, die Metropole des mittleren Westens. Zu dieser Zeit war diese Stadt die mit der höchsten Mordrate in den USA. Wir hatten zwar vorab unsere Daten den Behörden der USA übersandt, doch bei der Einreise schauten mich die Zöllner argwöhnisch an. Lag es daran, dass ich weiße Tennissocken trug oder eine Vokuhila-Frisur? Nach eingehender Kontrolle durften wir passieren und machten uns direkt auf den Weg ins Hotel. Am Nachmittag wollten wir uns ein kleines Motorboot mieten, um auf dem Michigansee eine Tour zu machen. Wir checkten ein, ruhten uns kurz aus und begaben uns dann zu Fuß zur U-Bahn, die in vielen berühmten Hollywoodfilmen zu sehen war. Wir fuhren ein Stück und genossen die Fahrt in Richtung Hafen. Ich zückte meinen Fotoapparat, natürlich von der Marke der Firma, in welcher Mike arbeitete, und schoss ein paar Bilder zur späteren Erinnerung. Als wir den Hafen erreichten, schafften wir es in kurzer Zeit ein Boot zu mieten und loszufahren.

Da Mike einen internationalen Bootsführerschein besaß, war das kein Problem. Wir schipperten ein Stück über den See, betrachteten das Panorama der Stadt und ließen die Seele baumeln. Am Abend gab es Budweiser vom Fass an der Hotelbar. Für den kommenden Tag planten wir einen

Ausflug zum Sears Tower, heute Willis Tower, um aus einer Höhe von ca. 442 m über die Stadt und die Umgebung zu schauen. Der Lift musste mehrere Hundert Meter überbrücken und ich einen Druckausgleich machen. Ich glaube, wir fuhren eine Minute hinauf, bis wir die Plattform erreicht hatten, den sogenannten View Point. Aufgrund der vielen Stahlträger, die man rund um den Tower montiert hatte, bekam ich ein Summen im Ohr. Der Anblick über den See und die Stadt rechtfertigte allerdings das unangenehme Gefühl. Man konnte auch nicht ins Freie gelangen. Erstens war es dort oben zu windig, zweitens schwankte der Tower und versetzte sich ca. 2 m und drittens wollte man die Suizide vermeiden, die in den vorigen Jahren auf hohen Aussichtstürmen stattgefunden hatten. Man hatte also erdbebensicher und vorsorglich gebaut.

Nachmittags fuhren wir mit der U-Bahn durch die Stadt und sahen uns das berühmte Parkhaus Marina City, welches sich in einem Büroturm befand, an. Anschließend gingen wir erschöpft zurück zum Hotel und plauderten über unsere Eindrücke.

Plötzlich stieß ich auf einem vorbereiteten roten Teppich mit einer männlichen Person zusammen. So wie es aussah, waren wir beide ganz in Gedanken versunken und entschuldigten uns gegenseitig. Ich sah auf und staunte. Es war Harrison Ford, der gerade seinen Film Auf der Flucht promotete. Was für ein Zufall, leider blieb keine Zeit für ein Selfie.

Abends hatten wir uns mit Mikes Kumpel verabredet, der mit ihm stationiert gewesen war. Er zeigte uns das deutsche Viertel, wir tranken endlich mal wieder ein frisch gezapftes deutsches Bier und konnten uns sogar mit ein paar Gästen der Bar in unserer Sprache unterhalten.

In Chicago lebten mehrere Tausend deutschstämmige Familien und über Millionen in den USA. Einige waren in Deutschland geboren worden, da ein Elternteil meist aus dem Rhein-Main-Gebiet oder aus Rheinland-Pfalz und der andere dort als Soldatin oder Soldat stationiert gewesen war.

Nach mehreren Tagen Chicago ging es mit dem Flieger weiter nach Los Angeles, dem Zentrum der Film- und Fernsehbranche. Unweit des legendären Hollywood-Zeichens und der Studios von Universal oder Paramount landeten wir in dieser riesigen Metropole Kaliforniens. Vom Gefühl her würde ich sagen, dass die Stadt/das County so groß war wie das gesamte Ruhrgebiet. Vom International Airport ging es mit dem Taxi zu unserem Hotel, das im mexikanischen Viertel gelegen war, die hiesige Bevölkerung sollten wir am Abend kennenlernen dürfen. In diesem District besuchten wir am frühen Nachmittag eine Polizeiwache. Ich hatte einen amerikanischen Kollegen über ein Mitglied meiner damaligen Dienstgruppe kennengelernt, der wie ich Patches und andere Dinge der gesamten Weltpolizei sammelte oder tauschte. Ich hatte mir aus dem Polizeishop mehrere Patches und alte Diensthemden, die ich ebenfalls von einem pensionierten Kollegen erhalten hatte, besorgt. Nun wollten wir uns auf seiner Wache treffen und ich hoffte, dass er auch Zeit für uns hätte. Nach einer U-Bahn-Fahrt erreichten wir unser Ziel, wir betraten den Vorraum und wie bei uns herrschte Hochbetrieb. Auch die amerikanischen Bürger hatten einiges zu melden, die einzelnen Streifenwagen brachten festgenommene Männer und Frauen in die Wache. Man sah Nichtsesshafte, Prostituierte und anderes polizeiliches Gegenüber. Jedenfalls ging ich davon aus, da die meisten Personen gefesselt hineingeführt wurden. Der Wachdienstführer saß erhöht auf seinem Sitz und schaute durch die kugelsichere Frontscheibe auf uns nieder. Ich zückte meinen Polizeiausweis und gab an, mit dem Andy verabredet zu sein. Der Wachhabende fragte mich, ob ich bewaffnet sei, dies verneinte ich. Danach sollten wir uns kurz in den Vorraum setzen und Andy holte uns mit einer heißen Tasse Kaffee in der Hand und in ziviler Kleidung ab.

»Geile Frisur«, grüßte er mich und schüttelte mir ordentlich die Hand. Sein Griff war fest und er schaute mir direkt in die Augen.

»Hast du schon einmal in den Spiegel geschaut?«, fragte ich ihn und spielte auf sein ziviles Äußeres an. Unrasiert, lange Haare und ältere Kleidung.

»Drogenfahndung«, sagte ich und er nickte. Also genau wie bei uns. Wir gingen an mehreren Wachräumen vorbei, die alle gut besucht waren, und er zeigte uns sein Areal. In der Umkleidekabine hatten wir etwas Ruhe, wir tauschten diverse Sachen und frönten unserer Sammelleidenschaft.

»Das machen wir jetzt des Öfteren«, meinte Andy und grinste, als er die mitgebrachten Mini-Handschellen und Mini-Kellen in den Händen hielt.

»So, Toto, ich muss mich von euch verabschieden, denn wir führen noch eine Razzia durch. Viel Spaß in LA und wir schreiben uns«. Und das machen wir bis heute.

Nachdem wir die Wache verlassen hatten, meinte Mike:

»Mir wurde richtig mulmig, wen die Polizei da alles mitangeschleppt hat. Wahnsinn. Jetzt gehen wir mal ein leckeres Stück Fleisch bei Black Angus essen. Tellergroße Fleisch-stücke, sage ich dir.«

Nach einem ausführlichen Mahl mit Pommes, Steak und etwas Salat wollten wir noch eine kurze Runde zu Fuß drehen, um frische Luft zu schnappen. Wir hatten einfach zu viel gegessen. Während wir uns angeregt unterhielten, merkten wir gar nicht, in welche Gegend wir geraten waren. Es war dunkel, da einige der Straßenlaternen nicht funktionierten. Wir kamen an einem noblen Club vorbei, vor dem hochwertige Automarken anhielten und ältere Männer mit Goldkettchen und jungen gestylten Frauen an der Hand ausstiegen. Mike lächelte mich an und sagte:

»Wir sind nicht passend angezogen und außerdem ist dort gegenüber auch eine Bar, die gemütlicher aussieht.« Flugs gingen wir hinüber und bevor wir die Bar erreicht hatten, sahen wir die Klientel, welche sich vor der mexikanisch geprägten Kneipe aufhielt. Dort standen eine Reihe von Männern, teils in weißen Unterhemden mit Kettchen behangen und ordentlich tätowiert, und ein paar Damen, die Corona-Bierflaschen in den Händen hielten und kicherten.

Einige Pärchen tanzten zur Musik, die aus der Kneipe klang. Wir wollten umdrehen, als mich Mike am Arm fasste und flüsterte:

»Wenn wir jetzt vor denen weglaufen, denken die bestimmt, wir hätten was zu verbergen. Wir haben nur eine Chance! Wir gehen rein und trinken ein Bier!«, und schon waren wir durch die hölzerne Schwingtür eingetreten.

Jeder kennt das aus Filmen: Jemand betritt den Raum und sofort herrscht für einen kurzen Moment absolute Stille. Wir gingen langsam weiter und suchten uns an der Bar einen freien Platz. Es gab hier frisch Gezapftes und Mike bestellte zwei Bier und zwei Tequila und nach dem ersten Drink waren wir ein wenig lockerer. Einige der mexikanischen Gäste kamen zu uns und fragten, wo wir gebürtig herkämen. Wir gaben unser Heimatland an und plötzlich hatten alle etwas zu sagen. Der eine war in Mannheim geboren, der andere in Kaiserslautern oder Rammstein stationiert gewesen. Jeder Zweite glaubte, dass München die Hauptstadt von Deutschland sei und wir immer Oktoberfest feiern und Bratwürste mit Sauerkraut essen würden. Jedenfalls wurde es ein lustiger Abend, an dem Mike noch jemanden von der Army traf, der am gleichen Ort wie er stationiert gewesen war. Am nächsten Tag, wir hatten einen kleinen Kater, wollten wir uns ein Match der Los Angeles Rams anschauen, die mit den San Francisco 49ers und den Seattle Seahawks in der Western Division spielten.

Also machten wir uns auf den Weg zum Stadion. Mike kaufte sich ein Trikot an einem NFL-Stand und wir aßen einen Hotdog. Das Schöne am Football in den USA war, dass es keinerlei Hooligans oder Schlägereien in den Stadien gab.

Es gab noch Raucherecken auf den Tribünen und man hörte vor dem Spiel die amerikanische Nationalhymne, wobei alle patriotisch aufstanden und mitsangen. Der Eintritt war zwar teurer als bei uns, dafür herrschte aber eine tolle Stimmung, es war ein spannendes Footballspiel, das die Rams knapp gewannen.

Abends im Hotel wollten wir noch etwas trinken und da wir keine Minibar auf dem Zimmer hatten, wurde ich losgeschickt, um ein Sixpack Bier zu kaufen. Der Getränkeladen lag eine Straße weiter und ich machte mich auf den Weg, während Mike vor dem Fernseher auf mich wartete. Ich erreichte den Laden, kaufte ein und ging zur Kasse, um das Budweiser zu bezahlen. Der Kassenbereich war gut gesichert, offensichtlich hatte man schlechte Erfahrungen mit der Kundschaft gemacht.

Der Kioskbesitzer wollte meinen Ausweis sehen, da es in den USA Alkohol erst ab einundzwanzig Jahren zu erwerben gab. Ich fühlte mich geschmeichelt und fragte den Besitzer, ob ich wirklich so jung aussehe. Als er mir die Papiere zurückgab, grinste er und sagte:

»Babyface. Hier kommen junge Männer mit Vollbärten herein und wollen alkoholische Getränke kaufen, die sind aber keine achtzehn. Also lasse ich mir die Ausweise zeigen, denn wenn das Ordnungsamt mitbekommt, das ich Hochprozentiges an Minderjährige verkaufe, machen sie mir meinen Laden zu.«

Ich hatte verstanden. Auf dem kurzen Heimweg war unvorhergesehen die Straße gesperrt und ein großer Polizeieinsatz im Gange, sodass ich nicht ins Hotel kam, welches neben einem Bürogebäude lag und jetzt von einem SWAT-Team betreten wurde. Es stellte sich heraus, dass ein Angestellter fristlos gekündigt worden war, und nun kam er zurück, erschoss mehrere Mitarbeiter und seinen ehemaligen Vorgesetzten und dann sich selbst. Da ich nicht zum Hotel und Mike nicht zu mir kommen konnte, setzte ich mich auf eine Parkbank und trank verdeckt eine Flasche Bier. Alkohol in der Öffentlichkeit zu trinken war nicht erlaubt. Da ich vom Sixpack getrunken hatte, musste ich noch mal zum Kiosk, um ein neues Bier zu kaufen. Wieder sollte ich mich ausweisen und ich gab an, dass ich doch vor einer halben Stunde hier war. Der Besitzer meinte nur:

»Routine, Babyface.«

Endlich kam ich zum Hotel zurück und wir schilderten uns unsere Erlebnisse. Mike teilte mir mit, dass er auf dem Bett liegend TV geschaut hätte. Mit einem Mal gab es eine Liveschaltung und man strahlte die Bilder des Geschehens aus. Da machte er sich große Sorgen um mich und damals gab es noch keine Mobiltelefone, die wir benutzen konnten.

Selbst ein Polizeihubschrauber war eingesetzt worden und kreiste eine Zeit über den Gebäuden. Ging ja alles gut, wir tranken unser Bier und wollten am nächsten Tag auf den Weg nach San Francisco machen.

Bevor wir am folgenden Tag über die Bucht auf die Gefängnisinsel fahren konnten, mussten wir noch etwas warten, da der Pazifik uns zu schaffen machte. Es war einfach zu stürmisch.

Also zogen wir die Jacken an und spazierten durch die einzelnen Viertel. Für einen Besuch beim Wolkenkratzer

Transamerica Pyramid war immer Zeit. Das war das Wahrzeichen von San Francisco. Wir fuhren bis zur Drehscheibe der Cable-Car-Bahn und gingen dann zu Fuß durch Chinatown. Dort wollten wir etwas Asiatisches essen und Mike hatte vor, sich ein paar Souvenirs zu besorgen. Gerade als wir die Restaurantstraße betreten hatten, kam ein Mann aus einem der dortigen Lokale und schmiss zwei große Müllsäcke in Richtung Abfalltonne. Das störte zwei Pelikane, die sich just in dem Moment einen Müllbeutel mit Resten von Nahrung zurechtgelegt hatten und diesen gierig aufreißen wollten. Sie trampelten zwei Schritte zur Seite, ließen sich durch die Aktion und durch uns aber nicht stören, sondern wilderten weiter.

Wir konnten uns nun ein Restaurant aussuchen und bestellten uns Meeresfrüchte und Krabbensalat, dazu knusprige Ente.

Gesättigt schlugen wir den Weg nach Little Italy ein. An einer großen sauberen Kreuzung befand sich an einer Häuserecke eine Bar, die frisch gezapftes Bier anbot. Da wir ja mit der Bahn fuhren und es schon nach Mittag war, sahen wir uns an und waren uns ohne Worte einig. Ein Bier ging noch! Ich sollte als Erster die Bar betreten, die durch eine Drehtür zu erreichen war. Der Eingangsbereich war durch schwere Vorhänge geschützt, sodass man von außen nicht hineinschauen konnte. Als ich die dortige Klientel an der Bar sitzen sah, stoppte ich und wollte zurückgehen. Das klappte aber nicht, weil ich in der Drehtür feststeckte und Mike mich anschob. Flugs waren wir drin und standen mitten in der speziellen Bar. Der fast zahnlose Wirt trug ein verwaschenes weißes Unterhemd und paffte ein Zigarillo. Er zapfte gerade ein Bier und unterhielt sich mit jemandem, der an der Theke saß. Auf den ersten Blick sah die Person wie eine Frau aus, bei genauem Hinschauen hatte der Mann eine dunkle Perücke auf, war unrasiert und trug ein blaues Kleid und hochhackige Pumps. Gibt es die auch in Größe 44?, fragte ich mich. Daneben saßen seine Schwestern oder Brüder, ich schätzte, alle Personen hier würden sich als divers bezeichnen. In einer Ecke hockten vier Bodybuilder, die Karten spielten. Sie hatten ärmellose T-Shirts an, waren sonnengebräunt und trugen goldene Halsketten. Auf dem Tisch lagen Dollarscheine und ein Kartenspiel. Alle Augen richteten sich auf uns, da wir hier wie Exoten aussahen, und uns wurde ein wenig mulmig zumute. Wir schluckten. Wir gingen also an die Theke, orderten zwei Bier und rauchten, obwohl ich eigentlich nicht mehr rauchte. Weltoffenheit – Love is Love – trotzdem hinterließ der Laden ein komisches Gefühl in uns, und das lag nicht an der Vielfalt. Nachdem wir unser Bier ausgetrunken hatten, trotteten wir zum Hotel zurück, ich warf mich auf das große King-Size-Bett und schaute mir meine gemachten Fotos an. Das Bild vom Dragon Gate in China Town war besonders gut gelungen und auch einen der Pelikane hatte ich mit der Kamera perfekt erwischt. Morgen war eigentlich der letzte Tag und wir wollten unbedingt nach Alcatraz. Das war ja einer der Gründe, warum wir überhaupt hier waren.

2/Alcatraz – die Gefängnisinsel

Jetzt war es endlich so weit. Da das Wetter es zuließ, konnten wir die circa zwei Kilometer vom Festland entfernte Insel, die in einer windigen und kalten Bucht lag, aufsuchen. Man verfrachtete uns auf eine kleine Fähre und nach kurzer Zeit gelangten wir auf die Gefängnisinsel.

Dort, wo 1979 der Film »Flucht von Alcatraz« mit Clint Eastwood in der Hauptrolle gedreht worden war. Er spielte die Rolle des Frank Morris, der mit den Anglin-Brüdern von der Insel flüchtete und nie wieder aufgefunden wurde. Die Insel sollte der sicherste Knast der Welt sein, aus dem niemand fliehen konnte. Allerdings gelang den oben genannten Personen in den 60er-Jahren doch die Flucht. Die Anglin-Brüder tauchten später angeblich in Brasilien wieder auf. Dort angekommen brach ich sofort zum Zellentrakt auf und sah mich dort um. Ich war ein wenig enttäuscht, da die Insel relativ überschaubar war, nach einer Weile hatte ich alles gesehen und schaute von dort hinüber auf die Golden Gate Bridge.

Wenigstens konnte ich schöne Aufnahmen machen, um später davon in der Heimat zu berichten. Ich bestieg den teilweise defekten ersten Leuchtturm der Insel, der 1854 dort errichtet worden war.

»Alles sehr übersichtlich hier«, sagte ich zu Mike und begab mich, ohne die Reisegruppe zu beachten, wieder auf den Rückweg zum Anlegesteg.

Auf der Rückfahrt sinnierte ich über das Erlebte. Manchmal war es einfach besser, Geschichten so hinzunehmen, wie sie waren. Und so freuten wir uns auf morgen, wenn wir die Golden Gate Bridge passieren würden.

Nachdem wir uns am frühen Vormittag einen weißen Cadillac gemietet hatten, bezahlten wir die Mautgebühr und fuhren über die etwa zweieinhalb Kilometer lange Brücke. Der Preis war verständlich, denn sie lag ungünstig zwischen zwei tektonischen Erdplatten und konnte somit schneller bei einem Erdbeben zu Schaden kommen. Wieder spielte das Wetter mit und ich genoss die Fahrt. Der View Point entschädigte für die Mautgebühr und ich posierte vor der Kamera. Jetzt, wo ich am Schreibtisch sitze und meine Biografie schreibe, blicke ich auf die Golden Gate Bridge, denn sie ist als Hintergrundbild auf dem Laptop präsent.

Nach einem kleinen Imbiss reisten wir gemütlich weiter über Fresno und erreichten das Death Valley mit seinem National Park in der nördlichen Mojave-Wüste. Wir wollten ja schließlich nach Las Vegas und fuhren so durch einen der heißesten Orte der Erde. Mike fuhr den Wagen und bat mich an einem Schild mit der Aufschrift Nevada auszusteigen, damit wir einen kleinen Clip für unsere Verwandtschaft drehen konnten. Im Fahrzeug war die Temperatur auf 30 Grad eingestellt, also war es draußen noch wärmer.

»Überleg dir genau, was du sagen willst, Torsten. Dann springst du raus und erzählst kurz etwas. Verdeck aber die Einschüsse im Nevada-Schild nicht. Wie es scheint, wird hier ordentlich geschossen!« Mike öffnete ein Fenster, sodass er durch einen Spalt filmen konnte, während ich heraussprang und zum Nevadaschild lief. Waren ja nur ein paar Schritte. Dann drehte ich mich in Richtung Kamera und atmete die 45 Grad heiße Luft ein. Jetzt wusste ich, warum man das Death Valley Tal des Todes nannte. Auch in der Nacht erreichte das Thermometer hier Temperaturen um die 30 Grad. Während mir der Schweiß in Strömen den Rücken herunterlief, sprach ich ein paar Worte und schaute mir die Straße an, die das Tal passierte und unendlich zu sein schien. Dann sprang ich flugs wieder ins Fahrzeug.

»Na, was habe ich gesagt, war doch ein tolles Erlebnis und du bist ja ganz kameratauglich. Vielleicht hast du ja eine Karriere als Moderator oder so etwas vor dir«, schmunzelte Mike. Wie Recht er damit haben sollte …

»Hauptsache, wir kommen ohne Autopanne durch das Tal. Ansonsten sehe ich uns schon brutzelnd im Graben liegen und von Aasgeiern aufgefressen.«

Wir kamen wirklich gut durch und ich machte tolle Fotos. Die Fahrt war total entspannt, da man in den USA aufgrund der Geschwindigkeitsüberwachung ja nicht rasen konnte. Las Vegas lag bald vor uns, und wir waren gespannt auf die Stadt.

3/Las Vegas

Las Vegas lag in der Mojave-Wüste und war ein beliebtes Zockerparadies. Die Spielcasinos waren rund um die Uhr geöffnet. Also besuchten wir die Geburtsstadt Andre Agassis, der ja unsere Steffi Graf geheiratet hatte. Zunächst führte uns der Weg durch Alt-Las-Vegas, um zum Hotel, dem Caesar's Palace, zu gelangen. Wir hatten uns eine Suite für drei Tage gemietet und freuten uns, dass wir direkt neben Sheena Easton residieren durften. Wir fuhren die imposante Auffahrt entlang, gaben den Wagen ab – das Gepäck wurde auf die Hotelsuite gebracht – und kamen per Laufband zur

Rezeption. Die Angestellten waren in römische Gewänder gehüllt und ich filmte munter drauflos, während Mike uns eincheckte. Bis es plötzlich dunkel vor der Linse wurde und mir jemand auf die Schulter tippte. Vor mir stand ein zwei Meter großer dunkelhäutiger Hüne, er schüttelte vielsagend den Kopf und bat mich höflich aber bestimmt, nicht hier oder im Casinobereich zu filmen. Verständlich, ich konnte dennoch ein paar tolle Aufnahmen mit nach Hause nehmen. Mit dem Aufzug ging es hinauf in unsere Suite, die recht günstig gewesen war. Las Vegas wollte dein Geld und bot so erschwingliche Zimmer oder Hotelsuiten an, damit du mehr Kohle verzocken konntest. Warst du erst einmal im Casino, hatten sie dich. Auch wir wurden davon angesteckt.

Unser Achtzig-Quadratmeter-Zimmer hatte ein Ankleidezimmer, zwei King-Size-Betten, eine große Dusche und einen Konferenztisch für acht Personen.

»Kommen noch welche, Mike, haben wir noch Gäste? Gut gebucht, alter Schwede«, lobte ich und verschwand im Bad.

Nach einem kleinen Imbiss wollten wir ein wenig zocken und begaben uns in die dortigen, klimatisierten Hallen. War man drinnen, wussten die Spieler gar nicht mehr, ob es Tag oder Nacht war. Es war wahnsinnig intensiv, man hatte an die Decke einen blauen Himmel gemalt, man hörte die Kugeln am Roulettetisch rollen, es wurde Karten gespielt. Auf marmornen Emporen standen Leibwächter, die die Örtlichkeit bewachten und nicht jeden Gast hereinließen, denn hier ging es um richtig viel Geld. Am Black-Jack-Tisch saß zum Beispiel ein älteres Ehepaar in bunter Sommerkleidung, die die Spielchips fliegen ließen. Ich staunte, als ich sah, um welche Summe es hier ging, denn eben verschwand wieder ein 10.000-Dollar-Chip in der Kasse des Croupiers. Der Chip war gleichbedeutend mit etwa. 17.000,- DM. So viel Geld konnten wir nicht ausgeben. Wir hatten uns ein Limit von je zweihundertfünfzig Mark gesetzt. Also begaben wir uns an ein Rondell, wo wir an mehreren einarmigen Banditen unser Glück versuchen wollten. Oberhalb saß eine Aufseherin, die dafür sorgte, dass es hier mit rechten Dingen zuging und sich die Leute benahmen. Einige Menschen verspielten Haus und Hof und flippten dann total aus. Das sollte nicht passieren.

Wir tauschten nun amerikanische Dollar gegen die einzigartige Währung im Casino um: die Caesar Dollars.

Wir spielten an einem Gerät, gewannen und verloren und tranken dabei ein paar Bier, die uns junge Frauen in Toga-Gewändern brachten. Kleine Snacks und Bier waren hier umsonst und da wir gutes Trinkgeld gaben, bekamen wir immer zügig ein paar Biere. Während wir uns unterhielten und die Eindrücke austauschten, kam die Bedienung nach kurzer Zeit wieder zu uns und wir wurden auf unsere Nationalität angesprochen.

»Normalerweise sollen wir uns nicht mit den Kunden unterhalten, damit sie in Ruhe hier spielen können. Aber ich muss einfach wissen, wo Sie herkommen. Ich tippe entweder auf Deutschland oder Schweden«, sprach die Dame und lächelte.

»Wir sind Deutsche«, antwortete Mike, »wie kommen Sie denn darauf?«

»Na ja, wer so viel Bier gewohnt ist, ohne ausfallend zu werden, kann eigentlich nur aus einem dieser Ländern stammen«, sprach sie und verschwand. Wir lachten uns schlapp und zockten weiter. Leider hatten wir keine Glückssträhne und verzockten fast das gesamte Kapital. Mike überlegte und gab dann den Tipp ab:

»Nur wir und kein anderer spielt seit mehreren Stunden am Banditen. Wenn wir jetzt aufhören, kommt jemand, schmeißt 'ne Münze rein und holt sich unser Geld. Laut Statistik muss es bald eine Ausschüttung geben.«

Nachdem wir noch mal einhundert Dollar investiert hatten, klingelte es und wir erhielten unsere Hausmünzen zurück. Die Aufseherin tauschte uns die Gewinnsumme um und wir waren wieder, ganz ohne Verlust, flüssig. Hinterher stellten wir fest, dass wir etwa achttausend Mark fiktiven Gewinn auf der Karte hatten, aber das Geld war trotzdem weg. Wir bekamen jeder ein T-Shirt, römisch aussehend, mit der Aufschrift »Caesar's Palace«. Wir gingen freudig zurück auf die Suite und bemerkten erst hier, dass ein ganzer Tag vergangen war und wir noch nicht bei Siegfried und Roy gewesen waren.

Nach fast zehnstündigem Schlaf fuhren wir in das Hotel, in dem Siegfried und Roy ihre Las-Vegas-Show mit den weißen Tigern vorführten. Damals waren alle Beteiligten noch gesund. Leider bekamen wir keine Karten mehr für die Vorstellung, sie war seit Wochen ausgebucht. Schade drum, aber es gab ja noch andere interessante Dinge zu sehen.

Nach einer mehrstündigen Fahrt durch gesamt Las Vegas machten wir uns auf den Weg in Richtung Grand Canyon, wo der Colorado River die Landschaft geprägt hatte. Wir schafften es bis zum Abend in ein nahegelegenes Motel und schliefen ein paar Stunden. Nach dem Frühstück mit Kaffee, Bohnen, Ei und Speck ging es weiter zu einem der View Points des Grand Canyons. Dort bauten wir das Kamerastativ auf und wollten gerade filmen, als eine Gruppe aus Leipzig uns entgegenkam. Sie sächselten ordentlich und laut, sodass Mike den Dreh abbrechen musste.

»Torsten, das glaubt uns doch keiner, wenn wir hier drehen und im Hintergrund sächsisch gesprochen wird«, er lachte.

Nachdem die Reisegruppe fort war, machten wir uns auf den Weg zum Hubschrauber, den wir gemietet hatten. Leider gab es den gläsernen View Point damals noch nicht, von wo aus man direkt in den Abgrund des Canyons schauen konnte.

Also flogen wir eine Runde mit dem Helikopter und schossen mit der Kamera atemberaubende Bilder.

Am nächsten Tag brachen wir zum berühmten Hoover Dam auf. Dort wurde der Colorado River gestaut, wir beobachteten Fischschwärme und schauten die steile Stauwand hinunter.

Es war ein tolles Erlebnis, wobei Mike nicht wirklich hinunterschauen konnte.

»Mir wird schwindelig, mach du ein paar Aufnahmen, die schaue ich mir zu Hause in Deutschland an.«

Nachdem wir die Talsperre hinter uns gelassen hatten, fuhren wir durch Salt Lake City und Reno. In Reno gewannen wir sechzig Dollar im Casino, die wir in Burger, Cola und Bier investierten. Nach fast fünfeinhalb Wochen war die tolle Rundreise nun für uns zu Ende. Wir hatten viel erlebt, uns war nichts Ernstes passiert, wir lernten nette Menschen kennen und legten fast 7200 km mit dem Auto zurück, bis wir wieder Los Angeles erreichten. Die Gallone Bier kostete damals übrigens umgerechnet zwei Mark, das T-Shirt aus dem Hotel Caesar's Palace in Las Vegas besitze immer noch, irgendwie passt es nicht mehr richtig.

Es eine schöne Zeit, danke, lieber Mike.

Die Krabbe von Samana

Nachdem wir im Jahr zuvor mehrere Wochen durch die USA gefahren waren, wollten wir einen ruhigen Strandurlaub mit ein bisschen Sightseeing machen. Damals kamen der Ballermann auf Mallorca oder ein Urlaub in der Dominikanischen Republik für uns in Frage. Das Angebot: siebzehn Tage zahlen, zwanzig Tage bleiben, bei voller Pension und Rum ohne Ende. Der Balneario wäre sicher teurer geworden, weil wir da auf jeden Fall mehr Taschengeld verpulvert hätten. Und außerdem konnte ich die Eimersauferei und das Gegröle der Sportvereine am Strandabschnitt 6-8 nicht haben. Menschenmassen, die sich nicht benehmen können, liegen mir nicht. Nach kurzer Überlegung hieß es dann für uns: ab in die Karibik.

Von Düsseldorf aus ging es mit dem Flieger nach Puerto Plata, nach guten elf Stunden Flug konnten wir während des Landeanflugs über die geteilte Insel Hispaniola schauen. Haiti war im Moment für Touristen zu gefährlich, dort herrschten Unruhen im Staat und wenn es mal ruhiger war, mussten die Menschen sich mit schweren Erdbeben befassen, so auch im März des Jahres 1994. Nach der sicheren Landung stiegen wir aus dem Flugzeug und ich wunderte mich, dass ich keinen größeren Tower sah, der die Landebahnen und die An- und Abflüge überwachte. Stattdessen gab es einen kleinen Tower mit wenig Personal. Wir fuhren durch die Hafenstadt zum Hotel und bezogen unsere Suite. Danach erkundeten wir die gesicherte Ferienanlage. Wir schlenderten zum hauseigenen Strand und trafen auf eine deutsche Familie.

Der Mann, der in einer lustigen Plastikwanne lag und sich sonnte, stellte sich als Kalle vor und lud uns ein, uns dazuzusetzen.

»Jungs, hier könnt Ihr chillen. Viel wird hier nicht geboten. Das Einzige, was geht, ist Essen, Trinken und Banana-Boot oder Wasserski fahren. Etwas surfen geht hier vor der Küste auch oder Fallschirmgleitflug. Also ruht euch aus und genießt die Zeit.«

»Und was ist mit den Geschäften und Menschen außerhalb der Anlage?«, fragte ich ihn und er schüttelte den Kopf.

»Der Veranstalter hat uns gesagt, dass wir kein Auto oder Zweirad mieten und damit durch die Gegend fahren sollen. Die Leute sind so arm, dass sie auf die Idee kommen, sich vor Euer Fahrzeug zu werfen, um später bei der Polizei Schadensersatzansprüche geltend machen zu können. Und man sagt, dass einige der örtlichen Polizisten mit ihnen unter einer Decke stecken. Also Vorsicht!«

Das war ja mal eine Ansage, aber wir wollten sicherheitshalber noch die einheimischen Angestellten fragen, um uns den einen oder anderen Tipp zu holen. Denn fast drei Wochen am Strand liegen schaffte ich nicht. Dass Kalle mit seiner Warnung richtig lag, bemerkten wir ein paar Tage später, als wir über feinen Sand schlenderten, ein paar Fotos schossen und schließlich zu einem bewachten Strandabschnitt kamen. Dort standen zwei mit Macheten bewaffnete Männer an einer Schranke, mit einer Handbewegung gaben sie uns zu verstehen, dass wir zurückgehen sollten. Also war das Ende der Anlage erreicht.

Am zweiten Tag fuhren wir Banana-Boot und etwas Wasserski, wir aßen ordentlich und stellten uns am späten Nachmittag an die dortige Strandbar. Dort bestellten wir den bekannten Karibik-Rum und unterhielten uns. Nach kurzer Zeit fing der starke Alkohol an zu wirken und wir schafften es gerade noch zum Abendbuffet, wo ich vor Müdigkeit fast mit dem Kopf im Essen gelandet wäre. Tags drauf hatte ich einen Brummschädel und wunderte mich über Mike, denn er hatte sich den Kopf mit einer Klorolle umwickelt. Er sah meinen skeptischen Blick.

»Damit ich keinen Sonnenbrand bekomme, ich bin doch so hellhäutig«, sagte er und nickte.

Bei der Reinigungskraft konnte ich zum Glück eine Kopfschmerztablette abstauben, die ich mit einem Glas Wasser runterspülte. Zum Dank legte ich zwei Dollar Trinkgeld hin, was wir des Öfteren machten, da wir ja wussten, wie arm die Menschen in der Dominikanischen Republik waren. Meine Omma sagte stets: »Gib mit der warmen Hand und sei spendabel. Du bekommst es auf irgendeine Weise zurück.«

Die Frau, die unser Zimmer perfekt sauber hielt, war uns sehr dankbar, denn mit ihrem Job ernährte sie ihre drei Kinder, die sie alleine erziehen musste. Ihr Mann war an einer Tropenkrankheit gestorben und jeder auf der Halbinsel war froh über eine Arbeit. Mike schlug mir auf die Schulter.

»Wir müssen zurück an die Strandbar. Der Typ hinter der Bar macht irgendeinen Trick, denn wir trinken nur ein paar Rum und sind danach völlig angeschlagen.« Er rieb sich seinen Drei-Tage-Bart und grübelte. Der Kellner, der ebenfalls Trinkgeld von uns bekam, freute sich und wies uns einen guten Platz an der Bar zu, von dem aus wir alles im Blick hatten. Nun kamen die neuen Gäste an, unter anderem eine Reisegruppe aus Dresden. Zum Glück waren Ost und West wieder vereint, aber an gewisse Dialekte musste man sich wirklich gewöhnen. Nach fast fünfzehn Jahren Botschaftertätigkeit in Thüringen war ich heute gewappnet.

Die Gäste kamen also an die Bar und wurden ordentlich abgefüllt. Für einige hieß es »all inclusive« und sie benahmen sich wie die Paschas. Ihnen servierte man besonderen Rum.

Mike schaute genau hin und wir bemerkten, dass der Kellner beim Einschenken aus verschiedenen Rumflaschen eingoss.

Wir in der Stammecke bekamen die Flasche unterhalb der Bar, die Frechen und Lauten fertigte man mit weniger qualitativem und stärkerem Rum ab. Somit waren die Gäste schnell am Ende und verzogen sich auf ihre Zimmer. Mike und ich hatten es jetzt auch verstanden und lächelten dem Kellner zu. Wir gaben ihm ein Trinkgeld, das er mit allen Kollegen teilte.

Paco, so hieß der Mann, erzählte uns, dass er der Einzige aus der Familie sei, der auf die Schule gegangen war und einen Abschluss hatte. Er ernährte die Familie alleine, denn seine Eltern waren krank und die beiden Schwestern noch zu klein, um zu arbeiten. Er war ein echt angenehmer Mensch, mit dem man sich gut unterhalten konnte. Sprachlich passte unser Spanisch und Englisch ganz gut, aber wir unterhielten uns auch mal mit Händen und Füßen. Der nächste Tag war recht ereignisreich, denn wir wollten mit Kalle eine kleine Rundreise über die Insel machen. Wir holten ihn an seinem Stammplatz ab und sahen schon vom Weitem, dass er bei einem einheimischen Surflehrer stand. Dieser zog sich vor unseren Augen einen Zehennagel, der sich gebogen und entzündet hatte. Kalle sagte, er müsse zum Arzt, um sich behandeln lassen und danach dann krank zu feiern. Der Surflehrer stutzte und schaute uns verwundert an.

»Wenn ich zwei Tage nicht zur Arbeit komme, hat ein anderer meinen Job und ich bin arbeitslos. Das kann ich mir nicht leisten. Also mache ich einen Verband drum und weiter geht`s. Außerdem haben wir nur zwei Krankenhäuser auf der Insel und die haben wenig Personal.«

Wir fuhren mit dem empfohlenen Taxifahrer durch angrenzende Regenwälder, die von den Einheimischen dazu benutzt wurden, sich zu ernähren und Essbares anzupflanzen. Kalle berichtete gerade vom höchsten Berg, den es hier in der Karibik gab, dem Pico Duarte, und von weiteren Abenteuern, als wir die Hafengegend erreichten. Wir stiegen aus, bezahlten und fragten den Taxifahrer, ob er warten oder mitkommen würde, damit wir später mit ihm zurückfahren konnten. Er entschied sich fürs Warten und ging in ein angrenzendes Kaffee, wo er einige der kaffeetrinkenden Männer kannte. Wir schlenderten gemütlich über den Marktplatz. Ich hatte mir nur ein paar Dollar eingesteckt und fand, dass ich nicht wie ein typischer Tourist aussah. Zwei kleine Jungs kamen plötzlich auf uns zugelaufen und zogen und unter lautem Erzählen zu einem Kleidungsstand. Dieser gehörte der Familie und Mike kaufte sich einen Strohhut und Kalle eine selbstgemachte Schmuckkette, mit der er später seine Frau überraschen wollte. Nach vielen schönen Eindrücken fuhren wir zurück ins Hotel, abends saßen wir wieder an der Strandbar und genossen den guten Rum.

Am nächsten Tag flogen Mike und ich mit einer Propellermaschine nach Punta Cana, an deren Spitze sich der Atlantik und das Karibische Meer trafen. Von dort aus sollte es mit dem Auto zur vorgelagerten Insel Cayo Levantado gehen, um von dort die Bucht von Samana zu erreichen.

Dort wurde kurz zuvor der berühmte Werbespot für den Bacardi-Rum gedreht. Fröhliche Menschen, die Rum tranken, über die Sandstrände liefen und das klare Wasser samt Palmen genossen. Am Flughafen trafen wir unseren Kapitän, der eine saubere Uniform anhatte, vier Streifen zierten sein weißes Hemd, er war frisch gestylt und trug eine Ray-Ban-Brille.

Daneben stand ein junger Bursche, der vermutlich auch mitfliegen wollte. Wir quetschten uns zu sechst in den hinteren abgetrennten Bereich des kleinen Fliegers und konnten durch eine Luke beobachten, wie der Pilot auf dem rechten vorderen Sitz Platz nahm. Der jüngere Mann setzte sich nach links und zog sich den Kopfhörer auf. Dann rollten wir zur Landebahn, während der Pilot sich mit dem Sitznachbarn unterhielt. Mit einem Höllenlärm starteten wir und erreichten schnell an Höhe. Es rumpelte ordentlich, denn nun flog der Flugschüler, der den Anweisungen des Kapitäns folgte. Da wurden zwei Fliegen mit einer Klappe geschlagen, eine von den Passagieren bezahlte Flugstunde.

Wir kamen dennoch gut an, weil der Pilot den Landeanflug selbst einleitete und sicher auf dem Rollfeld aufsetzte.

Wir verabredeten eine Zeit für den Rückflug und machten uns auf den Weg zu einem Taxistand. Dort sollten wir von einem Kleinbus abgeholt und zum vorgesehenen Strand gebracht werden. In der Nähe einer Hafenkneipe wartete schon ein Boot auf uns, um uns auf die Bacardi-Insel zu fahren. Es war brühend heiß und die Sonne stand am hellblauen Himmel. Dort angekommen wurden wir mit einem Bacardi begrüßt, wir konnten uns am Buffet bedienen und anschließend ins Wasser gehen. Mit kurzer Badehose schlenderten wir am wunderschönen Sandstrand entlang und beobachteten die anderen Gäste, die ihre Frauen an und auf Palmen drapierten, um Fotos zu machen. Danach ging es in das klare türkisfarbene Meer und wir schwammen einige Runden. Wir durften sogar auf eine vor Anker liegende Yacht, um vom Deck aus ins Wasser zu springen. Welch ein Paradies. Angeblich konnte man im Winter hier Wale beobachten, die dort ihre Jungen zur Welt brachten. Nachdem ich mehrere Male von Bord gesprungen war, zog es mich an den Strand, um Rum zu trinken und tropische Früchte zu genießen. Da sah ich eine mittelgroße Krabbe, die vor mir her über den Sandstrand lief, sie hatte mich wohl auch bemerkt und versuchte auszuweichen.

Das Spielchen ging hin und her, ich wollte ja auch nicht drauftreten. Sie richtete drohend ihren Scheren auf, um den Gegner – das war in dem Moment ich – abzuwehren. Vorsicht war also geboten – und da passierte es doch. Ich berührte sie mit der Ferse, die Krabbe erwischte mich, verletzte meine Achillesferse und spritzte ihren Kot in die Verletzung.

Ich humpelte aus dem Wasser und ließ einen der Begleiter einen Blick auf die blutende Wunde werfen.

Er zog mich zu sich und kippte mir Rum über die Fleischwunde, sodass ich kurz vor der Ohnmacht stand. Mike, der das mitbekommen hatte, verzog das Gesicht.

»Wir fahren zum Festland und dann fliegen wir in die Staaten. Dort kannst du dich behandeln lassen. Der Fuß sieht gut aus.« Genau das wollte ich hören.

Weil ich anfing, vor Schmerzen zu zittern, und die Wunde sich zu einer Blutvergiftung entwickeln könnte, hakte man mich unter und legte mich ins Boot, um zügig ans Festland zu gelangen. Die anderen Gäste bekamen zum Glück nichts davon mit. Ich hatte Höllenschmerzen und wir erreichten endlich die Hafenkneipe, wo zwei weitere Begleiter auf uns warteten. Einer von ihnen lief in die Gaststätte und holte eine Tinktur und Verbandszeug aus der Kneipe. Dann wurde ich von mehreren Männern gepackt und bäuchlings auf einen Holztisch geworfen.

»Für ein Krankenhausbesuch ist es wohl zu spät. Die wollen dich hier behandeln. Alles Gute«, mit diesen Worten wurde mir ein Beißholz in den Mund geschoben und Mike, der mir die Arme festhielt, berichtete von dem Eingriff. Ich stand kurz vor der Ohnmacht und verabschiedete mich schon von der Welt.

»So, nun legt er einen Hautfetzen um und säubert die Wunde mit einem Gegenstand. Ist es ein Messer? Ich kann es von hier aus nicht erkennen. Nun gießt er Rum drüber und trinkt selber einen Schluck. Er bringt eine Tinktur zum Einsatz und klappt den Hautlappen wieder zu. Jetzt wird verbunden.«

Ich war fertig, Mike gab dem Mann zwanzig Dollar, und wir bedankten uns überschwänglich.

Auf dem Rückweg ging es mir deutlich besser, ich trank Rum und mir war eigentlich alles egal – die Blutvergiftung war weg und Mike schilderte mir noch mal jede Kleinigkeit des Eingriffs.

»Übrigens, das war der Chef der Hafenkneipe, der dich behandelt hat. Es kommt auf der Insel häufiger vor, dass Touristen zu Schaden kommen und er sie dann versorgt. So kann er sein Wissen erweitern.«

Am folgenden Abend tranken wir zur Belohnung noch etwas Rum und zwei Tage später ging es für uns zurück nach Deutschland. Dort suchte ich sofort meinen Hausarzt auf und schilderte ihm mein Erlebnis. Er staunte, als ich ihm mitteilte, dass mich dort der Kneipenwirt behandelt hatte.

»Torsten, was für ein Wunder. Sei froh, dass du an so einen professionellen Sanitäter geraten bist. Das hätte auch anders ausgehen können, Gott sei Dank, dass du noch lebst.«

2020 – Vom Leben und vom Überleben

Im Sommer 2020 brauchte ich dringend Urlaub, da man gegen mich ein Disziplinarverfahren eingeleitet hatte. Es ging mal wieder um meine persönlichen Nebentätigkeiten, die der Behörde nicht passten. Trotz mehrfacher Nachfrage, ob alles ordnungsgemäß gemeldet worden war, wurde ich ignoriert und nicht weiter zu dem Thema angehört. Stattdessen ermittelten sie gegen mich. Nach diesem Aufreger fuhr ich erst einmal in die wohlverdienten Ferien, nachdem mich der erste Lockdown, wie uns alle, Kraft und Energie gekostet hatte. In Cuxhaven angekommen, freute ich mich darauf, Freunde und Bekannte wiederzusehen. Ich verbrachte eine tolle Urlaubswoche mit Wein, gutem Essen und Sport, bis sich am Samstag ein komisches Gefühl in meinem Körper breitmachte. Ich bekam schlecht Luft und es fühlte sich an, als ob die inneren Organe anschwellen würden. Irgendwie überstand ich das Wochenende bei herrlich warmem Sommerwetter, am Montag Morgen machte ich mich aber direkt auf den Weg zum Doc. Im Wartezimmer war es stickig, ich musste natürlich Maske tragen und mir ging das alles so ziemlich auf den Zeiger.

Die junge, gerade frisch praktizierende Ärztin war sichtlich geschockt, als sie meine ermittelten Werte sah.

»Sie müssen umgehend in eine Klinik, ansonsten versterben Sie an einem Herzinfarkt«, flüsterte sie erschrocken.

Ich entließ mich selbst, denn wenn, dann wollte ich in Bochum sterben.

Während der überhasteten Rückfahrt wurde mir ganz anders zumute. Was war los mit meinem Herzen? Würde ich das hier überleben? Ich steckte mir eine letzte Menthol-Zigarette an und rief meinen Leibarzt Roland an. Ihn kannte ich schon zwanzig Jahre und er war erfreut, von mir zu hören.

»Du warst ja lange nicht mehr bei mir. Dir scheint es wohl gut zu gehen.« Ich erzählte ihm von der Diagnose und bekam einen Termin für denselben Tag. Er führte erste Untersuchungen durch und gab mir Tabletten, ich sollte morgen früh pünktlich und nüchtern bei ihm sein, um die Herztätigkeit zu kontrollieren.

Nachdem am nächsten Morgen das Elektrokardiogramm durch war, sah man auffällige Zacken auf der Anzeige. Roland wurde ganz still. Mit dem EKG-Ausdruck in der Hand sagte er:

»Ruf deinen Sohn an, pack eine Tasche und fahre bitte schnellstens in ein Krankenhaus. Etwas stimmt nicht mit dem Herzen, das muss genau und sofort untersucht werden.«

Und so meldete ich mich in der mir durch viele Einsätze bekannten Klinik. Der dortige Professor gab mir erst einmal Tabletten, denn in diesem Zustand konnte er bei mir keine Herzkatheter-Untersuchung durchführen. Nach weiteren Kontrollen und mehreren Tagen Aufenthalt im Josefs-Hospital wurde ich von einem Herzspezialisten untersucht. Nachdem man den Katheder nicht durch die Armvene bekommen hatte, legte man ihn mir durch meine rechte Leiste. Während der Untersuchung, die ohne Narkose stattfand, damit ich das Geschehen auf einem Bildschirm mitverfolgen konnte, dachte ich immer wieder: *Nun setzt endlich die Stents, damit wir hier fertig werden.* Ich hab keine Zeit für Krankheiten. Doch weit gefehlt, der Oberarzt murmelte nur, dass er umgehend den Professor holen müsse, er habe ihm das Video schon geschickt. Und dann wurde mir schlecht, ich bekam Herzflimmern, sodass man mich defibrillieren musste. Das dauerte, da ich ein starkes Narkosemittel brauchte, um überhaupt ohnmächtig zu werden.

Nachdem mir der Professor im Anschluss mitgeteilt hatte, dass nur eine OP für mich in Frage komme und er sich mit einem Kollegen im Bergmannsheil ausgetauscht habe, war ich natürlich ziemlich deprimiert. Anscheinend war ein Herzmuskel entzündet und die Pumpfunktion des Herzens stark eingeschränkt. Ein Infarkt würde mich das Leben kosten. Nach kurzem Aufenthalt zu Hause, wo ich mich mit Tabletten über Wasser hielt, teilte ich den Kindern die Neuigkeit mit.

Mein Sohn schien bedrückter und geschockter zu sein als meine Tochter, die schon im Pflegebereich gearbeitet und andere Dinge gesehen hatte.

Dann war es auch bald so weit. Der Professor, der mich kannte, operierte fast sieben Stunden lang. Als ich aus der Narkose erwachte, merkte ich, dass man mir einen für mich unendlich langen Schlauch aus dem Hals zog, da war ich schnell wieder auf der Welt. Nachdem man mich an alle Geräte angeschlossen hatte, schaute ich in den Spiegel. Ich hatte abgenommen und wog unter neunzig Kilo. Drei Tage lang nicht gewaschen und rasiert, nicht auf der Toilette gewesen und vor allem nichts gegessen, überall Schläuche und Überwachung und Verbände an mir.

Ich bat Trixi, meine zugeteilte Pflegekraft aus dem Sauerland, um die Beschaffung von Nahrung.

Sie legte den Kopf schief und fragte: »Hattest du schon Stuhlgang?« Sie grinste.

»Ich liege hier seit Tagen, wie soll das denn gehen?«, antwortete ich.

»Dann gibt es auch noch nichts zu essen.« Mit diesen Worten stellte sie mir einen Joghurt auf den Klapptisch.

»Bring mir bitte einen schwarzen Kaffee, dann klappt das auch«, flehte ich, und wie sollte es anders sein, nach zwei Tassen bekam ich den Topf und abends etwas zu essen.

Nach kurzer Zeit wurde ich von der Überwachungsstation auf die normale Station verlegt und regenerierte mich schnell, denn ich wollte hier raus. Nachdem ich nachts über die Stationsflure geschlichen war, durch den Wechseldienst konnte ich schlecht schlafen, bekam ich Gehverbot, weil ich das Pflegepersonal durch mein Herumgeistern erschreckt hatte. Außerdem war es ein heißer Sommer und wegen der Pandemie wurden die Klimaanlagen ausgeschaltet, es nervte nur noch. In jenen Tagen hatte ich viel Zeit, über das weitere Leben nachzudenken. Wie plötzlich doch alles vorbei sein konnte!

Meine Kinder besuchten mich oft und waren heilfroh, dass ich die Geschichte überlebt hatte und es mir besser ging.

Kurz vor der Entlassung bekam ich dann Schmerzen im Bereich der rechten Körperseite.

Man verabreichte mir Antibiotika und als auch das nicht half, wurde ich nochmals auf den Kopf gestellt. Am Nachmittag kam der Internist, den ich ebenfalls kannte, mit der Diagnose. Wenn sie mir nicht in einer gleich stattfindenden OP die Gallenblase entfernen würden, würde ich die nächste Nacht nicht überleben. Der Einwand, dass ich vor neun Tagen erst eine Operation am Herzen hatte, ließ ihn unbeeindruckt. Das sei eine andere Narkose, sagte er und ging. Auch diesen Eingriff überstand ich, dann konnte ich endlich meine Heilkur in Bad Oeynhausen antreten.

Sport ist mein Leben

Wenn es um das Thema Sport ging, war ich auch in der Schule sofort dabei. Ganz gleich, ob wir Schwimmen, Tischtennis oder Völkerball hatten, Toto stand in der ersten Reihe. Zum Unterricht schlenderte ich zu Fuß oder ich schnappte mir mein Rad, das gab Kraft in den Beinen und ich war an der frischen Luft unterwegs. Nach Schulschluss spielte ich mit Freunden Fußball oder wir streunten durch ein angrenzendes Wäldchen und fingen Molche, dort gab es viel zu entdecken, wie alte Bunker oder Kläranlagen. Später habe ich parallel zum Handballsport Fußball gespielt, ich bin zweimal die Woche mehrere Kilometer mit dem Fahrrad zum Handballtraining in die Solinger Klingenhalle oder nach Ohligs zum Fußballtraining bei der Union gefahren. Auch in der Oberschule war ich bei den verschiedensten Mannschaftssportarten präsent. Nach der bestandenen Prüfung bei der Polizei habe ich mit dem Kampfsport angefangen und in unterschiedlichen Bereichen Gürtelprüfungen abgelegt. Bei der Grundausbildung haben sie uns ordentlich rangenommen, wir mussten mit Bekleidung schwimmen oder vom Sieben-Meter-Turm einen Abfaller machen, wir kämpften auf Judomatten oder sprangen im

Judoanzug über ein Tennisnetz auf dem Tartanplatz. Wir marschierten in voller Montur durch Wälder und benutzten lediglich eine Karte und einen Kompass.

Jahre später durfte ich mit den Ruhrpotthelden, das waren Personen über fünfzig aus verschiedenen Bereichen wie Firmeninhaber, Gesellschafter und Fußballer, gegen alle Traditionsmannschaften der Bundesligamannschaften antreten. Ein Highlight war das Benefizspiel 2009, eine gemischte Prominentenauswahl traf auf die damals aktuelle erste Mannschaft des FC Bayern München.
Mein Spielgegner war Miroslav Klose. Vor dem Anpfiff kam der ehemalige Bochumer Trainer Hermann Gerland zu mir und bat mich, ruhig und vernünftig zu spielen, es sei schließlich ein Benefizspiel. Ich hatte den Wink mit dem Zaunpfahl verstanden – harten Körpereinsatz weglassen. Unter anderen standen Louis van Gaal mit Philipp Lahm, Anatolij Tymoschtschuk, Holger Badstuber, Thomas Müller, Daniel Van Buyten und Mario Gomez auf dem Platz. Nach dem Spiel auf Schalke vor fünfzigtausend Zuschauern wartete im Kabinengang der Kapitän der deutschen Nationalmannschaft auf mich und bat mich um mein Trikot – welch eine Ehre – und Philipp Lahm schenkte mir kurze Zeit später ein von allen Bayernspielern unterschriebenes Originaltrikot der Champions League.

Meine Grundkondition und die vielen sportlichen Aktivitäten hatten dazu geführt, dass ich gutes Venen-Material in den Beinen besaß, so konnten mir die Ärzte vernünftig haltbare Bypässe einsetzen. Heute priorisiere ich das Radfahren und Inlineskaten, das macht auch Spaß und man wird ja schließlich nicht jünger.

Bundesliga 1963

So alt wie die Bundesliga:

Nachdem ich im Februar 1963 das Licht der Welt erblickt hatte, startete im Sommer die erste Saison der Fußball-Bundesliga. Frage: Was hatte ich damit zu tun?

Antwort: Ich durfte in meiner Karriere gegen viele der damaligen Profis spielen und sie kennenlernen.

Zunächst stand ich für die Jugend bis zu den Amateuren im Verein Union Solingen auf dem Platz. Die erste Mannschaft spielte da in der 2. Bundesliga und wir, die wir uns noch in der A-Jugend mit den Gruppen Wuppertaler SV oder Bayer Leverkusen maßen, durften mit den Profis trainieren.

Im Training mit den bekannten Sportlern wie Helmut Pabst, Wolfgang Krüger oder Werner Lenz ging es ordentlich zur Sache. Das zeigte mir dann auch Dirk Hupe, der mich auf dem Trainingsplatz weggrätschte, mir im Anschluss aber lächelnd wieder auf die Beine half. Als ich '81 meine Ausbildung anfing, war mein Ausbilder Hartmut Fromm. Dieser spielte mehrere Jahre für den VfL Bochum in der 1. Bundesliga. Er begleitete mich auf den ersten Schritten bei der Polizei und brachte mich in die Fußballauswahl und zum VfL Bochum.

Bei der Bochumer Polizei arbeitete Dieter Hecking, der damals schon einen Vorvertrag bei Borussia Mönchengladbach hatte und heute im Sportvorstand des 1. FC Nürnberg tätig ist. Außerdem gab es da Stefan Kuntz, der beim VfL Bochum spielte, später dort Manager und Torschützenkönig und Europameister 1996 mit der deutschen Nationalmannschaft wurde. Heute trainiert er die türkische Nationalmannschaft, wobei er vorher mit der deutschen U 21 zweimal – 2017 und 2021 – Europameister wurde. Wir machten dann als Polizeiauswahl mehrere Trainingsspiele gegen die Profis des VfL Bochum, der damals von Rolf Schafstall trainiert wurde. Dort spielten derzeit Legenden wie Hermann Gerland, Michael

Ata Lameck, Frank Benatelli oder Lothar Woelk. Nach kurzer Überlegung, ob ich nun Fußballprofi werden oder weiterhin als Polizist arbeiten wollte, fiel mir die Entscheidung leicht. Ich entschied mich für den Polizeiberuf, da mir das Talent und die für den Profibereich vorgesehene Disziplin fehlten. Und wie ginge es nach der Profi-Karriere weiter? Was, wenn ich eine schwere Verletzung bekäme?

Im Nachhinein war es die richtige Entscheidung von mir. Also ging ich als Fan in die Ostkurve und feuerte die Herren an. Ich spielte weiterhin in verschiedenen Auswahlen und im Amateurbereich und blieb dem VfL Bochum bis heute treu. Als Polizeihundertschaft nahmen wir an den jeweiligen Fußballeinsätzen teil und räumten sogar mal das Bochumer Stadion vom Schnee. Ohne eine schwere Verletzung beendete ich 1997 meine Karriere und kümmerte mich um die Familie. Mein Sohn kam 1996 auf die Welt. Ich blieb dem Fußball aber treu, indem ich viele ehemalige Profis kennenlernte und 2009 auf Schalke mit einer Promi-Auswahl gegen die Bundesligamannschaft des FC Bayern München antreten durfte.

Das war ein Benefizspiel, genannt »Pocher and Friends«, der Erlös wurde für einen guten Zweck gespendet.

Wir, Guido Cantz, Elton und viele andere ehemalige Profis, wurden von Reiner Calmund und beinhart Werner Lorant trainiert. Da ging es im Training schon hart zur Sache, denn jeder wollte gegen Luis van Gaals Mannschaft spielen. Als wir in die Arena einliefen, genoss ich es sichtlich. Da musste ich sechsundvierzig Jahre alt werden, um so einen Moment zu erleben, obwohl wir natürlich haushoch verloren.

»Denk daran, Toto. Es soll sich keiner verletzen. Ist ja ein Freundschaftsspiel«, sagte Hermann Gerland vor dem Spiel zu mir, aber mir wurde schon schwindelig, als Philipp Lahm und Anatolij Tymoschtschuk auf mich zugelaufen kamen. Welche Geschwindigkeit auf dem Spielfeld herrschte, konnte man vom Fernseher aus absolut nicht nachvollziehen. Mit den Ruhrpotthelden, die unter anderem von Ingo Anderbrügge ins Leben gerufen wurden, spielte ich noch mehrere Jahre für den guten

Zweck. Wir hatten zahlreiche Ex-Profis in den Reihen, wie Claus Reitmaier, Gustl Ernst, Tomasz Waldoch, Frank Benatelli, Michael Bemben oder Marcel Maltritz.

Es machte immer wieder Spaß, den Ball rollen zu lassen. Ansonsten schaue ich mir weiterhin viele Spiele live an, wie sich das gehört, hier im Ruhrgebiet.

Und so schloss sich letztendlich der Kreis.

Ein Tag in meinem Polizeileben

Es war ein schöner Sommertag im Juli und wer musste arbeiten, natürlich die Polizei. Ich hatte meine Kollegin Annika dabei und wir fuhren an dem Tag unseren ersten Einsatz, es handelte sich um einen einfachen Blechunfall ohne verletzte Personen auf der Wasserstraße. Eigentlich wäre die Sache schnell erledigt gewesen, hätte sich nicht dieser penetrante Bürger eingemischt. Ich saß im Streifenwagen und füllte die Unfallbögen aus, während sich meine Kollegin noch mal die Schäden an beiden Fahrzeugen ansah. Die Fahrer hatten beim einfachen Fahrstreifenwechsel nicht aufgepasst und schon war es passiert. Die Beteiligten waren einsichtig und warteten auf die ausgefüllten Bögen, damit sie die jeweiligen Versicherungen einschalten konnten. Plötzlich hörten wir einen weiteren Streifenwagen, der das Martinshorn und das Blaulicht eingeschaltet hatte und an uns vorbeiraste. Wir bekamen über Funk mit, dass es sich um ein Raubdelikt ganz in der Nähe handelte, und während die Kollegen an uns vorbeifuhren, hielt neben uns ein Fahrradfahrer an.

»Was stellst du Arschloch das Polizeiauto halb auf dem Gehweg ab und warum fahren diese Idioten mit Sirene an uns vorbei? Ihr spinnt doch alle, Ihr Bullen. Benehmt euch mal und haut endlich ab!«

Annika und ich staunten über die haltlose Unverschämtheit und erklärtem dem Mann, dass wir hier einen Unfall aufnahmen, die Kollegen und Kolleginnen zu einem Raubdelikt unterwegs seien und er nun eine Strafanzeige wegen Beleidigung bekommen würde. Er zeigte uns einen Vogel und nach seiner Personalien-Feststellung verließ er schimpfend den Ort. Die Unfallgegner waren sich einig:

»Ihr habt alles richtig gemacht. Eine Unverschämtheit, euch so zu behandeln.«

Das muss man sich mal überlegen: Wir machen unseren Job und werden mitten auf der Straße von einem Mittvierziger mir nichts dir nichts beleidigt. Wo ist der Respekt geblieben?

Am Nachmittag wechselten wir den Ortsteil und mussten zu einer Vermisstensache fahren. Eine polnische Familie vermisste ihren fast 40-jährigen Sohn, der sich mehrere Tage nicht gemeldet hatte. Der Vater erwartete uns vor der Haustür und erzählte, dass es für seinen Sohn unüblich sei, sich nicht zu melden, sie würden jeden Tag telefonieren.

Der Sohn litt seit Jahren an Depressionen, er nahm Medikamente, trank Alkohol und wurde dann aggressiv.

Er hatte eben bei ihm geklingelt und besaß auch einen Schlüssel, doch er traute sich nicht alleine in die Wohnung. In diesem Haus war ich schon einmal, dachte ich, hier hatten wir eine Ruhestörung und eine Fete aufgelöst. Somit kannte ich die Wohnung und den vermissten Sohn, der durch einen Sturz schlecht zu Fuß war. Der Vater übergab uns die Schlüssel, im Flur bemerkten wir den beißenden Geruch, der uns entgegenschlug. Annika schüttelte leicht den Kopf und ich wusste aus Erfahrung, was uns dort erwartete. Ich schloss auf und wir betraten mit Masken vor Nase und Mund den Flur. Es war dunkel, nirgends brannte eine Lampe, es stank erbärmlich nach Fäkalien und die Wohnung war total vermüllt. Überall standen Essensreste herum und auf der Spüle saß eine Katze und fraß aus der dortigen Pfanne.

Annika tastete sich bis zum Balkon durch und öffnete die Tür, um zu lüften, da entwischte das Tier und sprang aus dem ersten Stock in die Freiheit. Ich hatte meine Taschenlampe eingeschaltet, um besser sehen zu können, und als wir das Schlafzimmer betraten, sahen wir den Sohn auf dem Boden liegen. Er hatte augenscheinlich Blut erbrochen und war schon längere Zeit tot. Es war ein bedauernswerter Anblick, den man so schnell nicht mehr aus dem Kopf bekam. Während Annika dem Vater ihre Anteilnahme bekundete und ihn zur Nachbarin brachte – er sollte seinen Sohn so nicht sehen –, rief ich die Kriminaldauerwache und einen Notarzt an.

Nach einer gewissen Wartezeit erschienen dann zwei Kolleginnen, die uns begrüßten und sich nach der Leichensache erkundigten. Eine davon war Sandra, die ich bei der Kripo ausgebildet hatte. Ich schilderte ihr den

Fall und bevor sie die Wohnung betrat, um zu übernehmen, sagte ich noch beiläufig, dass er eine Katze hatte, die vom Balkon gesprungen sei, und dass es eventuell noch mehr Tiere geben konnte. Sie drehte sich schnell herum und rief ihrer Kollegin zu: »Susanne, wir müssen den Aufgabenbereich tauschen. Er hatte eine Katze und ich habe doch eine Katzenallergie!«

So war das halt im Leben, trotz des knallharten Jobs musste man Prioritäten setzen. Wir übergaben ihnen das gefertigte Protokoll und fuhren weiter. Erneut sprach uns die Wache an, diesmal ging es zur Unterstützung eines zweiten Einsatzfahrzeuges in die Studentenhochburg der Hustadt. Man erwartete uns direkt vor der Einsatzörtlichkeit und sie teilten uns mit, dass sich mehrere Nachbarn über eine erhebliche Ruhestörung aus dem 11. Stock beklagten. Wir stapften die unendlich scheinenden Stufen hinauf und konnten endlich die Lärmbelästigung lokalisieren, wir postierten uns neben der Wohnungstür und lauschten. Der junge Kollege fing an zu grinsen.

»Da geht es ordentlich zur Sache. Ich klingle mal.«

Er drückte mehrfach auf die Klingel, zunächst rührte sich nichts, man hörte aber hektische Geräusche und Geflüster.

Als ich dann mit der Faust vor die Türe hämmerte und »Polizei – Hausbesuch« rief, wurde uns von einer spärlich bekleideten jungen Frau geöffnet. Sie wirkte verschwitzt und nervös, kam aus Spanien und studierte an der Bochumer Universität Sprachen. Der Kollege zwinkerte mir zu, was so viel bedeuten sollte wie, so warm ist es doch gar nicht, als auch schon ein junger Mann dazu kam. Er trug eine kurze Sporthose und ein schnell übergezogenes T-Shirt, auch er war verschwitzt. Annika, die Spanisch sprechen konnte, stellte uns vor, gab den Grund unseres Erscheinens an und bat um Ruhe. Während sie sprach, gesellte sich plötzlich eine weitere Dame dazu. Auch sie war durchgeschwitzt.

Nachdem die Kollegin mit den dreien geredet hatte und der Einsatz damit bewältigt worden war, gingen wir die Treppen der elf Etagen wieder hinunter.

»Das war vermutlich ein Dreier, der die Nachbarn da auf den Plan gerufen hatte«, warf der Kollege ein und ich nickte.

»Durften die sich denn trotz der Pandemie mit drei Personen in einer Wohnung aufhalten?«, fragte Annika erstaunt. Wir lächelten sie an.

»Also, das war vermutlich ein Dreier, was so viel bedeutet wie drei Menschen, die zusammen Liebe machen wollen.«

Jetzt lachte sie auch. »Ah, kapiert«, sagte sie kopfschüttelnd, »ich hatte die ganze Zeit an die Pandemievorschriften gedacht.«

Karl-Heinz, der alte Wachdienstführer

Den verrücktesten Wachhabenden, den ich je in Bochum erlebt hatte, war KH. In den Achtzigern waren die dienstältesten Kollegen meist Seiteneinsteiger. Sie hatten zuerst einen anderen Beruf ausgeübt und wechselten dann mit etwa dreißig Jahren zur Polizei. Viele kamen aus dem Bereich der Bundeswehr, wo noch Zucht und Ordnung herrschte, und er war auch so ein Überbleibsel des alten Jahrgangs. KH hatte pechschwarzes gegeltes Haar, aber meist benutzte er Haarwasser, das wirklich gut roch. Seine Uniform war ordentlich gebügelt und saß akkurat, die Schuhe blitzten.

Außerdem rauchte er starke Zigarillos auf der Wache, damals war Rauchen in Dienstgebäuden noch erlaubt.

Eines Morgens, KH war der dienstälteste Kollege und somit Dienstgruppenleiter, bat er mich nach dem Frühstück:

»Kerlchen, hol schon mal den Streifenwagen, ich muss kurz zu mir nach Hause etwas erledigen, aber zackig!«

Da ich die heutige Unterstützung war, hatte ich bereits für die gesamte Gruppe Kaffee gekocht, die Wache aufgeräumt und wir hatten zusammen gefrühstückt. Den Streifenwagen hatte ich überprüft und kontrolliert, die Tankkarte eingesteckt und den alten VW Passat gelüftet. Wir fuhren schweigsam von der Bochumer Innenstadt ins Königreich Stiepel, wo er mit seiner Frau wohnte. Er saß etwas unbequem auf dem Beifahrersitz und schaute sich die Gerätschaften innerhalb des Wagens an. Es hatte den Anschein, als sei er länger nicht mehr mit dem Polizeiauto unterwegs gewesen.

Beim Einparken sprang er schon aus dem Fahrzeug, ich hatte noch gar nicht richtig angehalten.

»Ich komme gleich wieder, warte hier«, sagte er und lief los. Wo sollte ich auch hin? Natürlich wartete ich hier, er hatte bestimmt irgendetwas zu Hause vergessen und holte es jetzt. Es vergingen gute fünfzehn Minuten, da kam KH erleichtert zum Streifenwagen zurück. Da er scheinbar nichts abgeholt hatte, hakte ich nach und fragte, warum das so lange gedauert hätte. Das war schon gefährlich, denn er konnte sehr aufbrausend sein.

»Wie abgeholt?«, entgegnete er, »ich war auf Toilette und hab mein Geschäft erledigt. Ich kann nur bei mir zu Hause aufs Klo, ansonsten krieg ich Verstopfung. Und ich kann dir sagen, die Sitzung war erfolgreich.« So genau wollte ich das eigentlich nicht wissen, aber offensichtlich hatten viele Menschen Probleme, wenn sie auswärts auf die Toilette gehen mussten.

Auf dem Rückweg fuhren wir durch unser bekanntes Bermudadreieck, es war Samstagmorgen und die Geschäfte waren schon eine Weile geöffnet. Somit herrschte reger Fußgängerverkehr.

»Bochum wird immer beliebter«, merkte ich an und nannte ihm die Zahlen der letzten jährlichen Übernachtungen, die weiter anstiegen. Das war eigentlich beachtlich, da doch NOKIA geschlossen war und die Opel-Werke Stellen abbauten und demnächst ganz schließen würden. Die Stahlindustrie wanderte ab, im Ausland war es anscheinend billiger zu produzieren und die Bergwerke waren eh schon fast alle dicht.

Ich philosophierte weiter vor mich hin, als Karl-Heinz mich unterbrach.

»Wo ist hier der Knochen zum Funken oder Sprechen?«

»Wir haben einen Pieker KH und da musst du draufdrücken, wenn du mit unserer Wache reden willst.«

»Ich muss den Außenlautsprecher bedienen, wo ist der denn nun?« Ich zeigte ihm den Druckknopf, er nahm ihn in die Hand, drückte den Knopf und schimpfte los.

»Der ältere Mann da vorne, der mit dem Trenchcoat, geh mal zur Seite oder lauf schneller, wir müssen hier durch!«

Den meisten Fußgängern schoss der Schreck in die Glieder, sie stoben auseinander, einige zogen ihre Kinder zu sich heran, andere schüttelten verständnislos den Kopf, aber der Opa lief weiter vor unserem Streifenwagen her.

KH setzte schon wieder an, als ich sagte, dass der Mann vielleicht schlecht hörte und wir ja nicht in Eile waren. Dafür erntete ich einen Blick, bei dem ich tot hätte aus dem VW fallen müssen.

»Wenn du willst, kann ich gerne aussteigen und dich zur Seite tragen, Männeken«, rief er in das Gerät und bekam einen roten Kopf. Der Mann vor uns hatte wohl die Gefahr erkannt und ging zwei Schritte nach links. Als wir ihn passierten, warf er uns böse Blicke zu und wenn ich zu Karl-Heinz gesagt hätte, dass er uns den Stinkefinger gezeigt hatte, wäre es um die Person geschehen gewesen. Ich ließ es also und wir fuhren weiter. Die Wache sprach uns an und schickte uns zur großen Döner-Bude in der Nähe des alten Kinos, dort hatte man im Imbiss einen dunklen verdächtigen Gegenstand gefunden. Ich schaltete das Blaulicht und das Martinshorn an und hoffte, dass es sich dabei nicht um eine Bombe handelte.

In letzter Zeit gab es Anschläge auf türkische und kurdische Geschäfte, teilweise stellte sich heraus, dass die umliegende Konkurrenz ein Eigeninteresse daran hatte, dass die eine oder andere Bude zerstört wurde.

Ich trat aufs Gaspedal, während KH den Lautsprecher für seine Zwecke verwendete. Er verlangte von einer vor uns fahrenden Straßenbahn, sie solle rechts ran fahren, wir seien im Einsatz. Als wir an dieser vorbeifuhren, zuckte der Bahnfahrer nur mit der Schulter und zeigte kopfschüttelnd auf den Schienenbereich.

KH aber freute sich und grinste mich an.

»Endlich mal wieder richtige Spannung hier draußen. Ich sollte demnächst des Öfteren Streife fahren!«

Und ich dachte nur: lieber nicht.

Wir erreichten den besagten Imbiss und der Betreiber kam schon aufgeregt auf uns zugelaufen. Ich kannte den türkischen Mann, denn ich hatte mit einem seiner Söhne Fußball gespielt und nach dem Spiel bei ihm gegessen.

»Toto, da hat mir einer eine schwarze Sporttasche in den Laden gelegt, da schauen Drähte raus.« Er war sichtlich nervös. Bei mir herrschte sofort Alarmstufe rot, ich ging im Geiste den gesamten Fall mit Evakuierung, Räumung, Bombenmannschaft aus Düsseldorf, Kräfte anfordern und so weiter durch, als sich der Wachdienstführer der Sache annahm. Er packte die Tasche, der Imbissbesitzer und ich sprangen schnell hinter eine betonierte Litfaßsäule und gingen in die Hocke. Ich rief ihm zu, er soll das lassen, als er den Reißverschluss ganz aufzog, zwei Drähte herauszog und dann eine kleine Kompaktanlage herausnahm.

Während der Imbissbesitzer nach Luft schnappte, verlor ich bald die Beherrschung.

»Das hätte aber auch ganz anders ausgehen können. Warte doch einfach mal ab und mach langsam.«

Er schaute mich verständnislos an und schnaufte.

»Stell dich nicht so an, war doch nur eine Musikanlage. Schreib mal lieber die Fundanzeige«, sagte er und drückte mir die Tasche in die Hand. Der Imbissmann bedankte sich für die schnelle Hilfe und nahm mich beiseite.

»Demnächst kommst du mal wieder zum Essen vorbei. Und wenn ein Einsatz ist, bring bitte einen anderen Kollegen mit. Der macht mir Angst«, er zwickte mich in den Arm und verschwand in seinem Grill. KH steckte sich auf der Rückfahrt einen Zigarillo an und blies den Rauch genüsslich in meine Richtung. Ich war froh, dass ich bei diesem Nebel noch die Wache erreichte, und ließ die Fenster ein wenig geöffnet, damit der Gestank abziehen konnte.

Während ich auf der Wache die besagte Fundanzeige schrieb, kam schon der nächste Bürger herein. KH sprach mit ihm und wurde ungeduldig. Mit dem übergebenen Ausweis des Bürgers in der Hand ging er ans Telefon – damals hatten wir noch Festnetzanschlüsse mit Zwei-Meter-Kabeln – und wählte die Nummer der Datenstation. Die meldete sich und verlangte ein Codewort von ihm, da sie ihn offensichtlich nicht kannten. Datenschutz wurde großgeschrieben und KH führte als Chef ja die Wachgeschäfte und hatte wenig bis gar nichts mit der Datenstation zu tun.

»Wie, du kennst mich nicht und willst ein Kennwort? Ich besuch dich gleich, lautet das Wort, und das buchstabiere ich dir dann persönlich ins Gesicht«, brüllte er mit hochrotem Kopf in den Hörer. Unser Funker hatte das mitbekommen und rief ihm aus der Funkbude das Kennwort zu, er schien amüsiert, allerdings nur, bis KH sich herumdrehte und sich bedankte.

Ich schlich mich in den Wachraum und wollte wissen, was der Bürger für ein Problem hatte. Dieser stotterte leider und tat sich sehr schwer, mir den Sachverhalt zu schildern. Da KH schon wieder ungeduldig wurde, mischte ich mich ein und fragte den Mann, ob es nicht leichter sei, die Sätze zu singen, er dachte kurz nach und sang dann:

»Ich war eben in der U-Bahn. Kennen Sie das neue Teilstück, welches an der Alleestraße verbaut wird?«

Ich nickte, KH schien sich zu beruhigen, er setzte sich auf seinen Stuhl und zündete sich eine Zigarillo an.

Der Mann sang weiter, es hörte sich an wie ein Kirchenlied.

»Ich war da unten in den Katakomben, als mich drei Typen ansprachen. Den einen kannte ich flüchtig vom Stadtpark. Dort treffen sich homosexuelle Männer zum Sex. Sie forderten kein Geld von mir, stattdessen zogen sie mich in eine Nische. Zwei hielten mich an den Armen fest, der dritte zog mir die Hose runter.«

In der Funkbude wurde es totenstill – und ich schnappte nach Luft.

»Dann legten sie mich über eine Kabelrolle, die dort unten stand, und ich spürte, wie er in mich eindrang. Er hat kein Kondom benutzt, danach waren die anderen an der Reihe, ich schrie, aber niemand hörte mich. Dann haben sie meine Klamotten durchsucht und sind in Ruhe abgehauen. Ich bin dann sofort zur Polizei gelaufen, so gut und schnell es ging«, er deutete auf sein Hinterteil.

Der Funker hatte währenddessen schon den Telefonhörer in der Hand und informierte die Kriminaldauerwache. Der vergewaltigte Mann kam in ein Krankenhaus zur Untersuchung, er beschrieb die Täter gut, von einem wusste er den Namen, was die Ermittlung erleichterte. Der Haupttäter gab an, dass das Opfer es doch toll fände, genommen zu werden. Man würde sich ja schließlich auf sexueller Basis aus dem Park kennen. Dem Richter konnte er die Geschichte nicht auftischen – alle drei wurden rechtskräftig verurteilt.

Nach diesem Schrecken stand KH auf.

»Mir reicht es für heute. Aber ich fahr jetzt öfter mit euch raus. Macht doch riesigen Spaß«, sagte er und ging pfeifend davon. Wir alle schauten uns erschrocken an und dachten – bitte nicht …

Nachtrag: Ich habe den KH noch mal an der Wache wiedergesehen, nachdem er in Pension war. Er riss an der stählernen Eingangstür, weil es ihm nicht schnell genug ging reinzukommen, um irgendetwas abzuholen. Wir unterhielten uns und er erzählte mir, dass er mit seiner Frau nach Südfrankreich auswandern wolle. Schade, dass das Louis de Funès nicht mehr erleben durfte, die beiden hätten sich bestimmt gut verstanden.

SMS des Todes

Eines Tages im Sommer erreichte eine zunächst unscheinbare SMS das Internetportal der Polizei. Der Inhalt ließ uns aufhorchen:

»Hallo. Fahren Sie mal zum Hotel IBIS am Bahnhof und schauen dort in das Zimmer 402. Mir reicht es jetzt, ich mache Schluss!«

Natürlich wurde so etwas bei uns sehr wichtig und ernst genommen. Leider war die Nachricht so abgeschickt worden, dass man sie nicht sofort bekam, sodass schon einige Zeit vergangen war. Es war also Eile geboten. Die Leitstelle wurde informiert, die direkt ein Einsatzteam zum Hotel schickte. Der Rettungswagen und eine Notarztbesatzung trafen zeitgleich mit den Kollegen ein. Dort wurde Kontakt mit den Bediensteten und dem Geschäftsführer aufgenommen. Eilig wurde mit einem Generalschlüssel das besagte Zimmer aufgesucht und aufgeschlossen. Leider fand man dort den Leichnam eines jungen Mannes, er lag friedlich im weißen Bademantel auf dem Doppelbett und sah aus, als ob er schliefe. Der Notarzt konnte nur noch den Tod feststellen. Fremdeinwirkung wurde ausgeschlossen, da ein Abschiedsbrief, Bargeld und alle Dokumente im Zimmer gefunden wurden. Außerdem waren beide Zimmerkarten für die Türe vorhanden, sodass man eigentlich nur mit einer Generalkarte hineinkonnte. Nun wurde die Kriminaldauerwache verständigt, die den Fall übernahm. Von Seiten der Polizei wurde natürlich darüber nachgedacht, ob man den Tod des jungen Mannes hätte verhindern können. Aber dem war nicht so, denn er hatte das Szenario überaus präzise geplant und alles akribisch vorbereitet. Aufgrund einer immer schlimmer werdenden Depression hatte er für sich beschlossen, aus dem Leben zu scheiden. Beim Arbeitgeber reichte er Urlaub ein und gab an, auf Reisen zu sein. Seinem Freund übergab er die Wohnungsschlüssel (er kam gebürtig aus Gütersloh) und teilte diesem mit, dass er ein paar Tage eine Studienreise ins Ruhrgebiet machen wollte. Industriekultur erleben!

Er setzte sich in den Zug und fuhr nach Bochum. Dort checkte er ein und bezahlte für zwei Übernachtungen. Dann sah man ihn noch bei McDonald`s am Bahnhof. Er suchte sein Zimmer auf, platzierte den Abschiedsbrief auf der Kommode und meldete an der Rezeption, dass er nicht gestört werden wollte. Danach nahm er sich das Leben, indem er K.O.-Tropfen in sein Getränk tröpfelte und somit einen tödlichen Cocktail mixte. Anschließend trank er diesen auf Ex, legte sich friedlich auf das Bett und verstarb. Ein schreckliches Schicksal. Er war gerade erst neunundzwanzig Jahre alt geworden.

Der Balkonsturz

Es gab Tage, an denen man die ganze Schicht nur mit Sonder- und Wegerechten Streife fuhr. So auch an diesem Samstagnachmittag, an dem ich für einen Kollegen einer anderen Dienstgruppe einsprang, damit er an einer Hochzeit teilnehmen konnte. Nach dem zweiten aufgenommenen Verkehrsunfall sollten Klaus und ich mit einem Polizeistudenten an Bord zu einer Adresse im Kirchviertel fahren, welches in der Nähe unserer Polizeiwache lag. Klaus fuhr den Wagen und hatte wie immer die Ruhe weg, als er das Blaulicht und das Martinshorn einschaltete. Eine Frau war vom Balkon gefallen oder gestoßen worden und war nun erheblich verletzt. Der Ehemann hatte die Feuerwehr informiert, die direkt einen Notarzt mitschickte und die auch schon vor Ort waren, als wir eintrafen. Auf dem Hinterhof bot sich uns nun folgendes Bild: Die Notärztin untersuchte gerade mit einem Sanitäter die gestürzte Frau, die offensichtlich ansprechbar war. Man erkannte eine Platzwunde am Kopf, außerdem sah der linke Arm gebrochen aus. Die Ärztin setzte der Verletzten eine Spritze, worauf sich die Geschädigte entkrampfte und weiter behandelt werden konnte. Ich schaute hinauf zum Balkon und schätzte die Sturzhöhe auf etwa fünf Meter. Der Ehemann war ziemlich aufgelöst und gesellte sich zu uns. Auf Befragen, wie es zu diesem Ereignis gekommen war, schilderte er uns, dass er in seinem Wohnzimmer gesessen und eine Flasche Bier getrunken habe. Die Wohnung lag im ersten Stock des Gebäudes und war Eigentum. Man hatte sich ein neues stählernes Geländer zugelegt, welches nur teilweise montiert war, da einige Teile, wie Glasscheiben, noch nicht geliefert werden konnten. Seine Frau war auf den Balkon gegangen, um eine Kommode neu zu streichen. Er selber sah sich im Videotext die Ergebnisse der Fußballbundesliga an, als er einen markanten Schrei hörte, die Gattin ausrutschen und vom Balkon stürzen sah. Sie schaffte es nicht mehr, sich an dem nur halb fertigen Geländer festzuhalten, und stürzte auf den Garagenhof. Dieses Geschehen bestätigte uns die Ehefrau später im Rettungswagen. Der Ehemann sah uns an, er drehte sich zu meinem Kollegen um und fragte ihn, wie lange er heute noch arbeiten müsse, er hätte da etwas Interessantes für ihn. Klaus schaute mich irritiert und fragend an. Ich grinste und antwortete, dass unsere Schicht bis zweiundzwanzig Uhr gehe.

»Ich habe zwei Eintrittskarten für heute Abend im Lohrheidestadion in Wattenscheid. Dort spielt eine Jonny-Cash-Revival-Band und da habe ich gedacht, da könnten Sie doch hingehen. Die Karten kosteten nur zwanzig Euro das Stück und Sie sind scheinbar in einem Alter, in dem man Jonny Cash noch erlebt hat.« Klaus hob die Augenbrauen, die Anspielung saß.

»Ich kann ja nicht hin, da ich meine Frau in die Klinik begleiten muss«, sagt er und hob die Hände. Wir verneinten dankend und prusteten los, als sich der Mann auf den Weg zu seiner Frau machte. Da lag die schwerverletzte Ehefrau auf dem Boden des Hinterhofes und er versuchte, seine Tickets loszuwerden. Sachen gibt`s. Im Nachhinein erfuhren wir, dass die gestürzte Frau wieder gesund und munter und der Balkon mit den Glasscheiben fertig war, sodass nichts mehr passieren konnte.

Alt sein, alt werden

An einem sonnigen Spätdienstnachmittag fuhr ich mit meiner Kollegin Melanie Streife, als wir einen Einsatz in der Nähe des berühmten Bermudadreiecks bekamen. Wir sollten eine 83-jährige Frau unterstützen, die sich Sorgen um ihre vier Jahre jüngere Nachbarin machte. Im Haus unterstützten sich die älteren Herrschaften gegenseitig, da sie alle noch alleine wohnen wollten. Es kamen zwar täglich der Pflegedienst und Essen auf Rädern, aber alle Menschen waren froh über eine gewisse Unabhängigkeit. Im dritten Stock klingelte Melanie an der Wohnungstür und hörte sich den Sachverhalt an. Die Anruferin sorgte sich um ihre Freundin, die nebenan wohnte, da die sich noch nicht wieder bei ihr gemeldet hatte.

»Das machen wir immer so, damit wir wissen, ob es dem anderen gut geht«, erklärte sie uns. Heute Mittag sei ein Rettungswagen bei der Freundin gewesen, die Sanitäter seien aber wieder fortgefahren, ohne sie mitzunehmen. Jetzt hatte sie Angst, sie besaß zwar einen Wohnungsschlüssel, traute sich aber nicht alleine in deren Wohnung. Auf Klingeln und Klopfen wurde nicht reagiert. Wir nahmen den Schlüssel, zogen unsere FFP2-Masken auf und begaben uns zur besagten Wohnungstür. Schon von außen – die Fenster und Türen waren verschlossen – machte sich ein penetranter Kotgeruch bemerkbar. Ich schloss die Tür auf und erstarrte. Überall lag Müll herum, es gab nur schmale Wege, die durch die dunkle Stube führten. Rechts und links der Laufwege türmten sich Müllberge auf, die aus benutztem Inkontinenzmaterial, entleerten Medikamentenschachteln sowie leeren oder mit Essensresten gefüllten Pizzakartons bestanden. Überall lagen gebrauchte Kleidungsstücke herum und man konnte wegen des Mülls keinerlei Tische, Betten oder Stühle erkennen.

Wir zogen uns über unsere Masken eine zweite FFP2 und betraten den kleinen engen Flur, als wir ein Wimmern aus einer Ecke der Wohnung hörten. Dann sahen wir die Frau, die es nicht mehr auf das WC geschafft hatte. Sie saß mit einer beschmutzten heruntergezogenen Vorlage im Flur an einer Anrichte. Wir zogen uns Handschuhe an und setzten die Frau auf die Toilette, sie war dankbar, hatte Tränen in den Augen und drückte die Hand der Kollegin. Melanie fragte nach deren Befinden, worauf ich hörte, dass die Frau bei klarem Verstand war und sich gut artikulieren konnte. Während die Kollegin mit ihr sprach und sich nach Angehörigen und dem Pflegedienst erkundigte, schaute ich mir die restlichen Räume an. Zunächst öffnete ich alle Fenster und Türen, damit ein wenig frische Luft hineinkam, dann machte ich Fotos vom Zustand der Wohnung. *So kann man doch nicht leben*, dachte ich bestürzt, die Küche hatte ich aufgrund der verdreckten Töpfe und Pfannen, die etliche Wochen dort standen, gar nicht betreten. Plötzlich brannten mir die Augen und ich schaute nach unten. Ich war doch wahrhaftig in eine benutzte Vorlage getreten, ich lief aus der Wohnung, riss mir die Masken vom Gesicht und atmete erst einmal die frische Luft ein. Nachdem ich über Funk einen Rettungswagen und den Notarzt verständigt hatte und der Wache berichtete, welcher Zustand hier herrschte und dass ich einen Bericht an den sozial-psychiatrischen Dienst der Stadt schreiben würde, begab ich mich zur Anruferin und schilderte ihr das Geschehene. Sie zitterte und sagte, dass alt zu werden nicht schön sei, sie sei dreiundachtzig und könne ihrer Freundin ja nicht mehr helfen und in die Wohnung gehe sie nicht mehr, da stinke es. Geräusche im Hausflur sagten mir, dass die Sanitäter sowie der Notarzt eintrafen. Von ihnen erfuhren wir, dass sie heute Mittag schon einmal vor Ort waren und da die Frau geistig fit war und nicht mitfahren wollte, hatten sie sie auch nicht zwangsweise mitnehmen dürfen. Jetzt zogen sie sich Ganzkörperanzüge an und betraten die Wohnung. Sie wussten allem Anschein nach vom monatelang gesammelten Müll. Melanie kam zu mir und lehnte sich schwer atmend auf das Treppengeländer. Ihre Augen waren feucht, sie stellte sich vermutlich die gleichen Fragen wie ich. Wie konnte man so leben? Kümmerte sich den kein Angehöriger um die arme Frau? Und was war mit dem angeblichen Pflegedienst? Der sah doch auch die Zustände.

Nach kurzer Zeit kam der Notarzt auf uns zu und schüttelte den Kopf. Er kannte die Dame von diversen Einsätzen, hatte mit Engelszungen auf sie eingeredet, dass sie mit in eine Klinik fahren sollte, doch sie weigerte sich. Da sie bei vollem Verstand war und ihr Verhalten und Leben noch selbst bestimmen konnte, seien ihm die Hände gebunden. Er werde alles aufschreiben und weiterleiten und das hatten wir auch vor. Wir verabschiedeten uns voneinander und gingen zurück zur Anruferin, der wir das so mitteilten.

»Irgendwann wird meine Freundin tot in der Wohnung liegen und wir können nicht helfen. Aber danke noch mal, dass Sie gekommen sind. Herr Toto, sind Sie irgendwo reingetreten? Es riecht so komisch?«

Jetzt wusste ich auch wieder, was ich als Erstes auf der Wache machen wollte. Die Schuhe wechseln und das beschmutzte Paar putzen. So konnte man ja nicht weiter Streife fahren.

Mutter und Sohn

Sonntagmorgen in Bochum. Leichter Nieselregen bei neunzehn Grad. Wir hatten auf der Wache zusammen gefrühstückt, ein langjähriger Brauch bei der Polizei. So hatte man mal Zeit, bei einem Brötchen eine vernünftige Dienstbesprechung zu machen und sich auszutauschen. Da kamen dann Themen auf den Tisch, die man im Alltag nicht in Ruhe bereden konnte.

Nachdem wir die Spülmaschine eingeräumt hatten, bekamen Annika und ich den Auftrag, zu einer Anruferin zu fahren, die sich Sorgen um ihren Stiefsohn machte. Dieser hatte ihr in der Nacht seltsame suizidale Nachrichten geschickt. Bei Eintreffen erwartete uns eine aufgeregte Frau, die sofort anfing zu erzählen. Da sie starke Raucherin war, lief ich direkt zum Balkonfenster und öffnete die Tür, ich bat sie, die Unterhaltung draußen fortzuführen, da ich schlecht Luft bekam. Annika hatte sich ebenfalls auf den kleinen Balkon gedrückt und nun hörten wir aufmerksam zu. Der Stiefsohn wohnte alleine in unmittelbare Nähe und kam nur selten zu Besuch. Außerdem hatte er kein gutes Verhältnis zu seinem Vater und trank deshalb zu viel. Die Anruferin hätte gerne näheren Kontakt zu ihm, das Angebot, bei ihr zu wohnen, lehnte er aber ab. Nun hatte der Stiefsohn im angetrunkenen Zustand mehrere SMS an sie gesendet und sie zeigte uns die Nachrichten. Annika las diese und schüttelte nur den Kopf.

Der Mann schrieb nur wirres Zeug und es schien, dass er getrunken hatte. Rechtschreibung und Kontext seien nicht in Ordnung, sagte sie anschließend.

Wir fragten nach seiner Wohnanschrift, die nur zwei Straßen entfernt war, wir würden sie anrufen, wenn wir Neuigkeiten hätten. Wir machten uns auf den Weg, dort angekommen klingelten wir an der Haustür. Nach etlichen Versuchen wurde uns geöffnet. Ich war zuerst auf der Treppe und vor uns öffnete sich eine Wohnungstüre. Zur Überraschung stand dort eine etwa 65-jährige Frau, die sich den Bademantel zurechtzog, da sie nichts weiter darunter trug. Außerdem hatte sie einen geröteten Gesichtsausdruck, woraus wir schlossen, dass sie gerade erst aufgestanden war. Wir fragten nach dem Stiefsohn, den Annika in seinem Kinderzimmer antraf. Er stand am ungemachten Bett und zog sich eine Unterhose an. Er wirkte verkatert und müde.

Während meine Kollegin ihm erklärte, warum wir den Hausbesuch machten, und ihn zu den SMS befragte, schaute ich mir die kleine aufgeräumte Wohnung an. Hier gab es nichts auszusetzen und so ging ich zurück, der Betroffene entschuldigte sich gerade und teilte uns mit, dass er im erheblich angetrunkenen Zustand die Stiefmutter angeschrieben hatte. Er wollte sie ein wenig ärgern, weil er zu ihr und dem leiblichen Vater kein gutes Verhältnis hatte.

Als Annika die anwesende Frau fragte, wer sie sei und was sie als Freundin davon halten würde, staunten wir, denn es handelte sich um seine Mutter. Sie kümmere sich um ihn, weil der Junge doch alleine nicht zurechtkomme. Sie war extra wieder zu ihm gezogen, machte die Wäsche, kochte und bügelte für ihn. Außerdem fuhr sie ihn zur Arbeit und gelegentlich ging sie ihm zur Hand. Jetzt wurde uns einiges klar. Wir verließen die Wohnung und begaben uns zu unserem Streifenwagen. Auf dem Weg dorthin schauten wir uns beide fragend an.

»Hast du da ein zweites Bett gesehen? Es war doch alles akkurat aufgeräumt und wir haben kein Zimmer übersehen, wo hat denn die Mutter geschlafen?«, fragte Annika und wurde im gleichen Moment rot.

»Als wir ankamen, sahen beide so aus, als wären sie gerade aus dem Bett gestiegen. Die zwei haben sich schnellstens angezogen und du hast doch gehört, was die Mutter gesagt hat, ab und an ging sie ihrem Sohn zur Hand, das kann man jetzt deuten, wie man will – ich jedenfalls denke mir meinen Teil dabei«, antwortete ich kopfschüttelnd.

SEK-Einsatz

Am späten Nachmittag sollten wir zu einem berüchtigten Wohnviertel fahren, dort gab es Streit unter Nachbarn. Die Klientel bestand in dem Haus aus alkoholkranken und drogenabhängigen Menschen und einigen, die harte Medikamente nehmen mussten. Wir hatten jede Woche dort zu tun und die Leitstelle schickte direkt ein zweites Einsatzfahrzeug zur Unterstützung in unsere Richtung. Dieses Mal hatte ein Schwarzafrikaner seinem libanesischen Nachbarn kurz erklärt, dass er ihn erstechen würde, wenn der nicht sofort die laute Musik ausmachte. Denn er wollte ein Nickerchen machen und bräuchte dafür seine Ruhe. Um sein Handeln zu untermauern, hatte er dem Nachbarn zwei etwa dreißig Zentimeter lange Messer vor den Kopf gehalten und eine Geste hinterhergeschickt, die nichts anderes bedeutete als: Ich schneide dir gleich die Kehle durch. Der Bedrohte, ansonsten eigentlich kein ängstlicher Mensch, hatte nun doch Angst und rief die hiesige Polizeileitstelle an. Ich fuhr mit einem dienstälteren Kollegen zum Tatort und sprach zunächst mit dem Anrufer, den ich von einigen polizeilichen Einsätzen kannte. Er schilderte mir den Vorfall und führte auf einen bruchreifen wackeligen Balkon, von dem aus man einen Blick auf die Wohnung und die Schlafstätte des anderen werfen konnte. Ich berichtete meinem Kollegen Stucki, dass der großgewachsene Mann vor der Couch auf und ab lief und mit sich selbst redete. Eine weitere Person war nicht anwesend. Er war aufgeregt, fuchtelte mit einem Messer herum und zerschnitt die Luft. Das nächste Problem war, dass zwei große Säbel sowie ein Morgenstern – alles Zierwaffen – an der Wand hingen und eine vermutliche Gaspistole auf dem zugemüllten Wohnzimmertisch lag. Mehr konnte ich nicht erkennen, da die Balkontüre total verschmutzt und der Tisch voller leerer Flaschen war. Ich ging zurück und wir beratschlagten. Ein Fall für die Mims, die Männer vom SEK, meinte ich und der Kollege stimmte zu. »Ruf den Chef an«, sagte ich zu ihm, der sollte über die hiesige Leitstelle das SEK anfordern. Über Funk hatte ich mitbekommen, dass sie eben noch einen Einsatz in der Nähe hatten, so konnten sie kommen und stürmen. Ein Streifenteam stellten wir im Garten ab, wir schlichen uns mit Schilden in den Hausflur und passten auf, dass er nicht herauskam. Allem Anschein nach hatte der Beschuldigte schlechte Laune und wir hatten zu viert schon einmal einen heftigen Widerstand von ihm erlebt. Die Presse war ebenfalls vor Ort und befragt die Leute. Hoffentlich kam das Kommando schnell, ansonsten gab es erhebliche Probleme, wenn die durch den Garten spazierten.

Aus der Wohnung des Mannes hörten wir es krachen, vermutlich schmiss der Täter seine Möbel durch die Gegend, wir zuckten zusammen und hoben die Schilde. Während der Chef draußen für Recht und Ordnung sorgte, kam der Kommandoführer, den ich gut kannte, zu uns in den Flur. Nach einer kurzen Besprechung ging es los. Zunächst verdeckten wir das Flurfenster, damit die Männer in Ruhe arbeiten konnten und die Presse keine unnötigen Bilder aufnahm. Jetzt hieß es: Zugriff bei günstiger Gelegenheit ohne Verluste. Der Gruppenführer setzte den Helm mit

Sprechfunk auf und zeigte an, dass wir uns die Ohren zuhalten sollten. Während im Garten der Balkon gestürmt wurde – Leiter ran und los -, wurde die Wohnungstüre mit einer Ramme geöffnet. Die Männer in Masken stürmten, nach Zündung einer Blendgranate, in die Wohnung. Mit langen Stöcken bewaffnet wollten sie den Messertäter abwehren. Ein Gruppenführer rief seine Kommandos wie:

»Polizei, wir kommen jetzt zu Ihnen. Keine Bewegung. Bleiben Sie ganz ruhig.« Aber da hatten die Eingreifkräfte den Störer schon überwältigt und transportierten ihn mittels Handschellen ab. Er bekam eine Jacke über den Kopf, damit er vor der Presse nicht zu erkennen war.

»Das war`s dann mal wieder«, dachte ich und zog die fast unbeschädigte Wohnungstüre ins Schloss. Stucki schaute mich an und sagte beim Verlassen des Hauses, dass die Kollegen flott und professionell wie immer gehandelt hatten. Hier gab es nichts mehr für uns zu tun. Keinem war etwas passiert, der Täter wurde dingfest gemacht und der Dienstgruppenleiter gab gerade für die Presse ein Interview. Lief doch alles!

Stucki und ich fuhren gemeinsam zum Gewahrsam und schrieben den Einsatzbericht.

Die beklaute Opernsängerin

An einem zunächst ruhigen Nachmittag in den Herbstferien fuhren wir zu unserem Bahnhof. Die Kollegin wollte sich die neuesten Modezeitschriften kaufen, um für sich einen anderen Style zu kreieren. Sie war zwar kein Modepüppchen, hatte aber ein Händchen für modische Kleidung, die nicht zu teuer war und gut mit verschiedenen Kleidungsstücken kombiniert werden konnte. Als sie an der Kasse stand, um zu bezahlen, kam eine aufgelöste junge Frau auf uns zu und sprach mich an.

»Herr Wachtmeister, können Sie mir helfen? Ich bin auf dem Bahngleis bestohlen worden. Ich habe nur gemerkt, dass ich im Gedränge geschubst wurde, und als ich mich dann aus der Menschenmenge entfernt habe, bemerkte ich, dass meine Handtasche auf war. Mein Portemonnaie mit den ganzen Ausweisen ist weg. Das Schlimme ist, dass ich jetzt kein Bahnticket mehr habe und ich nach London fliegen wollte. Ich bin so verzweifelt.«

So gingen wir zum Gleis und sahen uns um. Während die Kollegin die Personalien der Geschädigten aufnahm, es stellte sich heraus, dass die Dame eine Opernsängerin war, die in mehreren Musicals mitgewirkt hatte und aus England kam, durchsuchte ich die diversen Mülleimer im Bahnhof nach der Geldbörse. Wir suchten die ganze Strecke ab, fanden aber leider nichts und versuchten unser Glück nun auf dem Vorplatz, vielleicht gab es Zeugen, die etwas beobachtet hatten. Ich knöpfte mir die großen Container, die die Stadt dort aufgestellt hatte, vor und öffnete einen, um hineinzuschauen. Ich wollte die Suche gerade aufgeben, da sah ich unter einer Zeitung einen braunen Gegenstand liegen. Das könnte ein Portemonnaie sein, dachte ich und kletterte hinein. Ich bückte mich und wühlte und siehe da, es war die gesuchte Geldbörse, denn beim Aufklappen kam ein Bild der Geschädigten zum Vorschein. Das Bargeld und die Scheckkarten hatte man herausgenommen, den Rest einfach entsorgt.

Als ich aus dem Container kletterte, hatte sich eine kleine Gruppe Passaten versammelt, die mich beobachteten, ich hob die Geldbörse in die

Luft und erhielt Applaus von der jubelnden Menge. Man half mir beim Aussteigen und ich konnte der Opernsängerin ihr Eigentum übergeben.

»Vielen Dank, Herr Wachtmeister, jetzt habe ich wenigstens meine Ausweise wieder. Die Scheckkarten habe ich sperren lassen, aber nun besitze ich kein Geld mehr für die Fahrkarte und den Flug nach London. Morgen früh hätte ich einen Auftritt für Kinder, denn ich singe in dem Stück *Hänsel und Gretel* eine Hauptrolle. Ich bin Gretel«, sagte sie stolz und drückte mich herzlich.

»Das wird kein Problem sein, ich leih' Ihnen etwas, Sie können es mir bei Gelegenheit zurück überweisen.«

Sie blickte mich sprachlos an, als ich ihr das nötige Bargeld und meine Kontonummer überreichte. Sie lächelte, nahm mich in den Arm und machte sich auf den Weg zum Schalter, um eine Fahrkarte zu kaufen. Die junge Dame flog wie geplant nach London und traf rechtzeitig zu ihrem Auftritt ein. Mein Geld war eine Woche später auf dem Konto und sie bedankte sich sogar schriftlich bei der Polizeiführung für die tolle Unterstützung. Polizei, dein Freund und Helfer.

Angepisst

In meiner Kölner Zeit hatte ich ja schon einiges erlebt, aber ich musste feststellen, dass es immer noch schlimmer kommen konnte. Wir sollten an diesem Karnevalstag die mit Jecken aus dem ganzen Bundesgebiet überfüllte Innenstadt bestreifen und Präsenz zeigen. Wir schlichteten ein paar verbale Streitereien, stellten umgeschmissene Mülltonnen wieder auf, brachten umgedrehte Baustellenschilder in die richtige Position und fuhren Streife. Meine Streifenpartnerin Brigitte, die erste Schutzmannsfrau auf unserer Tour, freute sich, mit mir zu fahren, denn wir verstanden uns auf Anhieb. Da wir nicht direkt in den Altstadtbereich hineinfahren konnten, stellten wir uns an eine größere Verbindungsstraße und beobachteten die Jecken, die teils erheblich angetrunken in den Feierbereich der Altstadt zogen. Für uns als Ordnungshüter war es sehr anstrengend, das ganze Spektakel nüchtern zu ertragen, vor allem, wenn man nicht aus dem Rheinland kam oder dort geboren wurde. Wir gaben uns die allergrößte Mühe, den friedlich feiernden Menschen gerecht zu werden.

Am späten Nachmittag hatten wir so ziemlich alle Karnevalslieder und freundschaftliche Bützje über uns ergehen lassen und uns zigmal desinfiziert, als eine größere Gruppe auf unseren Streifenwagen zukam.

Wir saßen mit geöffneten Türen im Wagen und sahen sie, verkleidet als Panzerknacker, auf uns zu tanzen. Irgendetwas stimmte nicht, die etwa fünfzehn Personen waren uns nicht wohl gesonnen. Sie stimmten Lieder gegen die Polizei an. Hoffentlich machten die nicht mal irgendwelchen Unsinn.

Wir konnten gerade noch die Türen schließen, als die Leute auch schon anfingen, unseren Streifenwagen hin und her zu schaukeln. Sie hatten ordentlichen Spaß und auch auf die Lautsprecherdurchsage, das zu unterlassen, wurde nicht reagiert. Stattdessen traten zwei stark angetrunkene Frauen aus der Gruppe hervor, die als Funkenmariechen verkleidet waren. Sie stellten sich rechts und links vor die Motorhaube, hoben ihre Röcke, wir ahnten schon, was kommen sollte, und tatsächlich fingen sie an, gegen unseren Streifenwagen zu pinkeln. Offensichtlich hatten sie sehr viel Flüssigkeit in der Blase, denn das Plätschern hörte gar nicht mehr auf.

»Was stimmt mit denen nicht? Ich steige gleich aus und dann gibt es Ärger«, zischte Brigitte.

»Lass es lieber sein, das sind einfach zu viele. Es ist ja nichts kaputt gegangen und wenn wir jetzt einschreiten, haben wir bestimmt eine Schlägerei am Hals. Das lohnt sich nicht, wir fahren weiter.«

Mit diesen Worten stellte ich die Sondersignale an und pustete in den Lautsprecher, sodass sich die Gruppe kurz teilte, den Moment nutzte ich, um von hier wegzukommen. Im Rückspiegel sah ich die johlende Truppe weiterziehen.

Wir gaben den Vorfall über Sprechfunk weiter, denn sie würden bestimmt noch Ärger in der Altstadt machen. Wir hatten kaum Zeit zum Luftholen, da sprach uns der Funker der Wache an. Wir sollten eine Fußstreife unterstützen, die im Friesenviertel Probleme mit einem Pärchen hatte. Da der Kollege alleine unterwegs war, das war in dieser Zeit bis zur Dämmerung so vorgesehen, wollten wir natürlich helfen.

Brigitte echauffierte sich immer noch über die pinkelnden Frauen, als wir am Einsatzort eintrafen. Ich kannte die Adresse, denn hier hatten wir schon einmal erhebliche Probleme mit dem im oberen Kapitel erwähnten Sportstudenten aus Afrika.

Brigitte nahm das Funkgerät mit und wir liefen die steinerne breit ausladende Treppe zum Eingang des Hauses hoch. Der Kollege hatte die Haustür mit einem Holzkeil offen gehalten, sodass wir direkt in den schmalen, aber langen dunklen Hausflur gelangten. Mir fielen sogleich die afrikanischen Utensilien auf, die überall an den Wänden hingen. Ich erkannte Schilde, Pfeile, bunte Bilder und sogar zwei übereinander gekreuzte Säbel, die ordentlich drapiert worden waren. Dass diese später noch eine erhebliche Rolle spielen würden, konnte ich nicht ahnen. An einer Zwischentür erwartete uns unser Kollege Matze, der bekannt dafür war, einen harten, aber fairen Umgang mit den Bürgerinnen und Bürgern zu pflegen. Er hatte einen hochroten Kopf und begrüßte uns freundlich, wir gaben uns die Hand und ich fragte, wie wir helfen konnten.

»Der Mann, ein afrikanischer Sportstudent, hat seine Freundin ordentlich zusammengeschlagen. Sie will jetzt ins Krankenhaus, er lässt sie aber nicht weg. Sie schaffte es gerade noch die Polizei anzurufen. Schau sie dir mal genau an, so etwas hast du noch nicht gesehen.«

Er schüttelte den Kopf, Brigitte nahm sich der beiden Ausweise an und begab sich in die angrenzende Küche, um die Personen zu überprüfen. Matze zeigte mit dem Finger auf den Sportstudenten, der sich vor der Badezimmertür aufhielt. Er war nur mit einer Sporthose bekleidet und brüllte irgendwelche Beleidigungen auf Englisch und in irgendeiner afrikanischen Sprache. Dabei machte er eine Bewegung, die darauf schließen ließ, dass er uns alsbald die Kehle durchschneiden wollte. Das konnte ja heiter werden. Plötzlich tauchte die zusammengeschlagene Frau im Flur auf. *Oh mein Gott*, dachte ich bei mir, ihre Haare klebten vor Blut, der Mund und die Nase waren blutverkrustet, das rechte Auge sowie das linke Jochbein waren angeschwollen. Offensichtlich fehlten ihr ein oder zwei Zähne, denn sie nuschelte nur: »Isch muss ins Krankenhaus!«

Der Rettungswagen war schon vor einiger Zeit bestellt worden, aber aufgrund des Karnevals waren die Rettungskräfte alle im Einsatz. Brigitte kam nun aus der Küche zurück und nahm uns beiseite.

»Die Überprüfung ergab, dass der Tatverdächtige mit zur Wache muss. Es liegt ein Haftbefehl gegen ihn vor und der ist mit einer Geldstrafe nicht zu begleichen.«

Jetzt ging es zur Sache. Kaum hatte Matze ihm das mit einem ironischen Unterton mitgeteilt, da versuchte der Student abzuhauen. Ich stand am nächsten und sprang ihm direkt auf den Rücken, doch er zuckte nicht einmal, als er meine damals neunzig Kilo schulterte. Ich versuchte, einen Kopfhebel anzusetzen, bekam den Täter aber nicht zu fassen. Er war schweißgebadet und so glitschig, dass ich immer wieder abrutschte und er mich abwerfen konnte. Ich flog gegen die Wand und sah nur noch, wie sich Brigitte und Matze auf ihn stürzten. Auch sie schüttelte er wie lästige Fliegen ab.

Da wir ihm immer noch den Weg in die Freiheit versperrten, wir standen ja an der Treppe zum Hausflur, zog der Afrikaner die beiden an der Wand hängenden Säbel von der Wand und fuchtelte wild damit herum. Er brüllte was von feigen Bullenschweinen, *ich kill euch, erschießt mich doch und ihr kriegt mich eh nicht.* Während wir ihm Schulter an Schulter, mit gezogenen Pistolen, den Weg versperrten, versuchte Brigitte den aggressiven Menschen zu beruhigen. Doch das überhörte er einfach und kam langsam und bedrohlich auf uns zu. Plötzlich sah ich die junge Frau aus einem der Zimmer kommen und hoffte nur, dass er sie nicht sah und als Geisel nahm. Ich gab ihr ein Zeichen und sie verschwand wieder.

Jetzt trafen auch noch die Rettungskräfte ein, sie hatten ihre Utensilien geschultert und ahnten natürlich nicht, was hier gerade im Hausflur ablief.

Ich riss dem ersten Sanitäter die Tasche weg und schleuderte sie mit aller Wucht gegen den Sportstudenten, der die Säbel fallen ließ und die Arme nach oben riss, um sich zu schützen.

Wir stürzten uns jetzt alle wieder auf ihn, dieser aber war so wendig, dass er uns entglitt und in Richtung der Treppe davonlief. Der Sanitäter, der ihm im Weg stand, wurde einfach umgerannt. Matze und ich stürmten hinterher und verfolgten den Mann zu Fuß. Da sich Brigitte den Fuß verdreht hatte, blieb sie dort und wurde, wie die Frau, ambulant versorgt. Wir kamen fast gleichzeitig auf der Straße an und ich glaubte schon, dass wir jetzt eine Chance hatten, ihn festzunehmen – aber weit gefehlt. Er sprintete von uns weg und lief die ersten 100 m schnell wie eine Gazelle, aber dann fiel er ab. Ich überholte Matze und gerade als der Afrikaner einen Autoschlüssel aus den Shorts herausholte und im Begriff war, einen dort am Platz stehenden Pkw aufzuschließen, sprang ich ihn mit letzter Kraft von hinten an und er fiel um. Ich hatte Angst vor ihm, aber auch Wut im Bauch, sodass ich ihn im Ringergriff zu Boden bringen und ihm das Bein erheblich aushebeln konnte. Er schrie vor Schmerz auf, weil mein Kollege jetzt auch noch auf ihn sprang und ihm den Arm herumdrehte, um die Handschellen anlegen zu können. Doch der hatte so dicke Handgelenke, das Matze mich fragend ansah: Was nun, Herr Wachtmeister?

Ich grinste und zog ein paar Einweghandfesseln aus meiner Jacke, die man benötigte, um jemandem bei Bedarf die Füße zu fesseln. Die Verstärkung kam im richtigen Moment und wir verbrachten den Sportstudenten aufs Revier, während Brigitte mit der Geschädigten in ein Krankenhaus fuhr, um den genauen Sachverhalt aufzunehmen. Damals war ein gestellter Strafantrag sehr wichtig, da es den Paragraphen der häuslichen Gewalt noch nicht gab. Stellte die Geschädigte diesen Antrag nicht, waren manche Verfahren und Widerstände nichtig. Auf der Wache saß er dann zusammengesunken wie ein Häufchen Elend und jammerte.

»Ich war immer gut zu der Frau, hab sie ordentlich befriedigt. Doch sie hat ständig geschimpft und mich in meiner Ehre verletzt. Sie hat mich provoziert und die Schläge verdient.«

Matze stand von der guten alten Olympiaschreibmaschine auf, offensichtlich um dem Täter eine zu schmieren, aber ich konnte ihn abhalten.

»Lass dich nicht provozieren, der kriegt sein Fett schon weg, wenn wir die Anzeige detailliert und vernünftig schreiben. Dann wird er von einem ordentlichen Gericht verurteilt.«

Der afrikanische Sportstudent kam zunächst ins Gefängnis und später, auf Geheiß seines Vaters, musste er wieder zurück in die Heimat fliegen. Man munkelte, die wohlhabende und berühmte Familie habe sich erheblich für sein schlechtes Verhalten im Ausland geschämt.

Der Domino-Effekt

Kurz vor meiner Auslandsreise nach Brasilien hatte ich privat noch ein paar wichtige Dinge zu erledigen.

Das erste Mal im Leben machte ich mir Gedanken über eine Patientenverfügung, über ein Testament und den Tod.

Ich recherchierte im Internet, war aber von den Informationen nicht sehr angetan. Vielleicht lieber eine persönliche Beratung. Aber wer? Dass man diese Dinge zu Lebzeiten und mit geistiger Frische regeln sollte, war mir jetzt, vor so einer langen und gefährlichen Reise, auch klar. Ich fuhr also vor meinem Dienst noch zu einem befreundeten Ehepaar, welches seit Jahren ein Bestattungsunternehmen führte.

Nachdem ich mich von Monika und Heinz hatte beraten lassen, überlegte ich nun, wem ich die wichtige Aufgabe zur Durchsetzung der Patientenverfügung zumuten wollte.

Mit meinem Testament war es einfacher, was übrig blieb, sollte gerecht aufgeteilt werden. Ich hatte ein paar Songs für die Beerdigung notiert, den Sarg ausgesucht, das Übliche halt. Aber was passierte, wenn ich eine schwere Verletzung hatte und nur Maschinen mich am Leben erhalten konnten? Was, wenn ich starb? Ich bin seit jeher Organspender, das machte die Sache ein wenig leichter. Es war doch ein schöner Gedanke, einem anderen Menschen mit den Organen zu helfen, oder? Ich hatte also die Unterlagen ordentlich ausgefüllt, kopiert und verteilt, sodass man im Notfall an die Dokumente herankam.

Nachdem ich das erledigt hatte, war ich erleichtert. Mein geliebter Sohn hatte zugestimmt, die Verantwortung zu übernehmen. So kannte ich ihn – meine wunderbare Tochter hätte mich auch unterstützt, sie war aber zu diesem Zeitpunkt noch minderjährig.

Ich fuhr zur Wache und zog mich um. Es war fast Sommer und so verbrachten wir unsere Streifennächte meist draußen an der lauen Luft. Heute sollte eine junge Polizeianwärterin mit uns fahren. Ich kannte sie noch als kleines Mädchen, denn sie war die Tochter eines mit mir befreundeten ehemaligen Fußballprofis. Kurz vor Ende der Schicht überschlugen sich dann die Ereignisse. Es gab einen schweren Verkehrsunfall mit mehreren beteiligten Fahrzeugen. Die Leitstelle hatte uns auf der Anfahrt die Sondersignale und Wegerechte freigegeben sowie weitere Einsatzkräfte von einer anderen Wache zum Unfallort geordert.

Außerdem wurde uns über Funk mitgeteilt, dass eine Anzahl von Notarztwagen und die Feuerwehr mit schwerem Gerät unterwegs waren. Ich bekam einen trockenen Mund und leichtes Herzrasen. Als wir losfuhren, riet ich der Kollegin, einfach zum Wagen zurückzugehen und dortzubleiben, wenn wir gleich etwas Schreckliches zu sehen bekommen sollten.

Kurz vor dem Unfallbereich hatte ein Polizeikradfahrer die eine Seite der Straße gesperrt und wir mit dem Streifenwagen machten den Rest dicht. Ich warf ihm den Autoschlüssel zu, sodass er das gesamte Absperrmaterial aus unserem Polizeiwagen zur Sicherung nutzen konnte. Es sollte ja schließlich nicht noch jemand in die Unfallstelle fahren. Die Feuerwehr wollte von der gegenüberliegenden Seite anfahren, dort waren parallel die Kollegen eingetroffen und sperrten ebenfalls alles ab, sodass wir im direkten Unfallbereich arbeiten und helfen konnten. Wir liefen noch ein kurzes Stück die Straße hoch und überblickten das üble Szenario. Ein Mann lag rücklings auf dem Boden. Über ihm knieten zwei Personen, die versuchten den anscheinend bewusstlosen oder toten Mann wiederzubeleben. »Geht einfach weiter, wir schaffen das hier alleine. Ich bin Arzt und zufällig hier vorbeigekommen. Meine Nachbarin hilft mir, bis die Kollegen eintreffen.«

Also passierten wir die Stelle bis zu einem qualmenden Auto, das auf der Mittelinsel stand und die dortigen Verkehrszeichen umgefahren hatte. Der Wagen war leer, vermutlich gehörte es dem Mann von eben. Wir wandten uns nun einem weiteren Fahrzeug zu, welches gegen einen der dort stehenden Bäume geprallt war. Auf der Fahrerseite versuchte die Feuerwehr eine bewusstlose, aber noch lebende Frau zu bergen. Sie mussten schweres Gerät einsetzen, weil sich die Fahrertür erheblich deformiert hatte. Ich eilte hinzu, um die Frau auf eine Trage zu legen, damit die Sanitäter die Verunfallte weiter behandeln konnten. Der Fahrerairbag war ausgelöst worden und hatte ihr das Leben gerettet. Sie sollte den Unfall lebend überstehen. Für den Beifahrer sah es nicht gut aus. Mir blieb die Luft weg, denn als ich ihn ansah, schaute ich in tote Augen. Er hatte noch versucht, die Arme reflexartig hochzureißen, was den Tod aber leider nicht verhindern konnte. Seine Mimik wirkte überrascht.

Der Oberkörper des Mannes war um fast 180 Grad nach rechts verdreht, ihm hatte der Airbag nichts genützt, da die Beifahrerseite des Fahrzeugs genau gegen den Baumstamm gekracht war.

Da sich schon einige schaulustige Gaffer auf der anderen Straßenseite versammelt hatten, brachte die Feuerwehr Abdeckmaterial und großen Sichtschutz, damit die Rettungskräfte weiterhin in Ruhe arbeiten konnten. Es galt Leben zu retten, den toten Beifahrer zu bergen und den Unfall zu rekonstruieren und aufzunehmen. Jetzt trafen auch die Einsatzleitung der Feuerwehr, unser Dienstgruppenleiter und die Presse ein. Während wir den Sichtschutz hochhielten, schauten wir auf die Leiche des Mannes, der uns zuzuschauen schien. Der Tod hatte kein schönes Gesicht und die junge Kollegin wurde von älteren erfahrenen Kollegen rausgelöst.

Da auch ich von einem der Feuerwehrleute abgelöst wurde, konnte ich mich um den Unfallhergang und um die schaulustigen Gaffer kümmern. Ich lief über die Straße an den Einsatzfahrzeugen vorbei. Es hatte angefangen zu nieseln, sodass ich beim Überqueren fast ausgerutscht wäre. Ich stellte mich den Zuschauern vor und bat sie, die Örtlichkeit bitte zu verlassen, damit weitere Einsatzkräfte an die Unfallstelle herangeführt werden konnten. Die meisten Personen murrten zwar, verließen aber zügig den gesperrten Bereich. Nur ein junges Pärchen sträubte sich, denn sie drehten mir den Rücken zu und tuschelten miteinander.

»Habt Ihr mich akustisch nicht verstanden oder was ist mit euch los?«

»Wir haben noch nie einen Toten gesehen und wollten doch nur hierbleiben und abwarten, was noch passiert. Ist die im Auto liegende Person denn tot?«, fragte mich der Junge.

»Ja, leider, und es ist kein schöner Anblick. Und jetzt gibt es einen polizeilichen Platzverweis für heute und diese Straße hier. Ansonsten werde ich euch in Gewahrsam nehmen und Ihr bekommt richtig Ärger!«

Daraufhin trotteten sie mit gesenktem Kopf davon. Nachdem ich zwei Zeugen ausfindig machen konnte, stellte sich der Unglücksfall im Nachgang wie folgt dar:

Mehrere Fahrzeuge fuhren hintereinander die Straße entlang. Plötzlich bekam der hintere Fahrzeuglenker einen Herzinfarkt und brach ohnmächtig zusammen. Dadurch rutschte er auf das Gaspedal, welches den Wagen stark beschleunigen ließ. Er fuhr über die Mittelinsel, die den Aufprall auf den vor ihm fahrenden Pkw etwas milderte. Trotzdem schob der Wagen der bewusstlosen Person den vorderen Pkw nach rechts über die Bordsteinkante, dieser flog wie ein Geschoss auf den am Rand stehenden Baum zu. Die Fahrerin konnte offensichtlich nicht mehr ausweichen, sodass ihr

Fahrzeug mit der Beifahrerseite frontal gegen die Eiche prallte. Durch den Aufprall verstarb der Beifahrer, ihr Ehemann, noch am Unfallort. Die Frau wurde notärztlich versorgt und in ein Krankenhaus gebracht.

Der Unfallfahrer überlebte den Herzinfarkt, weil ein zufällig vorbeikommender Arzt vor Ort war und die Wiederbelebung erfolgreich einleitete. Meine junge Kollegin hat das traumatische Erlebnis gut verarbeitet, wir fuhren weiter zusammen Streife.

Auf dem Weg zum Dienst passiere ich das aufgestellte Kreuz noch heute, es ermahnt mich, niemals die Geschwindigkeit auf Kosten der Sicherheit zu erhöhen.

Und was in Brasilien geschah, das lest ihr jetzt …

Einleitung Auslandsreisen – Brasilien

Von 2014–2016 durften Harry und ich die ganze Welt bereisen. Sony Pictures und Kabel 1 hatten die Reisen, die wir in unserer Freizeit machten, über ein Jahr lang vorbereitet. Es mussten Polizeibehörden angeschrieben und Dolmetscher besorgt werden, um ein Programm aufzustellen, welches die Zuschauer begeistern sollte. Die Dokumentation lief unter dem Titel: »Toto & Harry – Die Kult-Cops im Ausland«. Mitte 2014 ging es dann ab nach Brasilien.

Nachdem wir aus dem Nachtdienst gekommen waren, fuhren wir mit dem Taxi zum Düsseldorfer Flughafen und checkten ein. »Schlafen könnt ihr auf dem Flug«, meinte der Produzent Björn, den wir schon in Köln bei den Besprechungen kennenlernen durften. Ein akribisch arbeitender Mensch, den ich sofort ins Herz geschlossen hatte. Wir kamen in der Nacht in Rio de Janeiro an, überwanden die strenge Passkontrolle und mussten dann auf unser vierköpfiges Drehteam warten, da das Equipment der Technik besonders kontrolliert wurde. Auf dem Weg in die Stadt bekamen wir zunächst keine Unterkunft, weil etwas schiefgelaufen war, der Organisator von Sony Pictures besorgte uns dann doch eine Schlafmöglichkeit in einem kleinen Hotel direkt an der Copacabana. Ich hatte, wie auf allen meinen Reisen, mein Maskottchen, den großen roten Koffer, dabei. Als ich endlich die Zimmertür aufschloss, staunte ich nicht schlecht. Der Raum war so winzig, dass ich mit dem Gepäck kaum durch die Eingangstür kam. Eine Abstellkammer sondergleichen, ohne Klimaanlage, ein Klapptisch und ein Stuhl standen an der Wand. Die Toilette befand sich direkt unter der Dusche und wenn ich mich ins Bett legte, ruhten meine Füße im Wandschrank.

Nach einer unruhigen Nacht trafen wir uns zum Frühstück und besprachen den kommenden Tag. Zu uns gesellte sich die Dolmetscherin Tanya, schließlich konnten wir keine der dort gesprochenen Sprachen. Ich ging kurz aus dem Hotel, um zu prüfen, welche Kleidung ich anziehen sollte, und als die mechanische Schiebetür sich öffnete, traf mich die Hitze wie ein Schlag. Es waren 32 Grad und die Uhr zeigte erst kurz vor neun. Da wir uns am Abend mit den Kollegen treffen wollten, um ein paar Aufnahmen an der berühmten Copacabana zu machen, blieb noch Zeit für etwas Erholung.

Also zog ich die Badeshorts an und ging ins Meer, um zu schwimmen. Der Strand war gut besucht, die Cocktailbar voll, und so schlenderte ich hinüber.

»Ich sollte mir auch eine so knappe und enge Badehose holen«, sagte ich, als ich die anderen an der Bar traf. Tanya lächelte und fragte, ob ich hetero- oder homosexuell sei, denn hier war es so, dass die Hetero-Männer weite und die homosexuellen ganz enge Badeshorts trugen. Daran erkannte man sich und ich verwarf meine Überlegung dann. Nachdem wir einen alkoholfreien Cocktail getrunken hatten, schwirrten auch schon die Händler an und boten ihre Waren feil. Jugendliche verkauften Strohhüte und T-Shirts oder Tücher, ältere Personen hielten uns andere Souvenirs unter die Nase. Da das Drehteam ziemlich locker rüber kam, wurde ihnen etwas zu Rauchen angeboten. Die Verkäufer schlugen ihren Mantel auf, um uns das illegale Innenleben zu präsentieren. Es war unglaublich und der Produzent regte sich auf. Er sagte, dass er jetzt die Polizei rufe, aber ich riet ihm davon ab und zeigte vorsichtig auf die dunklen Gestalten, die das Ganze hier bewachten und sofort einschreiten würden. Nach der Aufregung drehten wir eine Runde mit den Quads über den berühmten Strand, als auch schon die Kollegen, mit denen wir den Tag verbringen wollten, aufkreuzten. Tanya stellte uns vor, dann fuhren wir mit dem Streifenwagen in Richtung Christo-Statue. Es herrschte reges Treiben und wir quetschten uns in die Bahn, die uns den Berg hoch zum Wahrzeichen der Stadt bringen sollte. Mir wurde angst und bange, da die Seilbahn nicht den sichersten Eindruck machte, etliche Leute einfach den Weg an der Bahn entlang vorbeiliefen und wahrscheinlich mehr Menschen in der Bahn waren als zulässig. Oben angekommen war ich nassgeschwitzt. Unsere Begleiter zeigten uns den Viewing Point, der Ausblick war atemberaubend und wir ertappten sogar einen Taschendieb, den wir sofort den Kollegen übergeben konnten. Am Abend fuhren wir in das berühmte Maracanã-Stadion, in dem Deutschland Wochen später Weltmeister werden sollte. Hätten wir das gewusst! Es spielten zwei Ortsvereine, ich glaube Flamengo gegen Fluminese, und es herrschte eine tolle Stimmung. Der dortige Polizeiführer bot eine Führung an und zeigte uns vor allem den Sicherheitsbereich, auf den er besonders stolz war.

Am nächsten Tag ging es weiter. Diesmal fuhren wir mit dem Streifenwagen in Kolonne. Die Brasilianer waren sehr stolz, uns alles zeigen zu können, unter anderem die berühmte Brücke des chilenischen Künstlers Jorge Selarón, der diese Treppe mit bunten Fliesen verzieren durfte. Dort überprüften die Kollegen mehrere verdächtige Personen, die offenbar mit falschem Schmuck oder Drogen handelten. Sie wurden abgeführt und wir fuhren weiter in die Kaserne der Polizei von Rio de Janeiro, die streng bewacht wurde. Es gab eine Kontrolle inklusive Durchsuchung. Wir mussten durch eine Schranke und die Papiere vorzeigen. Dies galt auch für uns, denn der brasilianische Bürger war nicht gut auf die Ordnungshüter zu sprechen. Bei unserer Ankunft entdeckten wir eine bebilderte Tafel, auf der alle Polizistinnen und Polizisten, die im Dienst ihr Leben verloren hatten, mit einem Foto gezeigt wurden. Es waren erschreckend viele Bilder.

In der Kaserne, in der die Polizeifamilien zusammenlebten, herrschte eine tolle Atmosphäre. Wir durften an einer fiktiven Bombenentschärfung teilnehmen und Harry hatte sich die komplette Rüstung dazu anziehen lassen. Im Anschluss zeigte man uns die Waffen und die gepanzerten Fahrzeuge sowie eine nachgebaute Favela, die als Übungsplatz diente.

Es herrschte sprichwörtlich eine Affenhitze und ich fragte, ob wir an der Übung teilnehmen durften. Die Kollegen vom mobilen Einsatzkommando schienen skeptisch, aber nach einer kurzen Einweisung waren wir dabei. Es wurde mit Luftdruckwaffen geschossen, wir bekamen Helm und Schutzklamotten und schlugen uns tapfer. Nun ging es in die polizeieigene Cafeteria, dort setzten wir uns an einen reservierten Tisch und obwohl noch genug Platz bei uns war, kam nur das Spezialeinsatzkommando dazu. Alle anderen quetschten sich auf die übrigen Stühle. Ich fragte den Kollegen, warum das so war, und er deutete auf mein T-Shirt, das einen Totenkopf und gekreuzte Waffen zeigte.

»Wir sind anders als die normale Polizei, und das wissen die auch. Du gehörst jetzt dazu.« Ein bisschen stolz war ich schon, als er das sagte.

In den frühen Abendstunden fuhren wir mit dieser Einheit in die größte Favela von Rio, Rocinha. Es führte eine Straße zur Polizeistation hinauf und eine wieder ins Dorf zurück. Von allen Masten hingen Stromkabel und irgendwie hatte hier jeder ein Mobiltelefon. Das Kommando war sehr nervös und wir zogen Schutzwesten an. Auf meine Nachfrage erklärten sie mir, dass am Tag zuvor ein Polizist von einem Heckenschützen getötet worden war. Vorsicht war geboten.

Nachdem wir oben an der Station angekommen waren, staunten wir, denn diese bestand aus acht gestapelten Schiffscontainern und einem Freibereich, in dem die Polizeischüler Sport treiben konnten. Die junge Stationschefin war kurz angebunden, da ihr eine wichtige Besprechung mit der Kommune bevorstand, die den Zustand in der Favela verbessern sollte. Wir schauten uns indessen um, denn der Ausblick war traurig und gigantisch zugleich.

Ich hatte noch nie so viele Hütten oder Häuser so eng nebeneinander gesehen. Die meisten hatten keine oder nur kleine Wellblechdächer. Links duschte nackt ein Mann, auf einem Dach feierten sie, woanders wiederum wurde Essen zubereitet. Es gab Wassertonnen auf den Dächern, um das Regenwasser aufzufangen. Damit wurde gekocht, geduscht und es wurde als Trinkwasser genutzt. Hier herrschte Armut pur.

Da es hier im Verlaufe des Jahres nicht kälter als 20 Grad wurde, brauchte man zumindest keine Wintersachen. Nach diesen Eindrücken machten wir uns auf den Weg zu einer Tante unserer neuen Polizeibegleitung, die ebenfalls in der Favela wohnte und uns erwartete. Unterwegs gab es einen kleinen Zwischenstopp an einer Bäckerei, an der wir frisches Brot und Backwaren besorgten. Vor der Tür des Ladens saß eine ältere Frau, die uns anlächelte und uns bat Platz zu nehmen. Sie brachte uns Kaffee und Brötchen und obwohl wir uns sprachlich nicht verständigen konnten, war es eine angenehme Situation. Die Ärmsten luden einen ein, wirkten irgendwie trotz allem zufrieden, und wehe man gab ihnen Geld, diese Geste war wie eine Beleidigung. Dennoch hatten wir eine kleine Überraschung dabei. Da ihre Enkelkinder sich zu uns gesellten und uns mit großen Kulleraugen betrachteten, verteilten wir Süßigkeiten, da war die Freude groß.

Nach einem längeren Fußweg, mit dem Auto konnte man den Ort nicht erreichen, kamen wir bei der Tante an. Sie wohnte im 2. Stock eines Hauses, welches sehr sauber war. Es gab weder Tapeten noch Gardinen und die Gastgeberin erklärte uns, dass man, wenn es reinregnete, mit dem Wasser sofort die Wohnung säuberte. Ihrem Enkel brachten wir einen Lederfußball und ein Fußballtrikot mit und ich sagte zu ihm, er solle doch draußen mit den anderen Jungs spielen gehen. Er schaute mich erstaunt an:

»Den lege ich mir unters Kopfkissen. So einen Ball gibt es hier nicht. Und wenn ich damit rausgehe, wird er mir gestohlen. Außerdem habe ich keine Fußballschuhe.«

Für die Tante hatten wir einige Lebensmittel mitgebracht und uns somit für den netten Besuch bedankt. Zum Abschied hatten wir alle eine Träne im Auge.

Am nächsten Tag besuchten wir die Vorausscheidung zum brasilianischen Karneval. Dort traten vor fachkundigem Publikum mehrere Tanzgruppen auf, die sich für den offiziellen Karnevalszug der Stadt Rio qualifizieren wollten, und ich war sehr erstaunt, wie sich die Menschen bewegen konnten. Egal ob jung oder alt, alle besaßen einen tollen Rhythmus, bei dem ich mir vermutlich die Hüfte verrenkt hätte. Es gewann eine Gruppe aus einem kleinen Vorort der Stadt und die Tänzerinnen und Tänzer waren stolz, dass sie am Hauptzug teilnehmen durften.

Am letzten Tag flogen wir in den Norden Brasiliens, nach Belém. Dies ist die größte Stadt des Bundesstaates Pará, sie lag direkt am Amazonas und dort war die Büffelpolizei zu Hause. Nach einem achtstündigen Flug und zwei Überfahrten mit einem Fährboot kamen wir an. Auf der Fähre bekam ich kein Auge zu, denn ich zweifelte an der Tauglichkeit des Gefährts. Meine Schwimmweste behielt ich an, denn durch die hintere Luke, die sich nicht ganz schließen ließ, floss immer wieder Seewasser in das Boot.

An Land wurden wir von den Kollegen der Büffelpolizei abgeholt und zum Hotel, das auf zwei Meter hohen Stelzen stand, gebracht. Den Grund dafür sollte ich nachts noch bemerken. Wir setzten uns alle zusammen und aßen Büffelfleisch, dann gingen wir zu Bett.

Da ich, was Krabbeltiere und Insekten anging, pingelig war, hatte ich zu meiner Malaria-Prophylaxe noch Autan dabei und rieb mich ein. Nachdem ich unter das Moskitonetz gekrochen war, verfiel ich in einen tiefen Schlaf.

Plötzlich wurde ich durch ein komisches Geräusch geweckt. Ich stand auf und schaute vom Balkon aus in die Natur. Es regnete keine Bindfäden, es goss in Strömen. Der Boden war mit etwa einem Meter Regenwasser bedeckt und der Amazonas war über die Ufer getreten, nach kurzer Zeit war der Spuk aber wieder vorbei. Bei Tagesanbruch trafen wir uns zum Frühstück. Mittags, bei Affenhitze, besuchten wir das Gelände der Büffelpolizei. Jeder von uns suchte sich einen Büffel aus und wir ritten in das sumpfige Amazonasgebiet.

Denn nur mit diesen Tieren konnte die Polizei dort Streife laufen und den Drogenhandel, der aus Kolumbien kam, bekämpfen. Mein Rind machte mit mir, was es wollte, und stach mir sein Horn ins Bein, worauf ich blutete und abends seinen Bruder zum Abendessen verzehrte. Auf unserem Ritt stellten die Kollegen zwei Täter, die mehrere Kilo Drogen bei sich hatten. In Deutschland wäre das ein Riesen-Fund gewesen, hier in Brasilien war das leider ganz normal. Der Produzent fragte nach einem Foto, auf dem ich den Fund auf dem Arm präsentieren sollte, aber ich riet davon ab. Erstens war ich an diesem Einsatz nur bedingt beteiligt und zweitens mussten wir morgen wieder nach Hause und durch den Zoll. Was meinst du, entgegnete ich zum Spaß, was der Drogenhund dazu sagen würde, wenn er das Zeug an mir riecht. Wir lachten beide und tranken abends noch einen Absacker mit der Büffelpolizei. Der Abflug am nächsten Tag lief nicht so wie geplant, denn wir saßen eineinhalb Tage am Flughafen fest, da es sich laut Angaben um technische Problem handelte. Dass die Landebahn nicht gesäubert worden war und die Markierungen fehlten, erfuhren wir durch unsere Übersetzerin erst später.

Brasilien war ein tolles Erlebnis, mit Menschen, die trotz ihrer Armut sehr gastfreundlich und spendabel waren.

Asien – Thailand

Tag 1:

Mich traf fast der Schlag, als ich das Terminal verließ und in die pralle Sonne Asiens trat. Sofort bildete sich ein Schweißfilm auf der Haut und ich war in Sekunden pitschepatschenass. Ich setzte die Sonnenbrille auf und ging mit meinem roten Koffer in Richtung Kleintransporter, der uns zum Hotel bringen sollte. Ich streckte mich und schaute mir den herannahenden Kameramann an, der den Dreh der Kultcops im Ausland begleitete. Auch er war durchgeschwitzt bis auf die Knochen. Wir beluden dann den Wagen und fuhren fast eine Stunde zu unserer Unterkunft, die direkt am Meer lag. Ein Segen, dass wir ein klimatisiertes Auto hatten, unterwegs besprachen wir uns mit dem Produzenten.

»Wir erholen uns jetzt erst einmal und morgen nach dem Frühstück besuchen wir eine Wache. Die Drehgesellschaft hat sehr viel vorbereitet, sodass wir direkt starten können. Toto, du machst das wie immer. Stell dich vor und nimm den Leuten die Scheu, mit uns auf Streife zu fahren. Du weißt ja, was ich meine!« Natürlich wusste ich das!

Beim Vorstellen gab ich den Kollegen das Gefühl, einer von ihnen zu sein, weil es der Wahrheit entsprach. Die Polizei im operativen Streifendienst hatte auf der ganzen Welt Bestand und mit stets wiederkehrenden Fällen von Alkoholismus, suicide by cop, Drogen, Prostitution, Arbeitslosigkeit und häuslicher Gewalt zu tun.

Nachdem wir endlich unsere Zimmer bezogen und geduscht hatten – ein tolles Hotel direkt am Strand mit eigenem bewachtem Strandabschnitt – nahmen wir noch einen Absacker an der dortigen Bar, von der aus man den Sonnenuntergang beobachten konnte. Ich freute mich schon auf die Einheimischen, ihr Leben und ihre persönlichen Geschichten, denn hier an der Beachbar sah ich nur Europäer.

Tag 2:

Morgens nach dem Frühstück fuhren wir durch den wüsten Verkehr zu einer nahegelegenen Wache. Was mir sofort auffiel, waren die mit Kabeln übersäten Strommasten, an denen augenscheinlich jeder seinen Strom selbst anschloss.

An einigen Kreuzungen gab es kleine Tempel mit Buddha, an denen die Menschen beten und Blumenschmuck hinterlassen konnten. Während der Fahrt bekam ich ein zweimal Bluthochdruck, da es riskante Verkehrsmanöver der Verkehrsteilnehmer gab. Ob zu dritt auf einem Roller oder einfach rasant rechts vorbeifahren, von Helm- und Gurtpflicht oder Handy am Steuer ganz zu schweigen, es war alles erlaubt und es passierte wenig.

Als wir die Wache betraten, fielen mir die bunten Bilder des Königs und seiner Tochter auf, die in jedem Amtszimmer hingen. Ich wusste, dass das Land eine konstitutionelle Monarchie war und dass der Monarch Bhumibol Adulyadej das Staatsoberhaupt und gleichzeitig oberster Schirmherr des Buddhismus war. Jetzt war ich auf den Polizeichef gespannt. Vor der Amtsstube erwartete uns ein Wachhabender, der uns den Dolmetscher ankündigte. Ohne ging es auch hier in Thailand nicht. Als er eintraf, ein junger Predator-Typ, stellte er sich kurz vor: Jurastudent, mehrsprachig und Bindeglied von ausländischen Fernsehteams und den örtlichen Behörden. Man akzeptierte ihn als Mittelsmann zwischen Drehgesellschaft und der Polizei. Ein lustiger Typ, wie wir noch erfahren sollten. Dann ging es auch schon zum Polizeichef des Bezirks. Hier trug man braune Uniformen mit vielen Abzeichen und in der Ecke des Büros standen mehrere Präsentkörbe und etliche eingepackte Geschenke. Wir plauderten kurz, überließen aber dem Produzenten das Wort, da er einige Vorgaben vom Sender und der Drehgesellschaft bekommen hatte, was es ja umzusetzen galt. Es ging hin und her, ich trank meinen Tee und beobachtete die Mimik und Gestik der Anwesenden. Dann stand man auf, beim Händeschütteln übergab der Produzent einen kleinen unscheinbaren Umschlag, der Polizeichef steckte diesen ein, man verbeugte sich. Beim Hinausgehen schaute ich den Produzenten fragend an. Er erklärte mir, dass es sich um Gebühren und ein Dankeschön handelte, da wir heute Abend im Bordell- und Touristenbereich mit einem lokalen Team filmen durften. Aha, dachte ich, so lief das hier also.

Nachdem wir an einem kleinen einheimischen Imbiss Platz genommen und leckere Nudeln gegessen hatten, winkte mich eine Köchin heran. Ich schaute mich zunächst um, ob ich überhaupt gemeint war – aber doch – sie zeigte auf mich und schmunzelte. Ich stand auf, ging hinüber und sie überreichte mir eine kleine Tüte mit etwas, was ich nicht erkannte.

Es sah aus wie frittiert und es schmeckte gut und leicht nach gesalzenem Fisch. Ich rief unseren Übersetzer dazu und fragte ihn, was das in der Tüte sei. Er lächelte und sagte, dass es sich um einen Skorpion und eine Heuschrecke handelte. Ich verbeugte mich und gab der Köchin ein paar Münzen. Das würde ich auch zu Hause essen, denn es hat kaum Fett und viele Proteine. Nachdem wir uns gestärkt hatten, fuhren wir zu dem vorhin vereinbarten Treffpunkt. Zunächst mussten wir eine Stunde warten, daher schauten wir uns den Eingang zur Amüsiermeile an. Dieser bestand aus einem riesigen steinernen Torbogen, welcher von vier Soldaten mit Gewehren bewacht wurde. Etliche Touristen strömten dort hinein, aber nicht nur Männer, sondern auch Paare, darunter viele Einheimische. Endlich kam der Streifenwagen, ein alter VW, und wir nahmen Kontakt auf. Der erste Kollege fiel fast aus dem Wagen, seine Augen waren blutunterlaufen und er grinste dümmlich. War der betrunken? Das konnte ja was werden, dachte ich, als ich mir auch den Polizeiwagen genauer anschaute, denn der eine Beifahrergurt hing lose herunter, die hintere Sitzbank war nicht vernünftig befestigt, das Rotlicht auf dem Wagendach funktionierte nicht und auf der Rückbank lag achtlos eine Waffe herum. Na, wenigstens war die gesichert.

Tag 3:

Nun ging es über die Flaniermeile Pattayas. Das Sprachrohr der Kollegen hielt sich in der Mitte der Straße und erklärte, dass es in Thailand verboten sei, der Prostitution nachzugehen. Ich hob die Augenbrauen, denn wenn ich nach rechts und links blickte, konnte ich einige Sexarbeiterinnen erkennen. Außerdem fiel mir auf, dass in den Karaoke-Bars viele junge Damen alleine an Tischen saßen und den Blickkontakt zu vorbeilaufenden Freiern suchten. Die meisten schienen noch nicht volljährig und man erkannte nicht, wer von ihnen nun eine Frau oder ein Ladyboy war. Hier galt wohl die Faustregel, dass die hübschesten Frauen Männer waren.

Es wurde ordentlich Alkohol verzehrt, schlecht gesungen und ich war schon drauf und dran, eine Bar zu stürmen und loszulegen. Ich schnappte mir den Dolmetscher und sagte, dass es sich hier doch mehr als offensichtlich um Prostitution handelte. Er wiegte den Kopf, strich sich durch sein dunkles Haar und antwortete leise, dass es hier sehr viele arme Leute gebe und jeder von ihnen froh sei, wenn er einen passablen Job habe. Egal, was es war, die Familie musste ernährt werden. Sie durften sich nicht selbstständig anbieten, sondern mussten warten, bis sie angesprochen wurden. Dann regelte man die Zeit der Zusammenkunft. Es gab die Shorttime und die Longtime. Bei Ersterer handelte es sich meist um einen Quickie mit Massage und Happy End in einem Stundenhotel. Die Nächste beinhaltete fast eine Woche Begleitung, wobei das Mädchen mit dem Freier zusammen im Hotel oder in einer kleinen Wohnung wohnte. Sie ging ihm zur Hand, kochte für ihn oder zeigte ihm das Umland. Durch ebendiese Tätigkeiten, die hier ganz normal schienen, verdienten die Menschen so viel, dass sie sich, und drei bis fünf weitere Personen aus der Familie, versorgen konnten. Ich hatte erhebliche Vorurteile und Bedenken, diesen Ort aufzusuchen, aber nun hatte man mir bezüglich des Sextourismus mal eine andere Seite präsentiert. Über Gewalt gegen Frauen und Kinder sowie die sexuellen Übergriffe brauchte ich gar nicht erst anfangen zu diskutieren.

Hier galt es zu überleben. Ich war für den Abend bedient und in der folgenden Nacht schlief ich schlecht.

Tag 4:

Morgens wachte ich auf, trank ein Glas Wasser und zog meine Bermudashorts und die Flipflops an, ich warf mir ein Handtuch über die Schulter und verließ das Zimmer. Ein herrlicher Tag erwartete uns, die Sonne ging auf und ich lief über einen angelegten Palmenweg zum abgesperrten Strand des Hotels. Ein Wächter sah mich, hob die Hand zum Gruß und setzte sich in den Schatten eines Schirmes. Ich schwamm ein paar Runden, nahm ein leichtes Frühstück ein und verabredete mich mit dem Produzenten, der schon wieder mit dem Heimatsender telefonierte. Ich fragte nach dem Plan für den heutigen Tag.

»Zunächst fahren wir zu einem Wochenmarkt und dann zum Polizeigewahrsam in der Stadt. Da könnt Ihr mal vergleichen, ob es den Ganoven hier besser geht als bei uns.«

Das Kamerateam machte sich bereit, wir fuhren gemächlich los und schlenderten dann fachsimpelnd durch die heißen Markthallen. Es gab viel zu sehen und zu probieren. Bunte Gewürze und Fisch wurden feilgeboten, es gab frisches Gemüse oder lebende Tiere, die man vor den eigenen Augen schlachten lassen konnte. Was mich besonders verwunderte, war, dass sehr viel rohes Fleisch ungekühlt angeboten wurde. Es lag in großen Stapeln auf den Ständen und fing schon an zu riechen. Ob das gesund war, blieb fraglich, aber das hiesige Ordnungsamt schien das nicht zu interessieren. Nachdem wir uns mit leckeren Gewürzen eingedeckt hatten, schauten wir uns in den Hinterhöfen noch ein paar asiatische Suppenküchen an.

Das Erste, was ich entdeckte, war ein Bottich mit Schweinekopf und Schweinefüßen im Sud. Es roch penetrant, was die Köchin, die das Essen umrührte, nicht zu stören schien.

Darüber lag ein Wohnhaus, die gewaschene Wäsche flatterte direkt über den Fässern mit dem Sud im Wind. *Die kann man bestimmt noch mal waschen*, dachte ich mir und nahm eine frische Prise Schnupftabak zur Nasenreinigung.

Tag 5:

Am nächsten Morgen wechselten wir die Stadt und flogen nach Bangkok, der Metropole Asiens.

Auf dem Weg zum 5-Sterne-Hotel fiel mir auf, dass viele Menschen aufgrund des Smogs einen Mundschutz trugen.

Wir checkten ein und bezogen unsere Zimmer, die einem Tempel der Dekadenz glichen. In so einem feinen Etablissement war ich noch nie. Dort die pure Armut, hier der extreme Luxus.

Aber gerade über diese Diskrepanz wollten wir ja berichten und die Polizei begleiten. Ein livrierter Bediensteter nahm mir meinen roten Koffer ab, dass er mich nicht ins Hotel hineingetragen hat, war alles. Ich fuhr mit dem Aufzug in die 17. Etage, hatte wieder Probleme mit der Zimmerkarte, ich betrat dann den Raum und sofort ging gedämpftes Licht an. Ein riesiges Bett erwartete mich, in dem mindestens vier Gäste hätten nächtigen können. Das Beste aber war das dreieckig angeordnete Badezimmer, in der Mitte stand eine aus Keramik gefertigte Badewanne, es gab zwei Waschbecken, eine große Dusche, ein WC, ein Bidet und noch ein Becken für die Füße. Außerdem blickte man durch drei Panoramafenster auf die Kulisse der Stadt. Ich schoss ein paar Erinnerungsbilder und begab mich dann in den 20. Stock, um im Pool eine Runde zu schwimmen.

»Wir fahren zum Sondereinsatzkommando, die wollen mit uns trainieren«, rief mir der Produzent zu und ich zog mich um.

Dann ging es durch den Smog der Stadt, es war ein besonders grauer Tag, die Straßen waren überfüllt und wir kamen kaum voran. Man überholte uns mit einem Handkarren, der von einem Mann mit Strohhut in

Richtung Markt geschoben wurde, mit viel Gemüse beladen bahnte er sich den Weg durch die sich hetzende Menschenmenge. Jeder hupte und es war unvorstellbar laut. Ein Kollege der Verkehrssicherheit versuchte, den stehenden Verkehr zu regeln, um Ordnung in das Chaos zu bringen, ich pustete laut in eine silberne Pfeife und mischte ein Zweirad auf, welches mit drei Personen – einer ganzen Familie – besetzt war. Endlich ging es weiter und wir fuhren in eine etwas ruhigere Nebenstraße, wo wir vor einer großen Schranke mit Wachposten anhalten und aussteigen mussten. Die Polizisten vor Ort lebten in einer für den normalen Bürger geschlossenen Kaserne mitten in der Stadt.

Nach der Kontrolle empfing uns ein hoch dekorierter Polizeibeamter, er hatte mehrere goldene Litzen am Revers.

Der Dolmetscher übersetzte, wir verbeugten uns und gingen in eine größere Halle. Hier war die Luft etwas angenehmer, eine Gruppe der Spezialeinheiten bereitete sich hier auf ihre Übung vor. Es wurden Waffen kontrolliert, die Visiere der Helme gesäubert und die Funkgeräte überprüft. Trotz dicker Schutzwesten und sämtlichen Ausrüstungsgegenständen waren die Jungs immer noch schmaler und kleiner als ich.

Dafür zeigten sie in der nächsten Sequenz, wie man vorwärts eine Hauswand herunterläuft und währenddessen schießt. Außerdem sprangen sie von einem großen Holzgerüst und warfen Blendgranaten in einen abgesperrten Bereich, den sie im Anschluss fachmännisch stürmten. Eine sehr gute Leistung, es sah sehr homogen aus und offensichtlich konnte sich hier jeder auf den anderen verlassen. Wir kommentierten das Geschehen, bis der General mit zwei Männern der Spezialeinheit auf uns zukam. Sie fragten uns, ob wir bei einem Wettschießen gegen sie antreten wollten. Wir hatten die freie Wahl der Waffengattung und die Verlierer sollten einen symbolischen Geldbetrag für den örtlichen Polizeifonds stiften. Wir willigten ein und die beiden Experten vom SEK lachten sich schon ins Fäustchen.

Zu Fuß ging es durch ein quadratisch angelegtes Wohngebiet, in dem die Angehörigen der Polizei wohnten. Es gab einen Kindergarten, Schulen und Cafés. Außerhalb des Areals sollte man nicht erwähnen, dass man den Polizeiberuf gewählt hatte, der Ort diente zum Schutz der Familie, vor Korruption und vor der Angreifbarkeit durch die Syndikate. Nachdem wir den Eingang des Schießstandes passiert hatten, betraten wir die Bahn und sahen uns den reich gedeckten Tisch mit den Feuerwaffen an. Ich schnappte mir die Glock und eine MP5, das waren die Waffen, mit denen ich am besten umgehen konnte. Ich lud sie durch und beobachtete den SEK-Mann, der sich daran machte, imaginäre Schießkarten und Symbole zu bekämpfen. Ich blieb ganz ruhig, es war ja etwas ganz anderes, auf Pappmaschee anstatt auf Menschen oder Tiere zu schießen. Ich habe bis heute einen riesigen Respekt vor Waffen und nach jedem Dienst war ich froh, sie unbenutzt in mein Waffenfach legen zu können. Der Schießaufseher holte die Pappscheiben meines Gegners heran und zählte die erzielten Punkte und das Trefferbild zusammen. Nun war ich an der Reihe. Mit der MP5 schoss ich auf die Ringscheiben und mit der Glock auf den imaginären bösen Mann. Ich war zufrieden mit der Leistung.

Ich schaute den thailändischen Kollegen an, der überlegen lächelte. Noch hatte er aber meine Scheiben nicht gesehen.

Als der Schiedsrichter sie heranholte, wurde er blass, denn ich hatte dem Gegner einen Smiley ins Gesicht geschossen, und das konnte nicht jeder. Nach der Auszählung verbeugte er sich vor mir und schüttelte mir die Hand. Ich habe dann trotzdem etwas für den Fonds gespendet, so wie die anderen auch. Wir wechselten noch ein paar Worte, verabschiedeten uns und fuhren aus der Kaserne in die Stadt zurück. Zum Abschluss des Tages schauten wir uns den örtlichen Polizeigewahrsam an. Dort angekommen nahmen sie gerade einen Drogenhändler in Gewahrsam, der Polizeichef wies uns an, ruhig mitzugehen und zu schauen, wie die Thailänder mit ihren Gefangenen umgingen. Das Erste, was wir sahen, war, dass der Beschuldigte den Kollegen anspuckte und beschimpfte. Er flog in die Zelle, wurde an ein Gitter gefesselt und nochmals durchsucht. Ich schaute mir die Zelle genauer an und sah, dass sich dort drei Insassen aufhielten, die auf den warmen Fliesen lagen. Es gab weder einen Tisch noch ein Bett, nur ein paar träge Kakerlaken. Das Essen, das eben serviert wurde, bestand aus Reis und Gemüse. Man aß mit den Fingern, Besteck gab es nicht. In dem Raum befand sich eine hohe Mauer, hinter der man sich waschen oder seine Notdurft verrichten konnte. Nach vorne hin war die Zelle vergittert und somit für den offenen Blick und die Überwachung der Insassen angepasst. Ich fragte, warum die drei Männer hier waren und was sie zu erwarten hätten. Es handelte sich um kriminelle Drogendealer, sie würden in ein paar Tagen dem Haftrichter vorgeführt und dann für einige Monate in ein richtiges Gefängnis kommen. Auf die Frage, ob wir auch da einen Blick hinein werfen durften, schüttelte er lächelnd den Kopf. Dort ging es wahrscheinlich anders zu, einmal rein, selten wieder unbeschadet raus. Es war mit Sicherheit nicht so wie in Deutschland, da waren wir uns alle einig. Auf dem Weg zum Flughafen freute ich mich schon auf zu Hause und mein familiäres Umfeld, auf mein eigenes Bett und danach auf den Griechen, um etwas zu essen.

Tag 6:

Nach einem herzhaften Frühstück mit Eiern und Speck machten wir uns auf den Weg zur Babypolizei. Ich schaute den Produzenten fragend an und er erklärte, dass es mitten in der Metropole eine Motorradstreife mit ausgebildeten Geburtshelfern gab.

Die wurden verständigt, wenn eine Frau im dichten Straßenverkehr steckenblieb und die Wehen einsetzen oder eben die Geburt kurz bevorstand. Die Truppe hatte, seit ihrer Gründung durch den König Bhumibol Adulyadei, über einhundertsechzig Babys geholfen, zur Welt zu kommen.

Nachdem wir uns fast eine Stunde durch den Stau und das hohe Verkehrsaufkommen gequält hatten, erreichten wir die Polizeistation und nach einem starken Kaffee zeigte uns der oberste Polizeichef die Örtlichkeit und schilderte in allen erdenklichen Ausführungen die einzelnen Räumlichkeiten.

Dann wollte er wissen, ob es auch in Deutschland so eine Einheit gab und ich so ein Erlebnis kannte. Ich verbeugte mich höflich und sagte an den Dolmetscher gewandt, dass ich bei den Geburten meiner Kinder dabei war und einem erfahrenen Kollegen bei einer Entbindung auf der Straße helfen konnte. Das freute den Chef, denn er applaudierte und lächelte. Dann zeigte er uns das Bild von Hauptmann Pichet, dem eigentlichen Helden der Einheit, denn er hatte bis dato dreiunddreißig Geburten begleitet. Man sagte, er sei fähiger als manch Gynäkologe. Leider war er heute nicht im Einsatz und wir konnten ihn nicht kennenlernen. An diesem Tag haben wir uns noch vieles angeschaut, aber eine Niederkunft war in Bangkok nicht dabei. Schade!

Tag 7:

Nachts begaben wir uns in den 33. Stock, um eine Vorbesprechung für die letzten Tage zu machen. Ich blickte aus der offenen Lounge heraus auf die bunten Lichter Bangkoks, genoss einen alkoholfreien Longdrink und wünschte mir ein deutsches kühles Bier. Ich ließ die Gedanken schweifen und war froh, dass uns bis jetzt nichts Ernsthaftes passiert war. Wir hatten viele verschiedene Menschen kennengelernt, gut gegessen und viel erlebt.

Ich genoss die kurzweilige Romantik und dachte an meine Liebsten. Doch der Produzent kam schon auf mich zu, er gab mir ein paar Regencapes und Regensachen für den morgigen Tag, aber ich hatte von einem Wetterwechsel gar nichts mitbekommen. Bevor ich die Frage aufwarf, kam er mir mit einer Erklärung zuvor.

»Toto, wir fahren morgen in die Stadt, um am Songkran teilzunehmen, dem traditionellen Neujahrsfest, das nach dem thailändischen Mondkalender ausgerichtet wird.

Deswegen sind wir hier herübergeflogen. Du wirst sehen: Normalerweise wird altüberliefert den alten Menschen vor Respekt Wasser über die Hände geschüttet, aber hier geht es ganz anders ab.« Er zeigte auf die Regenklamotten und lächelte wissend.

Am kommenden Tag fuhren wir zur Polizeiwache am Strand. Schon auf dem Hinweg bemerkten wir viele Sperren und Kontrollpunkte, die die Feiernden auf Wasserpistolen und andere Dinge kontrollieren sollten. Auf der Wache begrüßte uns der dortige Polizeichef, wünschte uns viel Erfolg und war wieder weg. Die Sonne brannte vom Himmel, wir rüsteten uns und tauchten in die Menge, um uns die heftigen Wasserschlachten anzusehen. Der thailändische Kollege hatte seine Pistole und alle wichtigen Sachen in Plastikfolie gepackt, er erklärte mit einem Lächeln, dass das Fest traditionell für Säuberung und Erneuerung stand. Man putzte erst die Wohnungen und Häuser, danach besuchte man einen Tempel für Opfergaben. In einigen Orten gab es sogar richtige Umzüge. Man machte sich gegenseitig nass und die Polizei bildete da keine Ausnahme. Gut, dass wir den Regenschutz anhatten, denn wir trugen ja unsere Mikrophone. Mir taten der Kameramann und der Toningenieur leid, die ihre teuren Geräte vor der Feuchtigkeit schützen mussten, sie waren in blaue Müllsäcke verpackt und schwitzten wahrscheinlich enorm. Ich stellte fest, dass auch mit Babypuder, Färbemittel im Wasser und Farbe gespritzt wurde.

Die ganze Gegend war eine große Partymeile und die Polizei hatte alles unter Kontrolle. Ruhig und sachlich schritten die Kollegen ein, man hatte für jeden ein nettes Wort übrig. Auch für diejenigen, denen man verbotene Gegenstände abnahm. Aber es blieb wirklich friedlich in der Stadt.

Nachmittags fuhren wir nass und bunt zum Hotel zurück, um zu duschen. Jetzt hatten wir noch den Besuch bei der Wasserschutzpolizei vor der Brust. Je weiter wir aus dem innerstädtischen Bereich herauskamen, umso ruhiger und ländlicher wurde es. Am Hafen angekommen überlegte ich, noch etwas zu essen, aber meine Erfahrung sagte mir, es besser bleiben zu lassen. Der Dolmetscher stellte uns vor, wir tauschten Geschenke und

Nettigkeiten aus und bestiegen das schmucke Polizeiboot. Die Kollegen hatten ihre Gewehre parat und fuhren mit uns zu einem Kanal, in dem sie die dortigen Fischerboote kontrollieren wollten.

Die Boote kamen aus dem Golf von Thailand oder weiter weg, der Andamanensee, einem Randmeer des östlichen Indischen Ozeans, dessen Küste von Myanmar, Thailand, Malaysia und der indonesischen Insel Sumatra gebildet wurde. Es durfte in dieser Gegend nur begrenzt gefischt und auch nicht jeder Fang eingeholt werden und es arbeiteten dort Schwarzarbeiter aus Vietnam oder Kambodscha. Dann war es endlich so weit, auf unruhiger See machte der Toningenieur schlapp und übergab sich, er konnte aber weiterarbeiten, denn wir stoppten und kontrollierten ein mit Menschen und Fischen überladenes Boot. Als wir längsseits waren, duften wir sogar mit auf das Beiboot, um bei der Kontrolle dabei zu sein. Mir wurde jetzt erst bewusst, unter welchen Arbeits- und Hygienebedingungen sie hier schuften mussten. Man hatte ihnen die Pässe weggenommen, es gab nur zwei verdreckte Toiletten für fast vierzig Mann, von den Kochutensilien ganz zu schweigen. Unmenschlich. Der Kapitän versuchte, sich lautstark zu rechtfertigen, aber die Kollegen kannten keine Gnade. Das Boot wurde schließlich mit in den Hafen geordert, um weitere Maßnahmen zu treffen. Außerdem hatten sie Fische gefangen, die auf der verbotenen Liste standen und beschlagnahmt wurden. Alles in allem ein Armutszeugnis sondergleichen.

Wir waren froh, dass wir von Bord gehen konnten, bedankten uns bei den eingesetzten Kollegen und verabschiedeten uns.

Nun ging es zurück in heimische Gefilde, wo die Familie wartete und wir von unseren Eindrücken berichten durften.

Es war eine tolle Erfahrung in Thailand mit sehr vielen freundlichen Menschen. Die Polizeikollegen hatten oft die gleichen Probleme zu beheben und zu bekämpfen wie wir in Deutschland. Die Leute waren arm, aber zufrieden und für ihre Verhältnisse großzügig. Die Prostitution sicherte einigen das Überleben, und die militärische Polizei handelte oft nach dem

Motto »Leben und leben lassen«, das meiste regelte sich von alleine. Ich habe tolle Strände und Hotels gesehen und komme gerne wieder.

Türkei

Tag 1:

Endlich ging für mich ein Herzenswunsch in Erfüllung: Wir drehen in Istanbul. Ich hatte schon so viele Einladungen meiner türkischen Freunde bekommen, doch nie hatte ich es geschafft, ihnen nachzukommen. Nachdem ich samstagnachts durchgearbeitet hatte, befand ich mich nun auf dem Weg zum Flughafen, wo wir uns mit dem Drehteam verabredet hatten. Ich hatte genug Patches eingesteckt (Polizeiabzeichen) und mir zwei Adressen von Freunden notiert, die ich dort besuchen wollte.

Der Flug dauerte nur kurze Zeit und ich verschlief fast die Landung auf dem türkischen Flughafen Atatürk.

Strahlender Sonnenschein sowie ein streng kontrollierender Kollege am Zoll empfingen uns. Sah ich wirklich so schlimm aus? Mit Drei-Tage-Bart, wuseligen Haaren und sehr verschlafenen Augen musste ich aus der Reihe treten und mich einer intensiveren Kontrolle stellen. Das fing ja gut an, dachte ich murrend, als ich nur in Unterhose in einem der dortigen Zwischenräume stand und alles über mich ergehen ließ. Dann ging es aber endlich los zum Hotel. Davor empfingen uns mehrere Kollegen, die uns auf dieser Reise begleiten sollten. Sie entschuldigten sich für die Unannehmlichkeiten, rechtfertigten sich aber mit dem Argument, dass es in letzter Zeit viele Anschläge gegeben hatte und auf dem Taksim-Platz ständig Demonstrationen stattfanden, von denen teilweise Gewalt ausging. Wir bezogen ein schönes modernes Hotel in der Nähe des Galataturms und einer tollen Brücke, die über den Bosporus führte. Wir verabredeten ein Treffen hier im Restaurant, zwecks Essen und einer anschließenden Besprechung.

Tag 2:

Nach einem europäischen Frühstück und jeder Menge Kaffee fuhren wir mit dem Transporter zur nächsten Polizeiwache. Heute sollten wir die Verkehrspolizei besuchen, mit denen wir auf der eurasischen Brücke einige Verkehrskontrollen durchführen wollten. Die Türken nannten sie die Brücke der Märtyrer. An der Wache stellte ich fest, dass sich vor den gepanzerten Toren mehrere schwerbewaffnete Kollegen postiert hatten. Sie trugen Maschinenpistolen und Schutzwesten und kontrollierten jedes Fahrzeug, das sich in der Nähe aufhielt. Die Angst vor Anschlägen war groß und begründet.

Wir bekamen eigene Schutz- sowie gelbe Warnwesten, dann ging es mit dem gepanzerten Polizeifahrzeug ab zur Brücke. Diese verband Asien mit Europa und umgekehrt. Kaum hatten wir angehalten und die Kontrollstelle ordentlich und sicher aufgebaut, als ein großer roter Doppeldeckerbus ohne Verdeck angefahren kam. Auf dem oberen Deck standen mehrere Personen, die uns als Bochumer Jungs erkannten. Sie stimmten den weltbekannten Song von Grönemeyer an, die türkischen Kollegen staunten und wir winkten den Minnesängern aus unserer Heimat zu. Glück auf. Nachdem nicht viel passiert war, der Verkehr blieb ruhig, begab ich mich auf eine Anhöhe der asiatischen Seite und schaute mir die Umgebung an. Ich genoss die Ruhe, die hier oben herrschte, steckte mir einen Lutscher in den Mund und bewunderte den Ausblick. Wenn es doch überall auf der Welt so friedlich wäre, das wäre wünschenswert. Wie es wohl damals hier war, als die Schiffe nach einer langen Seereise nach Konstantinopel kamen? Hier war die Nahtstelle zwischen Asien und Europa und die Stadt spiegelte den kulturellen Einfluss der Reiche wider, die hier Station gemacht hatten. Die Christen, die Moslems, die Ägypter sowie die Byzantiner drückten der Millionenstadt ihren Stempel auf. Der Produzent holte mich aus meinen Gedanken, denn wir wollten mit den Kollegen in ein Polizeicafé fahren. Die Fahrt dorthin war kurz, denn das Café lag direkt am Bosporus.

Man hatte einen tollen Freisitz geschaffen, die Stühle waren bequem und wir tranken starken Mokka. Plötzlich wurde ich von hinten umarmt und ich drehte mich um. Es handelte sich um türkische Bekannte, Mine und Cem, deren Bruder am Südring in Bochum einen florierenden Imbiss betrieb. Zufälle gab's … Wir plauderten kurz und verabschiedeten uns mit einer dicken Umarmung.

Danach hatten wir Freizeit und am nächsten Tag ging es weiter zu einer Tauchgruppe.

Tag 3:

Am Morgen wurde ich durch lautes Glockengeläut und den Ruf des Muezzins geweckt. Ich schaute aus dem Fenster und sah auf den Galataturm, der vor Hunderten von Jahren durch den byzantinischen Kaiser errichtet worden war und als Sichtturm gedacht war. Er hatte bestimmt schon einige Stürme und Erdbeben überstanden. Noch vor dem Taucheinsatz wollte ich mir das Gebäude mal genauer anschauen. Vielleicht gab es da ein Restaurant, von dem aus man einen tollen Rundblick über diese Seite der Stadt hatte. Nachdem ich drei Pfannkuchen verdrückt hatte, spazierten wir zur Brücke, die das Goldene Horn, den ehemals wichtigsten Hafen des Byzantinischen Reiches, und den Bosporus, die Wasserstraße, über die in der Antike schon die Griechen segelten, verband.

In einem Buch fand ich den Hinweis, dass Thyssen sie nach einem Entwurf des deutschen Bauingenieurs Leonhardt erbaut hatte. Wir waren also mal wieder in der ganzen Welt vertreten. Es war sehr angenehm draußen, eine leichte Brise kam auf und wir beobachteten die Fischer und Angler, die sich am Brückenrand breitgemacht hatten. Sie sind zum Wahrzeichen dieses Bauwerks geworden. Nebenan hockten Schwimmvögel, die darauf warteten, dass etwas Essbares für sie abfiel. Unterhalb der achtspurigen Fahrbahn, also seitlich der Brücke, befanden sich viele kleine Geschäfte und Cafés, in denen sich die Passanten ausruhen oder einen guten Kauf machen konnten. Wir liefen weiter und erreichten bald den Ort, an der uns ein Polizeiboot aufnahm, um mit uns über die Meerenge zwischen Europa und Asien zu fahren. In der Ferne sahen wir einige Luftblasen aufsteigen, die die Taucher verursachten. An dieser Stelle, welche das Mittelmeer mit dem Schwarzen Meer verband, sollten sich versunkene Gegenstände aus einem Verbrechen befinden.

Nun hieß es warten und zuhören, denn der Kapitän des Bootes erklärte uns in aller Ausführlichkeit die Aufgaben seiner Tauchergruppe. Zumeist wurden vermisste Personen gesucht oder nach Autowracks getaucht, die man im Meer versenkt hatte. Das Boot schaukelte ein wenig, als der Kameramann aufstand, da er plötzlich viele Luftblasen entdeckt hatte. Hoffentlich hatten die Polizeitaucher Erfolg und hatten etwas gefunden. Sie tauchten auf und einer von ihnen hatte eine verschlossene Tasche dabei. Der Polizeichef, der sich jetzt auch Einweghandschuhe angezogen hatte, nahm sie entgegen und öffnete sie. In ihr befanden sich eine eingepackte Pistole, etwas Schmuck und Goldmünzen. Dazu hatte man mehrere dicke und schwere Steine gelegt, damit sie unter Wasser blieb, um sie später rauszuholen. Der Tauchchef erklärte, dass man einen Tipp von einem Mittäter bekommen hatte, dieser hatte geplaudert, um sein Strafmaß zu verringern.

Die Pistole war das Tatmittel bei einem Raubüberfall und der Rest war Beute, die man zuordnen konnte. Ein toller Erfolg der Taucher, zu dem wir ihnen gratulierten.

Tag 4:

Mittags war eine Fußstreife zur Blauen Moschee, und zur Hagia Sophia, angesagt.

Danach – da allerdings stellte sich die türkische Führung etwas komisch an – sollte es zum Taksim-Platz gehen. Dort gab es im Moment sehr viele Veranstaltungen der Bürger und Gewalt war nicht ausgeschlossen. Wir richteten auf dem Platz zwischen den Sehenswürdigkeiten die Mikrophone und sprachen mit unseren Begleitern, die wir immer besser kennenlernen durften. Die Kollegen schilderten uns den Verlauf ihrer Dienste und einige pikante Einsätze. Und eines stand fest, die lokale Polizei wusste genau, wo es die besten Restaurants, die tollsten Diskotheken und die interessantesten Sehenswürdigkeiten gab. Von den Drogenumschlagplätzen und den Örtlichkeiten der Prostitution ganz zu schweigen. Insiderwissen halt. Wir waren mitten im Gespräch, ich erkundigte mich, wann und wo sie denn als Moslems im Dienst beten würden, als uns wieder eine Gruppe von deutsch–türkischen Touristen überraschte.

Es handelte sich um eine Reisegruppe aus Köln, die uns erkannte. Wir machten ein paar Selfies vor der Hagia Sophia und unterhielten uns. Auch das Wetter spielte mit und am Abend fuhren wir in ein schlichtes Restaurant, um zusammen zu essen. Was man uns dort aus Gastfreundschaft auftischte, war gar nicht zu schaffen, eine Vielfalt leckerer Speisen und süßer Nachtisch wurde serviert. So konnte man den Tag ausklingen lassen.

Tag 5:

Dieses Mal ging es zum neu eingesetzten Chef der Sondereinheit, hier ging es um die Bekämpfung der Drogenkriminalität und der Prostitution. Ein gut frisierter Kollege in ziviler Kleidung empfing uns in seinem neu eingerichteten Büro. An der Wand hingen die erzielten Erfolge der Einheit, die wohl in geraumer Zeit stattgefunden hatten. Er legte eine dünne Menthol-Zigarette beiseite, lächelte und sprach uns auf Deutsch an.

»Wie sagt man bei euch? Glück auf, glaube ich.

Herzlich willkommen, meine Herren. Ihr Ruf eilt Ihnen ja voraus und wir freuen uns, dass Sie uns hier mit der Kamera begleiten werden!«

Ich lächelte zurück und begrüßte ihn auf Türkisch. Ich fragte ihn, wo er so gut Deutsch gelernt habe, und er erzählte mir, dass er in der Nähe von Stuttgart groß geworden sei, die Schule dort beendet habe und hier in der

Türkei seinen Wehrdienst habe antreten müssen. Dann habe er zur Polizei gewechselt und dort Karriere gemacht.

Tolle Laufbahn, dachte ich. Wir bekamen eine Ehrenurkunde überreicht und stellten uns zum Gruppenbild auf.

Dann ging es zu einer Besprechung, es ging um Razzien in einem Gebiet, das abgerissen und neu aufgebaut werden sollte. Dort herrschten Drogenbanden, die man zerschlagen wollte. Der Besprechungsraum war voll und hier saßen nur die Gruppenführer der türkischen Einheiten. Dann ging es los. Ich wusste nicht, wie viele Kollegen im Einsatz waren und ob das alles für uns inszeniert worden war, aber manches kam mir komisch vor.

Da wurde eine Hundertschaft eingesetzt, inklusive dreißig Kräder, dazu mehrere Mitarbeiter vom Verkehrsdienst, die die Gegend absperren sollten, fünf Drogenhunde und etwa zwanzig weiter Männer in zivil. Da gab es Kolleginnen, die man mit Maschinenpistolen ausgestattet hatte, und mir fiel auf, dass sie sehr jung und vermutlich noch nicht lange im Dienst waren. Sie trugen die Waffen etwas zu locker und ungesichert, das war aber nicht so schlimm, denn sie hatten ja auch keine Magazine. Die Szenerie wirkte irgendwie gestellt, was sich auf Nachfrage auch bestätigte.

Am späten Nachmittag erreichten wir den alten Ortsteil, der dem Neubau weichen sollte. Dabei fuhren wir am Rohbau eines Fußballstadions vorbei, hier entstand die neue Vodafone-Arena, in welcher bei Fertigstellung Besiktas Istanbul spielen würde. In dem besagten Viertel wollten die Bewohner natürlich nicht aus ihren Wohnungen, also gab es eine vom Staat angeordnete Zwangsräumung. Man vermutete hier Drogen und eine hohe Kriminalitätsrate. Also zogen wir die Gegend auf links. Es sah hier aus, als hätte eine Bombe eingeschlagen. Der Bezirk war nach außen hin mit hohen undurchsichtigen Zäunen verdeckt. Man konnte nicht sehen, wer oder was sich dahinter befand. Die Kollegen fuhren über einen Zugang hinein, dort standen zerfallene Häuser, ohne Dach und ohne Stromversorgung. Auf der zerfurchten Straße spielten kleine Kinder im Müll.

Ältere Frauen saßen auf einer brüchigen Treppe und rauchten eine Wasserpfeife. Sie trugen dunkle Kopftücher und unsaubere alte Schürzen. Hier gab es Armut und Elend pur. Die Kollegen brauchten keine Türen einzutreten, denn es gab keine. Die Hundertschaft stürmte und nahm mehrere Personen fest. Dann zeigte man uns einen kleinen Drogenfund und eine Reihe Pistolen und Messern, die man bei der Durchsuchung gefunden hatte. Die Razzia war damit erfolgreich und wir verschwanden wieder.

Tag 6:

Früh am Tag wurden wir von der Wasserschutzpolizei abgeholt, sie wollten mit uns über den Bosporus fahren und uns eine Stelle zeigen, wo sich das Mittelmeer und Schwarzes Meer trafen. Dort sollte es Delfine geben.

Wir hatten Glück mit dem Wetter, der Tonmann verkraftete die Bootsfahrt und wir schipperten eine Weile vor uns hin.

Wir tauschten uns mit den Kollegen aus, die teilweise Deutsch sprachen. Fast jeder hatte irgendwie einen Bezug zu Deutschland. Beim Thema Fußball schieden sich auch hier die Geister. Der eine war Fan von Fenerbahçe, der andere liebte Besiktas und der Chef des Ganzen war Galatasaray-Fan. Hier in Istanbul hatte man vier oder fünf Clubs, die in der 1. türkischen Süper Liga spielten, da war der Konkurrenzkampf groß. Ich schaute auf das ruhige Meer und überlegte, was passieren würde, wenn ein Erdbeben diese Region ereilen sollte. Wir befanden uns in einem Krisengebiet und ein Beben war nach Berechnung einiger Experten überfällig.

In dieser Region schieben sich die eurasische und die anatolische Kontinentalplatte aneinander vorbei und die daraus entstehenden Spannungen entladen sich alle paar Jahrzehnte in einem Erdbeben.

Wir verbrachten einen ruhigen Vormittag auf dem Meer und sahen ein paar Delfine, die ihre Bahnen zogen. Zurück an Land tranken wir einen Kaffee und tauschten Adressen aus. Man wollte uns besuchen und deutschen Fußball sehen. Am liebste ein Derby wie Schalke gegen Dortmund.

Weil der Tourbus defekt war, wurden wir von einem gepanzerten Polizeifahrzeug zum Taksim-Platz befördert. Unsere weibliche Begleitung von der Pressestelle wirkte ein wenig angespannt. Es gab Demonstrationen, die Herr Erdogan nicht gerne sah. Wie war das mit der Meinungsfreiheit?

Ich erklärte ihr, dass wir eine Dokumentation über die vielfältige Arbeit der türkischen Polizei zusammenstellen und nichts Politisches aufzeichnen wollten. Sie seufzte erleichtert, stieg aus und besorgte für uns Kaffee. Auf dem Hinweg fiel mir eine dunkle Limousine auf, die uns verfolgte. Sie hielt am Seitenstreifen und zwei finster dreinblickende Herren in Zivil öffneten die Tür und kamen langsam in unsere Richtung geschlendert. Der Knopf im Ohr und die weiten Jacken, damit man Waffen darunter nicht sah, deuteten auf den türkischen Staatsschutz hin. Da lohnte sich doch ein kleiner Test und ich gesellte mich zu einer Gruppe, die eine Mahnwache abhielt, fragte nach einer Zigarette und behielt die Agenten im Blick. Der eine sprach in ein verdecktes Mikrophon und drehte sich etwas zur Seite. Ich dachte bis dato, die Polizei begleitete uns.

Ich tauchte in der Menge unter, umrundete die beiden, die plötzlich nervös wirkten, weil sie mich aus den Augen verloren hatten, und schlich mich an sie heran. Als ich aus dem Schatten heraus an sie herantrat, wurden sie fast ohnmächtig.

»Ihr könnt euch gerne zu uns stellen. Eure Kollegin besorgt gerade Kaffee und freut sich bestimmt, euch kennenzulernen. Die Crew und der Produzent natürlich auch.« Sie sahen mich verstört an, denn ich hatte ihre Tarnung auffliegen lassen.

Ich ging zurück zum Team und erklärte ihnen, dass die Experten vom Staatsschutz uns und ihre türkischen Kollegen beobachteten, meine Einladung, sich zu uns zu gesellen, aber ablehnten.

Tag 7:

Der letzte Tag in der Millionenstadt Istanbul begann, er gestaltete sich ruhig, sodass ich Zeit hatte, zum Galataturm zu gehen. Wir wollten zwar nachmittags den größten türkischen Basar besuchen, der in einer riesigen Halle stattfand, jetzt aber nahm ich mir die Zeit, um ein paar Souvenirs für die Lieben zu Hause zu besorgen. Eine Postkarte war schon unterwegs, vielleicht fand ich noch etwas Sinnvolles oder ein paar Magneten, die ich zu den vielen anderen an den Kühlschrank pappen konnte. Auf meinem Weg verirrte ich mich in ein Rotlichtviertel, aus dem ich zügig wieder verschwand. Nachmittags nahmen uns die Kollegen mit in eine riesige Markthalle, die mit Hunderten von türkischen Fähnchen geschmückt war. Wir schlenderten durch die Menge und ich wurde nervös, da ich solch Menschenansammlungen nicht mochte. Wo lauerte die Gefahr? Was war, wenn ein Anschlag passierte? Wo fand man die Fluchtwege? Um mich abzulenken, fragte ich einen der türkischen Begleiter, wo ich eine Jeanshose und andere Dinge, die ich aufgelistet hatte, kaufen konnte. Wir bummelten durch die Gänge und er übersetzte und verhandelte für mich, sodass ich einige Schnäppchen in Bezug auf Bekleidung, Goldschmuck und ein Original-Deutschlandtrikot mit Beflockung von Marco Reus machen konnte. Nun ging es zum Jeanshändler seines Vertrauens. Ich fragte mich, ob der Kollege Prozente bekam, wenn er Touristen herumführte, denn er kannte jeden Verkäufer und begrüßte ihn mit Küsschen und Handschlag. Wir gingen durch einen riesigen Jeansladen, bogen kurz ab und nahmen eine Treppe nach unten in das Kellergewölbe. Dort saßen in einem Vorraum zwei junge Männer, gut gekleidet, Wasserpfeife rauchend und Backgammon spielend an einem alten Holztisch. Ich ergatterte bei ihnen drei gut sitzende Hosen, dann ging es zurück zum Hotel.

Nachdem ich meine Einkäufe abgeliefert und mich für den Nachteinsatz umgezogen hatte, kam der Produzent zu mir.

»Wir fahren in wenigen Minuten mit dem Spezialkommando in einen Rotlichtbereich. Dort gibt es eine Diskothek, in der auch minderjährige Mädchen angeboten werden. Also bis gleich!«

Des Abends stellten wir uns verdeckt in ziviler Kleidung auf und warteten. Offensichtlich war die Diskothek noch nicht gut genug besucht. Die Klientel kam gegen Mitternacht.

In dieser speziellen Örtlichkeit wurden nach Angaben der Polizei Minderjährige aus den östlich liegenden Ländern angeboten. Hier sollten sich ebenfalls steinreiche Araber aufhalten, die sich der jungen Mädchen annahmen.

Ich wurde langsam müde, die Nachtschicht war nichts mehr für mich, da ging es dann plötzlich los und wir stürmten, an den wuchtigen Türstehern vorbei, in den Laden. Wir mussten eine große geschwungene Treppe passieren, um in die Katakomben zu gelangen. Dort ging das Licht an und wir sahen uns die Gäste genauer an. Ich hielt mich an den Kollegen, den ich etwas besser kannte, und begleitete ihn zu einem Tisch, an dem mehrere arabisch aussehende ältere Männer saßen. Sie waren mit weißen Oberhemden bekleidet, trugen Stoffhosen und jede Menge Goldschmuck. Auf ihren Schößen räkelten sich recht junge Mädchen, die die Herren offensichtlich später begleiten sollten. Eine der Frauen kam gerade unter dem Tisch hervor, wischte sich den Mund ab und steckte sich eine Zigarette an. Der aalglatte Typ schloss den Reißverschluss, küsste die Frau auf die Wange, sie drehte den Kopf weg und verhinderte so einen Kuss auf den Mund. Mein Kollege verlangte die Ausweise der dort anwesenden Damen und Herren und einer der Männer zückte sein Mobiltelefon, um vermutlich seinen Anwalt anzurufen. Während der Einsatzleiter vom Geschäftsinhaber angebrüllt wurde, die Türsteher sich gegenüber den einschreitenden Kollegen aufbauten und alle reichlich zu tun hatten, nahm ich mir erst einmal einen Schluck aus einer gläsernen Karaffe, die am Rand eines Tisches stand. Mir brannte der Mund vom scharfen Essen am Nachmittag. Ein junges Mädchen fing an zu weinen und bekam eine Ohrfeige von ihrem älteren dicklichen Begleiter, der ihr Vater hätte sein können. Nun fing das Gedrängel an, denn die Gäste wollten fluchtartig die Diskothek verlassen.

Einige Mädchen waren ganz abgebrüht, sie schminkten sich die Lippen nach und fingen an zu rauchen und zu essen. Die Minderjährigen und zwei Männer, die Drogen und Waffen dabei hatten, nahmen die Kollegen mit aufs Revier. Wir wurden nun herausgebeten und ich ging langsam zum Ausgang, wo sich eine Menschentraube gebildet hatte. Die Polizeiführung diskutierte mit den jeweiligen Geschäftsführern und es fanden sich zwei Anwälte der Araber ein, die sich über die Dreharbeiten beschwerten und veranlassten, dass wir die aufgezeichneten Bilder sofort löschen mussten.

Wir zogen von dannen und mein damaliger Mitstreiter zog verschmitzt die winzige Kamera aus dem Intimbereich, die ihm der Produzent zuvor gegeben hatte.

»Etwas Material habe ich sichern können«, sagte er und lachte, aber ob wir das überhaupt verwenden durften, blieb erst mal fraglich. Die Polizei hatte auf der Welt noch viel zu tun, um Prostitution, Drogen und Waffenhandel zu bekämpfen. Die antike und moderne Stadt Konstantinopel würde ich auf jeden Fall wieder besuchen, ich begegnete vielen Menschen, die sehr herzlich und gastfreundlich waren, und das werde ich nie vergessen.

Italien

Eine weitere Auslandsreise führte uns nach Palermo und anschließend zum Karneval nach Venedig. Die Hauptstadt der italienischen Insel Sizilien war berühmt für ihre Kathedrale sowie für den namhaften Bürgermeister Leoluca Orlando, von dem noch die Rede sein wird. Außerdem war Palermo für die mafiaähnlichen Strukturen und die geschäftigen Märkte wie den zentralen Straßenmarkt von Ballaro oder den Vucciria-Markt bekannt. Wir landeten nachts in Italien und belegten unsere Zimmer in einem schönen Hotel in der Nähe des Hafens. Eine frische Brise wehte mir um die Nase und während ich mir ein Glas Weißwein genehmigte, schaute ich mir die bunten Fresken an den Wänden und das marmorne Badezimmer an. Nach kurzem Schlaf ging es am frühen Morgen auch schon los. Wir trafen uns mit den italienischen Kollegen in einem kleinen Café am alten Hafen, sie waren unpünktlich und entschuldigten sich, da es im Büro zuvor noch etwas zu tun gegeben habe. Noch bevor wir den zentralen Straßenmarkt von Ballaro besuchten, um dort die Parkplatzmafia zu verfolgen, trafen wir einen der erfolgreichsten Sänger und Schauspieler Italiens, Adriano Celentano, mit dem wir ein Foto machen durften. Als wir daraufhin den besagten Parkplatz betraten, erkannte ich das Geschehen sofort. Aufgrund des enormen Parkplatzmangels und der vielen Autoaufbrüche und Diebstähle hatte es sich eine Gruppe Italiener zu eigen gemacht, den freien Parkraum zu vermieten. Und das ging so, eine Person nahm den Wagen samt Schlüssel entgegen und parkte diesen gegen Entgelt. Die Parker hatten somit die Gewissheit, dass sie kein Knöllchen und das Auto unbeschädigt wiederbekamen. Das war natürlich nicht erlaubt. Da das viele Geschäftsleute und Besucher der Stadt machten, kam einiges an Gebühren zusammen, die selbstverständlich nicht mit der Kommune abgerechnet wurden. Bei der Kontrolle des wilden Parkplatzes konnten die Polizistinnen und Polizisten dann eine Reihe von Spähern, Lockvögeln und Kontrolleuren festsetzen. Insgesamt hatte man mehrere Hundert Euro

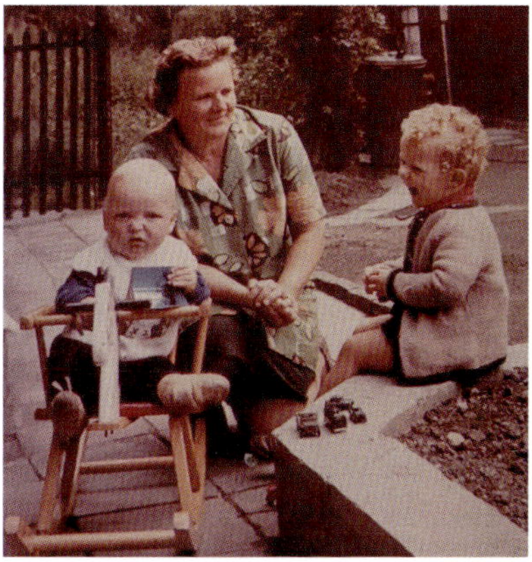

Ich bei meiner Oma Käthe (rechts)

Mein erster Schultag

Gran Canaria 1987

Familienessen

Sitzprobe auf dem BMW Polizeimotorrad

Auf dem Weg zum Strand in Kroatien

Sinieren auf dem Cadillac am Old Faceful in den USA

Probeliegen am Grand Canyon

Eines der letzten Fotos in alter Uniform vor der Wache Mitte

Mit der Kamera in der Türkei/Brücke Europa/Asien

Mit Poster vor unserem Wohnhaus in Solingen Ohligs

Toto & Harry

Baywatch in Miami

Wir fangen einen Alligator

Bei Harald Schmidt in der Sendung

In Uniform zu Gast bei Harald Schmidt

Poster Kabel Eins zur Sendung

Im Streifenwagen in Miami Beach

Jamaika ist eine Reise wert

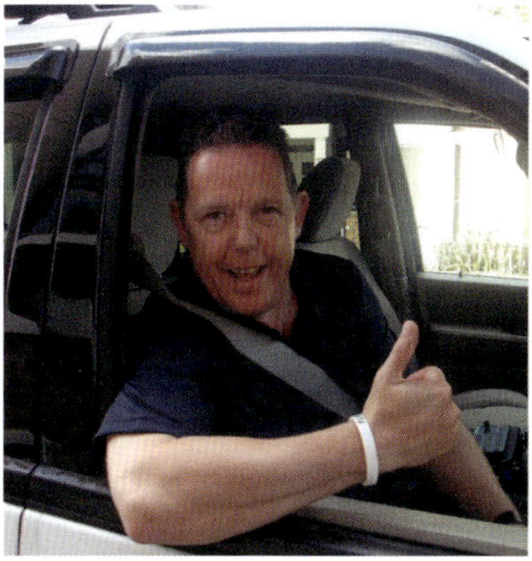

Ebenfalls Miami

Mit den Sat.1 Moderatoren/innen im Frühstücksfernsehen

Poster hängt bei Sony Pictures in Köln

Auf dem Quad am Strand Miami

Beachstreife

In der Türkei bei Freunden

Der Polizeichef erhielt einen warmen Pullover in Alaska/Anchorage

Mit dem Polizeichef Richard L. Sweet unterwegs

Training mit den Ausbildern einer Spezialeinheit

Zu Besuch bei den Kollegen/innen in Barcelona

Der Kollege mit der Mütze in Südafrika

Ehrung durch den Polizeichef von Coral Gables USA

Bewaffnete Begleitung auf den Weltmeeren in Asien

Mit dem Polizeichef in Istanbul /Türkei

Training mit dem Spezialkommando in Thailand

Mit der Metro Police in den USA auf Streife

Wildhüter in Südafrika

Blick über eine Favela in Brasilien

Auf der Brücke am Bosporus/Türkei

Immer wieder Training – dieses Mal SEK Thailand

Südafrika ist eine Reise wert

In Alaska war es verdammt kalt – Schlittenhundefahrt

In Texas gabs einen Cowboy Hut Stetson

Stock Car Rennen Gruppenfoto mit Stefan Raab

Büffelstreife in Brasilien

Störtebecker gibt es auch in der USA

Ein guter alter Streifenwagen der amerikanischen Polizei

Vor der Moschee Sultan-Ahmed in Istanbul

Verkleidung im Karneval von Venedig

Pocher and friends gegen FC Bayern München 2009 mit Bushido

Der Kapitän der deutschen Fußballnationalmannschaft P. Lahm erobert mein Trikot

Mit Markus Krebs wieder mal ein Späßchen gemacht

Tag der Sicherheit in Essen mit Marco Brandes, Peter Althof und dem Polizeipräsidenten Essen Frank Richter v.l.

In Dortmund unterwegs

Die Serie »Heldt« war ein Erfolg auch in Bochum

Unterwegs mit Lothar Matthäus

Ein guter Freund aus Köln: Nick Hain besuchte mich auf der Polizeiwache

Mit Rea Garvey beim Frühstücksfernsehen

Auf dem Balkon

Im Gespräch mit Oskar Lafontaine

und fast zwanzig Autoschlüssel beschlagnahmt. Die Täter und die Autofahrer bekamen eine Anzeige. Danach gingen wir auf den Markt. Ich habe selten so viel Obst, Gemüse und Fischstände gesehen. In den engen Gassen gab es tolle saubere Verkaufsstände und die Marktschreier boten ihre Waren feil. Ich kaufte mir ein paar salzig eingelegte Fische und etwas Obst. Unterdessen kontrollierten unsere Kollegen die einzelnen Stände auf den Abstand zum Gehweg und zu den anderen Marktständen, was aber alles der Ordnung entsprach. Am nächsten Tag fuhren wir morgens mit einer Pferdekutsche zum alten Hafen. Auch dort warteten wir wieder einige Zeit auf die Kollegen. Dies Mal ging es für uns in einen verdreckten heruntergekommenen Vorort der Stadt. Die Polizei wollte dort ein Grundstück räumen. Der Besitzer hatte die Frontseite des Hauses vermüllen lassen, sodass sich dort schon die Ratten tummelten. Man rückte mit einer ordentlichen Kavallerie an, und ich dachte mir, dass es bestimmt erheblichen Widerstand geben würde, dem war aber nicht so. Die Bagger und Lkws räumten den gesamten Müll weg, der Verantwortliche bekam eine Anzeige, und der Einsatz konnte friedlich beendet werden. Das Highlight in Palermo ereignete sich am nächsten Tag. Wir hatten eine Audienz bei dem berühmten Bürgermeister der Stadt, der heute noch in Amt und Würden ist. Er empfing uns in seiner Residenz, die auf einem Hügel errichtet worden war. Bei tollem Sonnenschein schritten wir durch die Vorhalle des Hauses, an den Wänden hingen zig Gemälde der verantwortlichen, ehemaligen Bürgermeister. Dann betrat der Mafiajäger die Räumlichkeiten. Er begrüßte uns – und führte die gesamte Unterhaltung auf Deutsch.

Chapeau, mein Herr. Er wollte die Infrastruktur der Stadt verbessern und den Kampf gegen die Clans der Mafia wieder aufnehmen. Das war, wie bekannt, in Italien ein gefährliches Unterfangen und manchmal endete die Jagd auf diesen Personenkreis auch mit dem eigenen Tod, wie es dem berühmtesten Mafiajäger Giovanni Falcone passiert war.

Nach einem tollen Aufenthalt und guten Gesprächen ging es mit dem Flieger ab nach Venedig.

Venedig

Ich sage nur: Wenn die Gondeln Trauer tragen!

Wir hatten Pech mit dem Wetter und das in dieser schwimmenden Stadt, die auf mehreren kleinen Inseln in der Adria-Lagune erbaut worden war. Und das auch noch zur Karnevalszeit. In unserem zugewiesenen Hotel betrachtete ich ein byzantinisches Mosaik, welches den Eingang verzierte. Hier gab es Kultur pur. Ich wollte mich kurz auf die dortige Mauer setzen, als mich die eintreffenden Kollegen sofort ermahnten. In Venedig durfte man weder auf Brücken, in Gassen oder auf Denkmälern sitzen oder liegen. Das würde die eh schon überfüllten schmalen Wege blockieren. Außerdem musste ich mir anhören, dass das Essen oder Trinken auf dem Boden verboten war, damit wollte man verhindern, dass man Venedig zumüllte. Da hätten sich die Kollegen lieber mal um die dreckigen Kanäle kümmern sollen, es konnte einer Stadt auch nicht guttun, wenn auf ca. 240.000 Einwohner etwa 20 Millionen Touristen kamen, die die Gegend verunreinigten.

Nachdem ich das dann gelernt hatte, machten wir eine ruhige Gondelfahrt. Der Gondoliere schipperte mit uns zum Markusplatz, wo wir die Besucher und fliegenden Händler beobachten wollten. Außerdem sahen wir uns nebenher einige Paläste der Renaissance und der Gotik an. Hatte eigentlich Julius Cäsar je diese Stadt besucht? Das würde mich wirklich interessieren. Ich wollte mir gerade meinen Pullover abstreifen, da schüttelte der Carabinieri den Kopf. Auf dem Markusplatz durfte man nicht mit freiem Oberkörper umherlaufen und in den Palästen musste eine lange Hose her.

»Was ist hier denn eigentlich nicht verboten?«, fragte ich den italienischen Kollegen, mit dem ich heute noch in Kontakt stehe, und er zeigte auf ein kleines Restaurant am Canal Grande. Hunger hatte ich immer und so betraten wir mit unserer Gruppe die Lokalität. Die Begrüßung fiel herzlich aus, wir setzten uns an einen Tisch und erwarteten die angeblich leckersten Pizzateige der Welt. Der Inhaber hatte augenscheinlich ein Faible für seine Teige, er testete uns und versuchte einige Kombinationen der Mehle und Gewürze, wir verkosteten verschiedene Sorten, und ich musste gestehen, dass ich noch nie in meinem Leben solch unschlagbare Pizzateige verzehrt hatte. Danach tranken wie einen Grappa und einen starken Espresso, bevor wir zurückfuhren. Nachdem wir an der Hotelbar noch einen Absacker getrunken hatten, konnte ich vom Genuss des Teiges kaum schlafen.

Nach einem Kaffee am nächsten Morgen ging es für uns weiter in die Schaltzentrale Venedigs. Im Operation Center begrüßten uns unsere Begleitungen. Der Kollege, mit dem ich mich am besten verstand, deutete auf die zahlreichen Bildschirme, die in der Zentrale hingen. Sie zeigten die akut gefährdeten und besonderen Orte Venedigs. Wir sahen die Rialto-Brücke, einige mit Touristen überfüllte Plätze, und wenn etwas Verdächtiges festgestellt wurde, gaben sie es über Funk an die Zivilstreifen vor Ort weiter, sodass man die Täter stellen konnte. Es war wie im Kino.

Plötzlich wurde Alarm ausgelöst und man zeigte auf eine Personengruppe, die ihre Plagiate auf einer Brücke feilboten. Die Kollegen in Uniform rannten sofort los und wir folgten ihnen, wir passierten einen Ausgang, liefen ein kurzes Stück durch eine Gasse und siehe da: Wir waren bereits vor Ort, denn hier war tatsächlich alles fußläufig erreichbar. Zivile Polizeikräfte hatten schon mehrere Personen festgehalten, doch ein stämmiger Täter löste sich aus der Umklammerung einer Beamtin und rannte genau auf mich zu. Da ich ja nicht dienstlich werden durfte und ich nicht wusste, was ich machen sollte, drehte ich mich einfach weg. Damit rechnete der Läufer nicht und lief direkt in mich hinein. Die Kollegin legte ihm Handschellen an und lächelte: »It also works like that« – so gehts auch. Die Polizei nahm etliche Personen vorläufig fest und beschlagnahmte einige Plagiate, zumeist Handtaschen, Modeschmuck, Turnschuhe und Bekleidung. Alles keine Originale. Der Wert: mehrere Tausend Euro. Die Truppe verabschiedete sich daraufhin, da sie die Berichte des Einsatzes fertig schreiben mussten, wir spazierten durch die engen Gassen und besorgten uns Masken sowie Umhänge für den Karneval. Dann erwischte mit Montezumas Rache. Was hatte ich mir denn am vorletzten Tag eingefangen? Während ich mit Salzstangen, Cola und Magentee auf dem Zimmer blieb, konnten die anderen aus meiner Gruppe wenigstens den Karneval in Venedig erleben. Also muss ich wohl noch mal dorthin. Nach eineinhalb Tagen ging es mir wieder besser und wir traten den Rückflug nach Deutschland an.

Australien, Brisbane 2015

Ein heißer Wunsch von mir war es, dass wir einmal die Kolleginnen und Kollegen in Australien besuchen durften. Nach einer Zeit der Vorplanung flogen wir nach dem Frühdienst mit einer holländischen Airline zunächst nach Dubai. Dort hatten wir mehrere Stunden Aufenthalt, sodass wir uns kurz ein paar Eindrücke von der Stadt machten und den Rest der Zeit in der dortigen Heineken-Bar verbringen konnten. Wenn man so lange mit dem Flugzeug unterwegs war, ich hatte meine Arthrosestrümpfe an und trug einen Schal um den Hals, verlor man komplett das Zeitgefühl. Nach circa sechsundzwanzig Stunden Flugzeit inklusive Pause landeten wir endlich in Brisbane. Als wir es durch den Zoll geschafft hatten, begaben wir uns in Richtung Innenstadt, welche auch die Hauptstadt des Bundesstaates Queensland war. Morgens um 8.30 Uhr lagen die Temperaturen schon bei über 30 Grad. Die Hitze traf uns wie ein Hammerschlag.

Nach einer kühlen Dusche sahen wir uns die Story Bridge an, die über den Brisbane River führte. Vorher hatten wir uns mit Sonnenmilch Schutzfaktor 50 eingerieben, damit wir keinen Sonnenbrand bekommen würden. Selbst ich trug eine Kappe, um meinen Kopf zu schützen. Als wir aus den Hochhäuserschluchten traten und an der Anlegestelle der Eagle Street auf dem Polizeiboot Platz nahmen, wehte uns ein frischer Wind entgegen. Die Kolleginnen und Kollegen begrüßten uns sehr freundlich, denn sie mochten uns deutsche Cops, weil ihre Vorfahren aus Frankfurt stammten und sie vor ein paar Jahren das Land besucht hatten. Wir verständigten uns mit Händen und Füßen und schipperten über das ruhige Wasser. Nach einigen Stunden Bootsfahrt erreichten wir eine wunderbare Tauchstelle, die sich ins offene Meer schlängelte, an der lagen havarierte Schiffe auf Grund. Ein echtes Tauchparadies, das Wasser war kristallklar und ich wäre gerne mit Tauchen gegangen, wenn meine Trommelfelle nicht durch viel Schießtraining beschädigt gewesen wären. Das Team, welches wir begleiteten, kontrollierte einige Wasserfahrzeuge, denn auch auf denen wurde Party gemacht und viel Alkohol getrunken.

Insgesamt hatten wir aber keinen Grund zum Einschreiten.

Plötzlich kam ein Einsatz rein – andere Kollegen brauchten Unterstützung. Auf dem Wasser trieben Speedboote ihr Unwesen, die zu nahe an der Küste vorbeifuhren. Da wir angeblich das schnellste Polizeiboot besaßen, steuerten wir die angegebene Richtung an, doch weit gefehlt, denn als wir mehrere dieser rasanten Boote sahen, winkte die Kollegin ab. So flott waren wir wohl doch nicht. Am Abend tuckerten wir gemütlich zurück und gönnten uns ein kleines Bierchen für den Geschmack, bei den Preisen in Australien trank man nicht so viel wie in Europa. Am nächsten Morgen, ich hatte mir doch einen leichten Sonnenbrand eingefangen, hatten wir das Vergnügen, Gold Coast, eine Stadt an der Südostküste von Queensland, besuchen zu dürfen. Ein breit ausgelegter Strand erwartete uns, aber das war nicht die eigentliche Überraschung. Denn hier gab es die Gruppe der Beach Girls, die nur mit einem Bikini bekleidet waren und den auswärtigen Gästen mit Kleingeld für die vorhandenen Parkuhren aushalfen, damit es kein teures Knöllchen gab. Das wurde von der einheimischen Kommune geduldet und sogar gefördert, denn wer hier zu Besuch war, sollte sich wohlfühlen und nicht immer zum Automat laufen müssen, um Geld nachzuwerfen.

Wir schlenderten mit zwei der Mädchen über die Cavill Avenue zu einem Fototermin mit der regionalen Zeitung. Nach ein paar Bildern und einem Interview für die Presse fuhren wir weiter zu einem neuen Polizeistützpunkt. Beim Eintreffen erinnerte mich das Ambiente an eine Rennstrecke mit Tribüne und Umkleideräumen. Und so war es auch. Dort übten die Schutzleute den Streifenwagen zu fahren und sie machten hier zahlreiche Übungen, damit man den Wagen vor allem bei einer Verfolgung beherrschte. Wir durften auch einige Runden drehen und ich wollte natürlich zeigen, was ich drauf hatte. Schade um den linken Außenspiegel, den ich an einer Absperrung abfuhr, ich war zu weit von der Fahrbahn abgekommen. Die Kollegen lachten und ich lächelte mit. Am nächsten Tag sollten wir einige der gefährlichsten Tiere Australiens und der Welt kennenlernen. Es war ein wirkliches Abenteuer, eine Tarantel krabbelte über meine Hände und man legte mir eine vier Meter lange Würgeschlange um Schultern und Hals. Sie war kräftig gebaut, wie ich halt, bestand aber im Gegensatz zu mir aus Muskelfleisch. Sie drückte zu und fühlte sich scheinbar wohl, bis der Tierpfleger mir half, sie abzunehmen. Nachmittags besichtigten wir einen großen Park. Ich wunderte mich über die Herden kleiner Kängurus, die sich dort seelenruhig aufhielten und grasten. Man konnte das mit Hasengruppen, die sich bei uns im Stadtpark tummelten, vergleichen. Auf der von uns besuchten Tierstation durfte ich ein gerade geborenes Kängurujunges auf den Arm nehmen, das war ein tolles Gefühl, wenn da nicht der sprechende Graupapagei gewesen wäre, der in einer Tour pfiff. Wir fragten unsere Begleitung, wo sich denn die erwachsenen Kängurus aufhielten, und wurden am späten Nachmittag mit ihnen belohnt. Australien zu besuchen, ohne das Wahrzeichen zu sehen, wäre doch fatal. Wir erreichten eine Wohnsiedlung und schlichen uns an eine Gruppe der größeren Tiere heran. Ich konnte zunächst nicht unterscheiden, was ein Männchen oder welches ein Weibchen war, bis ich mich kurz in die Büsche begab, um ein kleines Geschäft zu erledigen. Ich war fast fertig, als sich vor mir etwas bewegte und ein Muttertier samt Nachwuchs im Beutel vor mir stand. Das Jungtier sah mich interessiert an, das Weibchen aber hob die Fäuste. Ich befand mich durch diese Spannung kurz vor der Ohnmacht, denn das Tier war genauso groß wie ich und wirkte nicht besonders gut gelaunt. Auf einen Boxkampf hatte ich ja gar keine Lust, also schlich ich mich langsam aus seinem Territorium. Das war knapp.

Zum Abschluss unserer Australienreise gingen wir gemeinsam Streife durch die gut besuchte Innenstadt. Zwischen den Häuserschluchten trafen sich Menschen aus der ganzen Welt.

Es war für mich eine traurige Feststellung, dass die Polizei hier die gleichen Stresssituationen hatte, die wir aus Europa kannten. Denn der Drogenhandel, die Junkies, Obdachlosigkeit und Alkoholprobleme schienen sich auch im schönen Australien nicht in Luft aufzulösen. Zum Ende der Reise wurde ein Abschiedsfoto gemacht, und die Kolleginnen und Kollegen teilten uns mit, dass sie uns in Deutschland besuchen kommen wollten. Viel Spaß beim Langstreckenflug!

Südkorea

Wie wir wissen, wird der nördliche Teil der koreanischen Halbinsel von Kim Jong-un beherrscht, auf der anderen am stärksten militarisierten Seite liegt Südkorea, das einen Präsidenten hat, der in der Hauptstadt Seoul regiert.

Nach etwa vierzehn Stunden Flug landeten wir abends auf der Halbinsel und bezogen in Seoul ein Hotel. Die Menschen dort waren sehr freundlich und unterstützten uns bei all unseren Belangen. Von den tollen und bekannten Kirschbäumen sahen wir wenig, einige buddhistische Tempel gab es zu bestaunen und ein Wolkenkratzer reihte sich an den anderen. Abends bummelten wir durch die Hauptstadt, um ein paar Bier zu trinken. Von überall strahlten uns grelle Werbeplakate an, die einen ganz kirre machten. Wir fanden ein Restaurant und aßen vorab Chicken Wings, dann wurden mehrere Pitcher, zwei Liter Bier im Behältnis, bestellt, sodass wir direkt auffielen. Ein Kellner kam auf uns zu und zeigte auf eine asiatische Gruppe, die uns wohlgesonnen zuprostete. Im Anschluss schlenderten wir müde zurück zu unserem Hotel.

Am kommenden Morgen durften wir die Reiterstaffel und die Motorradstaffel besuchen, es wurde zu einer Zeremonie und man stellte uns alle anwesenden Kollegen vor.

Es folgte eine Streifenfahrt, ich quetschte mich in einen schmalen Beiwagen und wir fuhren gemächlich durch die Innenstadt. An manchen Stellen winkten uns die Einheimischen mit deutschen Fähnchen zu, was ich nicht als Zufall abtun konnte. Nachmittags wurden wir von einer recht jungen Fußstreife der Präsenzstreife begleitet. Wir schlenderten über die vollen Märkte und sahen uns die zahlreichen Waren an. Es gab bunte Gewürze, Gemüse und Fleisch, welches einfach ohne Kühlung aufgetischt worden war, und Fisch wie Oktopus oder Makrele. Wir schritten weiter voran, das nächste Ziel war der U-Bahn-Bereich – die Seoul Metro hatte die saubersten Stationen, die ich je gesehen hatte. Der Streifenführer teilte uns mit, dass im Land Drogen und Waffen verboten waren. Fast wie bei uns, sagte ich zu einem der Dolmetscher, der uns von koreanischer Seite gestellt worden war. Nun hieß es für uns eine Grillparty szenisch aufzuzeichnen. Der Übersetzer stand am Grill und erklärte uns, was es alles zu essen gebe, während ich, der Älteste in der Runde, bestimmen durfte, was und wie viel getrunken wurde und wer am Ende die Rechnung dafür übernahm. Ich habe dann natürlich die Schlagzahl erhöht: Verneigen-Prost-Verneigen-Prost. Das Ende vom Lied: Unser Dolmetscher musste von seiner Ehefrau abgeholt werden, er schwankte wie ein altes Segelschiff. Und der Produzent war sauer auf mich, weil der Dreh abgebrochen werden musste.

Abends genehmigten wir uns trotzdem noch ein paar Bierchen und dann ging es ab ins Bett. Tags darauf fuhren wir in eine Sportakademie, in der wir eine Karategruppe, die für Olympische Spiele, Weltmeisterschaften und Wettkämpfe gedrillt wurde, besuchten. Es waren nur Talente und auserwählte Schülerinnen und Schüler anwesend. Da ich in meiner Zeit als Vereinspräsident einen Budosportclub geleitet hatte und dort ebenfalls einer Karategruppe beiwohnte, fiel mir das kurze Training nicht schwer. Es wurde anders trainiert als in Europa. Die Chance, ein besseres Leben zu führen, ging über den Hochleistungssport. Mittags aßen wir eine Portion Fisch und Nudeln, da erschütterte eine Sirene die Stadt. Ich dachte schon, dass Nordkorea angreift, es war aber eine ganz normale alltägliche Übung. Die Menschen sollten sich selbstständig, vernünftig und geordnet in den U-Bahn-Bereich begeben und dort auf Weiteres warten. Nach dem Schrecken durften wir mit der U-Bahn in einen Außenbezirk fahren, um dort einen berühmten Tempel mit einem hohen buddhistischen Geistlichen zu besuchen. Das Gebäude war toll geschmückt und zahlreiche Menschen standen davor, spendeten, was sie besaßen, oder beteten innig. Da die Hälfte der koreanischen Bevölkerung buddhistisch war, gab es viele Mönche und einen von ihnen durften wir kennenlernen. Er hatte ein Gewand an und strahlte über beide Wangen, als er uns sah. Wir wurden zum Tee eingeladen und konnten Fragen stellen. Es war sehr heiß in dem Raum, wir hockten auf den Knien und der Toningenieur wurde fast ohnmächtig, denn er musste die ganze Zeit die Mikrophonangel über den Mönch halten, damit die Aufzeichnung klappte. Eigentlich hätte man das Interview nach fünf Minuten beenden können, da er immer das Gleiche auf verschiedene Fragen antwortete – Körper und Geist gehörten zusammen. Das Wichtigste im Leben sei, dem achtfachen Pfad zu folgen und die Grundregeln des Buddhismus zu beachten: Güte, Barmherzigkeit, Freundlichkeit und Milde. Er lebte die Philosophie des Konfuzius, der ein chinesischer Philosoph zur Zeit der Östlichen Zhou-Dynastie gewesen war. Erschöpft fuhren wir mit einem Taxi zurück ins Hotel und ließen die Reise in einem Pool über den Wolken im siebzehnten Stock ausklingen. Natürlich mit einem Pitcher mit 1,89 l Bier.

Südafrika

Nur eine Zeitzone Unterschied und schon war man am südlichen Zipfel Südafrikas. Die Hafenstadt Kapstadt an der Südwestküste wurde vom beeindruckenden Tafelberg dominiert. Leider konnten wir ihn nicht besichtigen, da das Wetter während unseres Aufenthalts gegen uns war. So widmeten wir uns dem viktorianischen Teil des Hafens und den vielen Museen, die es dort gab. Ich hatte selten so einen krassen Unterschied zwischen Arm und Reich und so viel skrupellose Kriminalität gesehen. Ich war nach dem Dreh froh, dass ich unbeschadet zurückfliegen konnte. Auf der anderen Seite war es ein wunderschönes Urlaubsland, wenn man sich an die Regeln hielt. Nach der Ankunft hatten wir also noch etwas Zeit zum Bummeln und besuchten den viktorianischen Hafen, in dem große Yachten und Segelboote vor Anker lagen. Nachdem wir uns die Georgia, ein kleines im Hafen liegendes Kriegsschiff, angesehen hatten, genehmigten wir uns im Touristenbereich ein kühles Bier und ließen so den Tag ausklingen. Am nächsten Morgen beim Frühstück wurde der Drehtag besprochen. Da wir witterungsbedingt nicht auf den Tafelberg konnten, wollten wir die Polizeiwache besuchen und darauf folgend mit den dortigen Kollegen Streife fahren. Auf der Hinfahrt kamen wir an einem der Drehorte der »*Game of Thrones*«-Serie vorbei, hier wurde also die Homeland-Staffel vier gedreht. Schade, dass wir die Studios nicht ansehen konnten. Auf der Wache angekommen fiel mir im Frontbereich ein runder Tisch auf, auf dem eine große Anzahl Verhütungsmittel zur freien Verfügung lagen. Als ich den uns begleiteten Police Officer dazu befragte, verwies er auf die in Cape Town stattfindenden Vergewaltigungen und sexuellen Übergriffe gegen Frauen und Mädchen. So bot man die Verhütungsmittel zum Schutz vor Schwangerschaften und Geschlechtskrankheiten an. Ich schüttelte irritiert den Kopf.

Ich kam ins Grübeln und setzte mich mit dunklen Gedanken in einen der Streifenwagen, wir wollten mit den Kollegen in die Townships fahren, um Taxis zu kontrollieren. Da es keine Nahverbindung gab, strukturierten viele Leute ihren Kleinbus um und bauten mehrere Sitze ein, um auswärtige Arbeiter und Passagiere zu transportieren. Dafür nahmen sie unversteuertes Fahrgeld, da sie ja nicht offiziell in der Kommune angemeldet waren. Auf dem Weg dorthin bekamen wir einen Einsatz, um die ortsansässige Feuerwehr zu unterstützen. In einer Township brannten ein Autoreifen und ein mehrstöckiges Wohnhaus. Bei unserem Eintreffen bot sich ein katastrophales Bild, wie aus einem apokalyptischen Kinofilm. In der Mitte der schlecht geteerten Straße steckten gerade ein paar Jugendliche einen Autoreifen an, andere brannten schon lichterloh. Es hatte sich eine Ansammlung von Menschen gebildet, die die Täter anfeuerten. Die Feuerwehr konnte die Löschfahrzeuge nicht nahe genug an den Brandherd heranfahren, weil der zuständige Hydrant zerstört worden war. So mussten sie die Schläuche länger verlegen. Die Polizisten sprangen aus den Streifenwagen und beschützten nun die Feuerwehrleute sowie deren Fahrzeuge.

Im Nachhinein klärte man uns auf, denn die Täter steckten absichtlich etwas in Brand. Wenn dann die Löschfahrzeuge eintrafen und nicht gesichert waren, wurden die Teile und Utensilien aus den Fahrzeugen gestohlen.

Auf der Rückfahrt fuhren wir auf eine große Zubringerstraße, um endlich die privaten Taxis zu kontrollieren. Die Kolleginnen und Kollegen bauten eine provisorische Kontrollstelle auf und fischten sich mehrere Autos aus dem fließenden Verkehr. Ich hob die Augenbrauen, als aus einem rostigen SUV elf oder zwölf Personen ausstiegen. Für sie war die Fahrt hier zu Ende. Der Kollege riss eine improvisierte Sitzgelegenheit aus dem Fahrzeug, während ein anderer den Fahrer beschimpfte und die Personalien aufnahm. Als ich ihn auf sein emotionales Verhalten ansprach, erzählte er mir, dass er die Tage einen schweren Unfall habe aufnehmen müssen, bei dem mehrere Personen – darunter zwei Kinder – tödlich verunglückt waren. Auch dieser Bus war überfüllt und die Insassen nicht richtig gesichert gewesen. Als wir die Kontrolle beenden wollten, erklang über Funk eine hektische Stimme. Im Nachbarviertel hatte es unter rivalisierenden Banden eine Schießerei gegeben. Also ab in den Streifenwagen und mit Sonder- und Wegerechten in die Township.

Dort angekommen war die Lage schon bereinigt, der dortige Einsatzleiter schilderte uns, dass zwei verfeindete Gangs aufeinander geschossen hätten. Es gebe nur eine angeschossene Person, die aber zum Sachverhalt nichts sagen wollte. Aufgrund der Ereignisse saß unser sechsköpfiges Drehteam noch lange im Hotel zusammen und diskutierte über das Geschehen.

Der nächste Tag, ich roch trotz einer langen Dusche immer noch nach verbranntem Gummi, wollten wir Muscheltaucher abfangen, die an der Küste illegal nach jungen Muscheln tauchten, um diese dann gewinnbringend zu verkaufen. Ich genoss die Fahrt, vor allem weil wir am WM-Stadion Green Point vorbeifuhren, in dem einige Spiele der Fußball-Weltmeisterschaft 2010 stattgefunden hatten. Nun lag es brach, da der Ortsverein das Sportstadion nicht weiter finanzieren konnte. Die Wasserschutzpolizei nahm uns auf und der Kapitän schüttelte skeptisch seinen Kopf, es sollte an der Küste unruhiges Wasser geben, sodass wir selbst keine Taucher rausschicken konnten. Die Täter tauchten meist ohne Sauerstoffgeräte und hielten es mehrere Minuten unter Wasser aus. Es war verboten, junge Muscheln zu pflücken, da sie sich noch entwickeln und vermehren sollten. Also bestiegen wir auf Geheiß des Produzenten die Nussschale und fuhren bei heftigem Wellengang los. Der Kapitän kannte sein Revier, und seine Skepsis bewahrheitete sich, kurzum, alle haben sich übergeben, nur ich blieb verschont. Die Kamera bekam etwas ab und nahm Schaden, wir wurden nass bis auf die Knochen und der Produzent war an diesem Tag nicht mehr zu gebrauchen. Der Dreh war hier zu Ende. Und die Täter haben wir natürlich auch nicht erwischt. Der nächste Tag sollte besser verlaufen, da wir im Nationalpark auf eine Safari eingeladen waren. Mit einem erfahrenen Scout machten wir uns auf die Reise. Alle Einnahmen, so war zu hören, wurden zum Schutz der Tiere reinvestiert, geschossen wurde nur in Notwehr.

Nachdem wir in einer Holzhütte übernachtet hatten, durften wir während des Frühstücks bei der Fütterung der Wildtiere zusehen.

Man hatte ihnen eine Futterstelle eingerichtet und gab nur so viel Futter, dass alle satt wurden. So war es den Rangern auch möglich, die verschiedenen Arten zu zählen und zu beobachten. Da jede Tierart unterschiedlich Futterzeiten hatte, waren nie alle gemeinsam an der Stelle. Ich kam mit dem fotografieren gar nicht mehr nach, denn wenn man schon einmal Zebras, Büffel, Strauße, Antilopen und andere Wildtiere vor die Linse bekam, musste man die Erinnerung daran verewigen.

Mittags bestiegen wir einen großen Doppeldeckerbus. Ich fragte den Scout, warum der Bus hier in der Wildnis so mächtig und hoch sei. Dieser lächelte nur und antwortete:

»Das wirst du später schon merken. Setz dich mal lieber nach oben.« Ich war gespannt. Die erste Runde drehten wir durch ein unwegsames Gelände, während unser Begleiter vieles über den Nationalpark erzählte. Mit der Zeit verspürte ich einen gewissen Druck auf der Blase und bat darum, austreten zu dürfen.

»Geh hier rechts hinter den Busch und pass auf die Schlangen auf«, lachte der Scout und mir wurde es etwas flau im Magen.

Als ich so weit war, drehte ich mich um und sah erstaunt nach oben, vor mir stand eine fünf Meter große Giraffe. Sie schien genauso verdutzt wie ich, denn so eine Gestalt hatte sie hier offensichtlich noch nie zu Gesicht bekommen. Ich bewegte mich langsam in Richtung des Busses und sah, wie sie einfach weiter Nahrung aufnahm. Puh, das war geschafft, also ab nach oben in den Bus. Wir fuhren an einem Grenzzaun entlang, er musste dort stehen, da sich nicht alle Wildtiere miteinander verstanden und es natürlich Wilderer gab, die auch in diesem riesigen Gebiet jagten und die Lebewesen abschlachteten. Die Jagdschützer konnten so ein weitläufiges Areal nicht komplett überwachen. Und da sahen wir auch schon ein Nashornpaar, die immer Opfer wurden. Ich wunderte mich, dass sie keine Hörner mehr hatten, und fragte nach. Die Wildhüter beschnitten sie, denn das Horn wuchs langsam nach. Somit waren die Tiere für die Wilderer unbrauchbar und sie bleiben am Leben. Dann zeigte er uns eine Stelle, an der man die Nashörner nicht stören sollte, er deutete auf einen großen Haufen ausgeschiedenen Grases. Das hier war ihre Toilette.

Plötzlich mussten wir zurück zum Bus, denn sie hatten uns durch den drehenden Wind gewittert und wurden unruhig und sauer. Geraden saßen wir auf unseren Plätzen, da kamen die beiden, die eben noch friedlich gegrast hatten, auf uns zu.

Zweieinhalb Tonnen geballte Kraft schlugen nun gegen das Gefährt, sodass es bedenklich wackelte. Das war wohl die Rache der Tiere, ihre Handschrift – Ihr habt an dem Ort nix zu suchen! Hier konnten wir also nichts mehr ausrichten und fuhren zurück ins Camp.

Ich machte es mir in der Pause auf einer Liege gemütlich, als ich ein komisches Geräusch hörte, ich drehte mich um und sah dann, woher es kam. Eine riesige Schildkröte hatte das Bedürfnis, unter einem Weidezaun hindurch zu schlüpfen. Da sie aber zu groß war, blieb sie mit ihrem Panzer stecken und kam nicht mehr vor oder zurück. Ich versuchte, ihr zu helfen, sie herauszuziehen und zu retten, aber es klappte einfach nicht, weil sie zu schwer für mich war. Ich bat um Unterstützung und mit drei Männern konnten wir sie endlich aus ihrer misslichen Lage befreien. Nach einem schnellen Selfie ließen wir sie in die Freiheit zurück.

Am Abend gab es am Lagerfeuer gegrilltes Fleisch und ich wollte gar nicht wissen, was es war …

Am nächsten Morgen standen wir früh auf, geplant war ein weit entferntes Resort zu besuchen, um mit Haien zu tauchen. Zunächst sollte ich den Kameramann eincremen, er hatte sich bei der Safari verbrannt und musste ja gleich die schwere Kameraausrüstung tragen. Nach einer mehrstündigen Fahrt kamen wir im dortigen Hafen an und stiegen auf ein Schnellboot um. Auf hoher See warfen wir den Anker und zogen uns Taucheranzüge an. Da ich der größte Happen für die Haie gewesen wäre, verblieb ich an Bord und der Dünnere, mein damaliger Drehpartner, sollte in den Käfig. Zunächst wollte man die Haie mittels Köder an das Schiff locken. Dazu beugte sich ein Begleiter über die Reling und warf etwas Großes, es sah aus wie ein zerbrochenes Surfbrett, auf das Wasser, dass es nur so klatschte. Nach kurzer Zeit hatte sich auch schon ein circa fünf Meter langer Hai unserem Boot genähert. Der Drehpartner befand sich nun in einem stählernen Käfig und konnte mittels Taucherbrille das Tier genau beobachten. Nur der Begleiter, der den Köder warf, war etwas zu übermütig und wollte wohl für das Drehteam eine besondere Show bieten. Und das gelang ihm auch, da er fast über Bord gegangen wäre, wenn ich ihn nicht gerade noch am Anzug packen und wieder zurück auf das Boot hätte ziehen können.

»Am Abend gebe ich dir einen aus«, versprach der Mann, der ziemlich blass geworden war, und ich nickte ihm zu.

Wir sahen uns weiter die Haie an, die sich jetzt um das Boot versammelt hatten, und fuhren dann über glänzendes Gewässer in Richtung Hafen.

Ein dunkles Kapitel erlebten die Crew und ich, als wir mit einer Spezialeinheit ein illegales Bordell hochgehen lassen wollten. Dort sollten Frauen aus aller Herren Länder zur Prostitution gezwungen werden. Man hatte den Tipp von einer drogenabhängigen ehemaligen Hure erhalten, die man zuvor festgenommen hatte. Sie erhoffte sich durch ihre Information Vorteile bei ihrer Verurteilung und gab der Polizei wichtige Hinweise. Sie hatte aus dem besagten Haus flüchten-, und sich in die Innenstadt Kapstadts absetzen können. Dort hatten sie die zivilen Streifen beim Dealen und Anschaffen erwischt. Da sie auch noch vorbestraft war und sich um ihre 7-jährige Tochter kümmern musste, die in einem Kinderheim untergebracht worden war, sollte ihre Strafe so gering wie möglich ausfallen. Also trafen wir uns in der Dämmerung mit dem SWAT- und mehreren Streifenteams. Die Kolleginnen und Kollegen machten eine Dienstbesprechung und wurden eingeteilt, sodass jedes Einsatzteam genau wusste, was zu tun wäre. Wir planten, von zwei zugänglichen Seiten an das freistehende Einfamilienhaus heranzuschleichen und dann auf Kommando zuzuschlagen. Wir bekamen eine schusssichere Weste ausgehändigt, die ich mir rasch überstreifte, und ich dachte über die Frage nach, ob denn auf uns geschossen werden würde? Dann ging es ab in den gepanzerten Wagen, der auf der Hinfahrt ganz schön rumpelte, sodass dem Produzenten ein wenig schlecht wurde, aber er überstand die Fahrt und war voller Erwartung. Eine Straße weiter hatte man sich auf einer größeren Lichtung getroffen, nun näherte man sich dem Zielobjekt, indem man sich mit zwei Gruppen des SWAT-Teams heranschlich. Wir anderen folgten mit Abstand und warteten auf das Kommando des Teamleiters, bis die Situation sicher wäre. Nach kurzer Zeit war die Position eingenommen und los ging es. Wir hörten, wie Türen mit den Rammen aufgemacht wurden und wie Blendgranaten flogen, dann wurde gestürmt. Nach einer Weile bekamen wir grünes Licht und durften mit den Streifenteams die Örtlichkeit betreten. War schon mal gut, dass keiner auf uns geschossen hatte. Ich glaubte nicht, dass für die Zuhälter oder Täter hier eine Chance bestanden hätte. Nun sahen wir uns das unscheinbare Haus von innen an. Man reichte mir eine Taschenlampe, da kaum Licht vorhanden war und die Kameralampe nicht ausreichte.

Aus dem Bereich der beiden Eingänge zerrte man etwa dreißig Männer in Handschellen aus dem Haus und warf sie flach auf den Boden, sie wurden in zwei Gruppen aufgeteilt. Ich tippte auf fünf Zuhälter, die anderen waren Freier. Warum die Teams sie so hart anpackten, erklärte sich, als ich das Haus mit dem Kameramann betrat. Über einen hölzernen Laufsteg erreichte man den Hintereingang, vermutlich hatte hier ein Wachposten gestanden, es musste ein Kennwort mitgeteilt werden und dann bekam man Einlass. In einem zwanzig Quadratmeter großen Raum befanden sich vielleicht dreißig zusammengepferchte, blutjunge Frauen, die den Freiern zum Sex angeboten wurden. Sie waren spärlich bekleidet, eine Frau trug ein Kleinkind auf dem Arm. Zwischendurch sei zu erwähnen, dass eingesetzte Rettungskräfte sich um die Frauen kümmerten und diese zur Behandlung in ein nahegelegenes Krankenhaus brachten. Natürlich unter Polizeischutz. Hier ging man so vor, dass der Freier sich eine Frau aussuchte und mit dreißig Euro an den Zuhälter bezahlte. Gemeinsam wurden sie zu vorhandenen Verrichtungsboxen geführt, um dort Sex zu haben. Man muss sich das so vorstellen, dass man einen hölzernen, mit einem Sperrriegel versehen Verschlag öffnete, das Opfer sich hineinlegte, diesen Kasten aber nicht mehr selbstständig verlassen oder öffnen konnte. Der winzige Raum bestand praktisch nur aus einer am Boden liegenden verdreckten Matratze ohne Bettzeug. Der Freier begab sich dann zu einer der festgehaltenen Frauen, legte sich dazu und vergewaltigte oder misshandelte sie. Und in vielen Fällen hatten sie ungeschützten Sex. Ich habe ja von dem Tisch mit den Verhütungsmitteln berichtet, von den Boxen gab es hier etwa zwanzig Stück.

Der gesamte Zustand des Hauses war heruntergekommen und sehr dreckig. Es gab nur eine defekte Toilette, es stank überall nach Fäkalien und verfaulten Lebensmitteln. Es gab lediglich zwei Waschgelegenheiten mit kaltem Wasser. Eine verdreckte Küche sorgte dafür, dass die zur Zwangsprostitution gezwungenen Frauen etwas zu essen und zu trinken bekamen. Nachher wurde uns mitgeteilt, dass sie aus der Stadt verschleppt worden waren: Aus Diskotheken mit K.-o.-Tropfen oder vom Straßenstrich weggeholt, wo sie eigenes Geld verdienen wollten, um die Familien zu versorgen. Man nahm ihnen hier die Ausweise ab, damit sie nicht flüchten konnten, und das verdiente Geld ging an die Zuhälter. Bei den späteren Ermittlungen kam heraus, dass ein hochrangiger Polizist sich hatte bestechen lassen, sodass die Übeltäter in Ruhe ihre Geschäfte erledigen konnten, er wurde ebenfalls von den Kollegen verhaftet. Auch stellte man fest, dass die Geschädigten sich mit Hepatitis, AIDS und anderen Geschlechtskrankheiten angesteckt hatten. Während die misshandelten Frauen, sie waren teilweise geschlagen und ohne Kondom vergewaltigt worden, nun in die Krankenhäuser kamen, legte man die Täter mit fixierten Händen nebeneinander auf den Boden. Dann wurde jeder Einzelne gründlich durchsucht. Man fand Bargeld, Drogen und teuren Schmuck, der vermutlich aus einem Diebstahl stammte. Diese persönlichen Dinge oder Beweismittel wurden eingetütet und nummeriert. Anschließend führte man die Männer ab. Bevor man sie dem Haftrichter vorführte, kamen sie für einige Tage in Polizeigewahrsam. Je nach Tat steckte man sie zu Recht für Jahre hinter Gitter und die dortigen Gefängnisse waren mit denen in Deutschland nicht zu vergleichen. Nachdem der Einsatz zu Ende war, stellten wir uns abseits an die Straße und qualmten eine Zigarette. Selbst die Nichtraucher rauchten aufgrund der Erlebnisse mit, und es kreiste eine Flasche Wodka, die der Tonassistent besorgt hatte. Ich schaute den Kameramann an, der mit mir und dem Produzenten in dem Haus gewesen war.

»So etwas habe ich noch nie gesehen, Toto. Es war schrecklich, was die mit den Frauen, zumeist noch im Teenageralter, gemacht haben. Abartig!« Der Produzent war kreidebleich und redete vor sich hin:

»Wir haben jetzt gerade so viel dunkles Material gedreht, das reicht locker für drei Folgen. Aber das kann ich dem Zuschauer und der Drehgesellschaft gar nicht anbieten. Das würde die Menschen überfordern«, sagte er und verschwand im Streifenwagen. Die Rückfahrt verlief schweigend.

Trotz allem war es in Südafrika ein tolles Erlebnis und ich komme bestimmt noch mal dorthin zurück. Wenn man sich an die Regeln der Großstädte hielt, nachts im bewachten Hotel blieb und sich für wilde Tiere interessierte, dann war man dort genau richtig. Die Südafrikaner versuchten die bedrohten Tierarten mit allen Mitteln zu erhalten und dabei konnte man sie unterstützen. Und die tolle Safari ohne Schießerei machte auch Spaß. Danke an die Giraffe und die Schildkröte.

Miami Beach

Unsere erste große Reise für den Sender Kabel 1 ging in den Süden Floridas, wo wir die weiten Strände und die Everglades erkunden sollten. Das Police Department von Miami freute sich schon, da viele Kolleginnen und Kollegen in Deutschland geboren worden waren oder durch die Stationierung der amerikanischen Soldaten dort Verwandte hatten. Außerdem planten wir, Hollywood zu besuchen und die Biscayne Bay mit dem Boot zu erkunden. Bei wechselhaftem Wetter erreichten wir den dortigen Airport. Ich trug unter der Jacke ein VfL-Bochum-Trikot und in meinem roten Koffer durfte die Deutschlandfahne nicht fehlen. Drei Dinge, mich auf allen Reisen begleiteten und beschützten. Auf der Fahrt ins Hotel, wir hatten eine schöne Unterkunft in Coral Gables erwischt, stellte ich fest, dass an jedem öffentlichen Gebäude und vielen privaten Häusern die amerikanische Flagge gehisst worden war. Der Nationalstolz hier war sehr ausgeprägt. Wir erreichten das Hotel, bezogen die Zimmer und ruhten uns aus. Am kommenden Morgen ging es mit dem Drehteam zum Miami Police Headquarter, um unsere Begleitungen zu treffen.

Der Sender erlaubte sich natürlich wieder einen Scherz, indem er uns durch die amerikanischen Begleiter stoppen ließ. Da wir einen Mietwagen fuhren, staunten wir, als hinter uns die Sirene ertönte und wir an den Seitenstreifen fahren sollten, um kontrolliert zu werden. Als uns dann auch noch eine Polizistin in deutscher Sprache ansprach und uns maßregelte, war die Überraschung perfekt.

Im Hauptquartier angekommen bestaunten wir in der Eingangshalle die Belobigungen und guten Taten der dortigen Polizei. Eine andere große Tafel stimmte uns traurig, dort las man die Namen sämtlicher Polizistinnen und Polizisten, die im Dienst getötet worden waren, eine ganze Menge, wie wir betrübt und erschüttert feststellen mussten. Jeder aus dem Berufsfeld war hier froh, wenn er in einem Staat mit vielen privaten und offiziellen Waffen lebend die Pensionierung erreichte. Sie waren bei der Kommune angestellt und konnten nach zwanzig oder dreißig Jahren in den Ruhestand gehen. Ganz anders als in Deutschland. Als ich dem Chef, den wir später trafen, erzählte, dass ich seit fünfunddreißig Lebensjahren bei der Polizei war, verzog er das Gesicht und fragte, warum ich denn nicht längst in Rente sei. Ich erklärte es ihm und zuckte mit der Schulter. Nach kurzer Zeit empfing uns der Polizeichef von Coral Gables und überreichte uns eine Willkommensurkunde, was uns sehr ehrte. Danach ging es für uns auf Streife. Erst einmal fuhren wir mit der Kollegin Lisa, die uns im Mietwagen angehalten hatte, in die dortige Bucht. Wir bestiegen ein Polizeiboot und schipperten durch den Hafen ein Stück weit die Küste entlang. Sie zeigte uns das Naturschutzgebiet und die Häuser der Reichen, die nur über Wasser oder Hubschrauber zu erreichen waren. Außerdem schilderte sie, dass die Wohnresorts in diesem Viertel streng überwacht wurden. Man musste den Ausweis an einem mit Schranken bewachten Einlass vorzeigen und wurde vom Sicherheitsdienst kontrolliert.

Auf dem Rückweg fuhren wir an einer ziemlich großen Yacht vorbei. Die *NEVER SAY NEVER* wurde in einem James-Bond-Film als Requisit benutzt und lag nun hier im Hafen.

»Kann ich mir nicht leisten«, warf ich ein und war nun auf die dunkle Seite Miamis mit all den Junkies und Drogenschmugglern gespannt. Nach einem kurzen Mahl aus Pommes und Fisch fuhren wir an eine weiter entfernte Ecke des Strandes von Miami Beach. Das Erste, was mir auffiel, war die Sauberkeit vor Ort. Die Kolleginnen und Kollegen hatten alles im Griff, zumal auf dieser Seite der Küste vielfach Rentner und Pensionäre lebten oder zu Gast waren. So sauber war selten ein Strand und das Streifefahren machte Spaß.

Bei zehn Stunden täglichem Dienst durfte man zwei davon für Sport verwenden. Sie konnten Segway oder Quad fahren, trugen schicke Uniformen und hatten es mit dem braveren Bürger oder Touristen zu tun.

»Was kontrolliert ihr denn hier eigentlich?«, fragte ich in die Runde.

»Man darf am Strand nichts wegwerfen, keine Tiere mitbringen und keinen Alkohol trinken«, wurde mir geantwortet.

Die Aufgabe war sicher nicht leicht, dachte ich und fuhr mit dem Quad weiter über den breiten und ausladenden Küstenstreifen. Wir stellten für das Fernsehen eine Szene aus Baywatch nach, indem wir unsere roten Badehosen trugen und ein Rettungsbrett mit ins Wasser nahmen. Wir machten eine Rettungsübung, wobei ich etwas Meerwasser schluckte. Gar nicht so einfach im offenen Meer, dachte ich und freute mich schon auf eine kalte Cola am späten Nachmittag.

Im Restaurant, wo wir mit dem gesamten Trupp zu Abend aßen, unterhielt ich mich eine Weile mit dem Polizisten, der als Sniper/Scharfschütze zwanzig Jahre in der Armee und in mehreren Kriegen im Einsatz gewesen war. Die Soldaten, die lebend aus den Gefechten zurückgekommen waren, wurden gerne von den Kommunen verpflichtet, da sie etliche Voraussetzungen für den Polizeidienst erfüllten. Seine Ausführungen und Schilderungen aus dem Irak/Iran und aus Afghanistan klangen beängstigend und erschütternd und er schilderte uns, dass viele Menschen gestorben seien und dass die, die zurückkehrten, vielfach einer psychologischen Betreuung bedurften. Nun war er bei der Hollywood Police gelandet und freute sich seines Lebens.

Die nächsten Tage klarte das Wetter weiter auf, sodass es richtig viel Sonne gab und wir mit dem Sheriff des Monroe Countys auf das Polizeiboot konnten. Nach Anlegen einer Rettungsweste setzten wir ein Basecap zum Schutz vor der Sonneneinstrahlung auf und dann ging endlich los. Wir schipperten die Küste entlang und hatten Glück, dass das Wasser ruhiger war als noch in Südafrika, wo einiges über Bord ging. Der Sheriff wollte uns in der Bucht Schnellboote, die kontrolliert werden sollten, zeigen, außerdem hielt man die Fischerboote an und ließ sich deren Ausrüstung sowie den vorhandenen Fischfang nachweisen. Es war nicht alles erlaubt beim Fischefangen und viele Bootsinhaber nahmen es mit dem Alkohol auch nicht sehr genau. Trunkenheit am Ruder!

Nachdem wir etliche Boote überprüft hatten, waren wir erstaunt, wie freundlich die Menschen blieben, und die Kontrollen verliefen allesamt positiv. Betrunken war am Mittag auch noch keiner.

Unerwartet hörten wir ein lautes Geräusch und sahen in der Ferne mehrere Speedboote, die sich ein Rennen lieferten. Der Versuch, sie anzuhalten, funktionierte aufgrund der PS der Schnellboote natürlich nicht.

Abends besuchten wir mit unserer Begleitung ein berühmtes Lokal, das *Bubba Gump Shrimp*, bekannt aus dem tollen Film *Forrest Gump* mit Tom Hanks. *All- you- can- eat* war genau das, was ich jetzt brauchte.

Am Wochenende darauf waren wir mit der Crew auf dem berühmten Hollywood Boulevard in Miami, wo wir uns zahlreiche Sehenswürdigkeiten anschauten. Wir saßen in einem Restaurant am Beach und schauten uns das Treiben an den Stränden an. Ein netter Ausklang.

Am nächsten Tag ging es in die Everglades, um die dortigen Tiere zu bewundern, und das sorgte für eine Überraschung. Mit einem Tierfänger fuhren wir in ein benachbartes Viertel, weil ein Alligator einen Haushund gefressen hatte. Der Hausinhaber rief die Polizei und die den Tierretter. Ich schreibe extra Retter, da die gefangenen Reptilien, die zu Tausenden in die Pools und Gärten der Wohnhäuser eindrangen, nicht getötet wurden. Man fing sie ein, um sie dann auf eine Tier- oder Alligatorenfarm zu bringen. Dort sterilisierte man sie und wenn sie bereits tot waren, endeten sie selbst als Futter.

Wir schlichen also in einen der Gärten und am Einsatzort lag auch schon das Krokodil auf der Wiese und wirkte satt vom Fressen. Wir begaben uns hinter den Alligator, der außerhalb des Wassers lange nicht so schnell und früher erschöpft war. Der Fänger führte eine Schlinge um das Tier, sodass wir uns auf den Alligator stürzten und ihn fesseln konnten.

Danach hoben wir ihn an und legten ihn auf die Ladefläche des Transporters.

Ich war nassgeschwitzt vor Anstrengung und Angst. Nach diesem tollen Erlebnis – wir machten natürlich noch ein paar Fotos mit unserem Fang –

fuhren wir zurück in die Stadt, um den letzten Tag der Reise zu genießen, bevor es am Abend noch mal auf Streife mit einem SWAT-Team ging. Sie hatten mehrere Personen observiert, die mit größeren Mengen an Drogen handelten, und wollten nun zuschlagen.

Zunächst zeigte man uns stolz die gepanzerten Fahrzeuge, die wir so in Deutschland nicht kannten. Aber auf uns wurde ja auch nicht jeden Tag geschossen. Der Gruppenführer fuhr mit uns zu seinem Waffenshop, den er mit einem anderen Kollegen führte. Dort gab es alle möglichen Waffen, die mir Angst machten. Traurig, dass sich die amerikanische Polizei so aufrüsten musste, um ihren Dienst zu machen. Sie schauten jeden Tag dem Tod ins Auge. Mal sollte noch mal genau über das Waffenrecht in den USA nachdenken. Dazu mehr im Kapitel »Texas«. Nachdem wir die schweren Waffen, darunter auch Kriegswaffen, automatische und halbautomatische Gewehre, anschauen und anfassen durften, ging es weiter in die Nähe des Einsatzortes. Wir hielten uns mit den zivilen Beamten verdeckt auf, und es war auch für uns deutsche Kollegen echt spannend, solch einen Einsatz begleiten zu dürfen.

Nach einer kurzen Observation ging es los. Ich erschrak direkt, obwohl ich ja eigentlich wusste, was kommen sollte. Ein SWAT-Team näherte sich dem betreffenden Objekt, eine Ramme zerstörte die Eingangstüre, während auf der rückwärtigen Hausseite Scheiben zerbarsten und einige Rauchgranaten eingesetzt wurden. Dann stürmte das Team in das Haus und nahm alle Personen fest, die sich dort aufhielten. Bei den Verdächtigen handelte es sich zumeist um Puerto-Ricaner, die dort eine Drogenhöhle aufgebaut hatten. Dort wurde gepflanzt, produziert und verkauft. Den eingesetzten Kollegen passierte nichts und sie stellten sich stolz und vermummt zu einem Gruppenfoto vor dem immensen Drogenfund auf. Für sie ein ganz normaler Arbeitstag in Miami Beach.

Jamaika

Nach fast fünfzehn Stunden Flugzeit kamen wir in der Karibik an. Wir wollten die Insel der berühmten Menschen wie Bob Marley und Usain Bolt sehen, die Jamaika mit geprägt hatten. Außerdem interessierte mich der Unterschied zu den anderen Zielorten, die ich in meinem Leben schon besucht hatte, wie Haiti oder die Dominikanische Republik. Endlich kamen wir durch die Zollkontrolle, wir mussten ja immer auf unsere beiden Mitstreiter, den Kameramann und den Ton-Ingenieur, warten, deren Equipment geprüft wurde. Vor allem die mitgeführte Drohne erhielt besondere Beachtung. Wir begaben uns zu einer Wechselstube, denn man konnte den Jamaika-Dollar nur hier vor Ort erwerben und man durfte die Währung auch nicht außer Landes führen. Also tauschten wir unsere Euros gegen die landesüblichen Zahlungsmittel und fuhren zum Hotel. Da wir von einem Fahrer abgeholt wurden, konnten wir uns auf der Anfahrt vom Flughafen Kingston zum Resort mit ihm unterhalten. Es stellte sich heraus, dass er ein Mittelsmann zwischen den einzelnen ausländischen Dreh- und Fernsehteams sowie der örtlichen Polizei war. Er besaß wohl Sonder- und Wegerechte und benutzte sie auf der Fahrt, mir wurde ganz anders, denn ich saß ja nicht am Steuer und er fuhr ziemlich flott. Ein leichtes Gespräch begann, als er uns über unsere Kenntnisse zu Jamaika befragte. Ich sang eine kurze Strophe des Liedes *Sweat* der Band *Inner Circle* und er stimmte mit ein. Ich berichtete ihm, dass ich bestimmt neunhundert Schallplatten besaß, einige von dieser Gruppe und natürlich etliche von Bob Marley. Er lächelte nur und meinte nebenbei:

»Treffer mit Inner Circle. Ich heiße Charles Farquharson und war Keyboarder bei der Band von 1973-82. Ich habe auch mit Bob M. gespielt und im Moment habe ich ein Tonstudio in den USA, wo ich Talente fördere und mich weiter um Musik kümmere. Außerdem begleite ich euch hier auf Jamaika mit zur Polizei. Mich kennen sie hier gut und haben Vertrauen.«

Das würde ja ein geiler Urlaub werden, dachte ich und lächelte. Als wir das Hotel erreichten, kontrollierte uns ein Angestellter an einer Schranke.

»Sicherheit geht vor«, meinte Charles, »unseren ausländischen Freunden soll ja nichts passieren. Jamaika ist auch gefährlich. Ihr werdet es erleben.«

Wie Recht er damit hatte, bekamen wir einige Tage später noch zu spüren. Nachdem wir die Zimmer bezogen hatten, fuhren wir mit Charles zum Polizeirevier.

Wir wechselten rasch die Kleidung, denn es war sehr heiß auf Jamaika, und schon ging die wilde Fahrt durch die Stadt los. Rücksichtnahme wurde hier anders interpretiert. Ich war schweißgebadet, trotz Klimaanlage. Der Polizeichef der Wache begrüßte uns überschwänglich und wir plauderten ein wenig. Offensichtlich war auf dem Inselstaat alles No Problem. Wir würden sehen. Nachmittags machten wir bei einer Verkehrskontrolle mit. Das Erste, was bemerkt wurde, waren mehrere Jugendliche, die auf dem Mittelstreifen Hanf abschnitten. Man erntete Gras, das fast überall wuchs.

Wie es im Prospekt beschrieben stand: Jamaika, die grünste Insel der Karibik, herrliche Wasserfälle, die schönsten Lagunen und das beste Marihuana. Frei nach dem Motto: Entscheidest du dich für den Konsum, genieße es verantwortungsbewusst. Die eingesetzten Kollegen schienen nicht ganz so motiviert, sie hielten aber trotzdem ein paar Autos an. Es handelte sich um Fahrzeuge, die es bei uns niemals über die TÜV-Prüfung geschafft hätten. Da fehlte das Licht, dort eine Radmutter, man fuhr mit drei Personen auf alten rostigen Zweirädern und offensichtlich waren einige Fahrer, durch Drogen oder was auch immer, leicht angeschlagen. Wichtig war aber, dass niemandem etwas passierte. Andere Länder, andere Sitten. Ich beobachtete derweil ein paar Kinder und Jugendliche, die auf einem nebenan gelegenen Acker ein Fußballspiel austrugen. Sie hatten riesige Freude, lachten und spielten fair. Was mir auffiel, war, dass einige gar keine Schuhe anhatten und der Fußball sehr alt war und eine ovale Form hatte.

Auch war der zu bespielende Boden schlecht. Das hieß, es war nicht überall Gras, sondern der Platz hatte mehrere Löcher aufzuweisen. Ein Tor war mit Mühe zusammengezimmert und es wirkte etwas kleiner als das auf der anderen Seite. Das schien die Jungs aber nicht zu stören, sie waren vollkommen ins Spiel vertieft.

Am Abend nach den Kontrollen fuhr uns Charles, mit dem ich heute noch Kontakt habe, zurück und wir gingen zum Essen. Eine Streife begleitet uns, die uns bewachte und uns nicht aus den Augen lassen sollte. Wir wollten natürlich das Jerk Chicken sowie die Baumfrucht Akee probieren, die hier lokale Speisen waren. Außerdem einen Schluck Jamaika Rum. Wir wurden in einen abgegrenzten Bereich gebracht und die Kollegen blieben am Schlagbaum in ihrem Auto und kontrollierten mit dem dortigen Sicherheitsdienst die Gäste, die auch hineinwollten. Es war ein sehr beliebter Ort der Jamaikaner und wir hatten viel Spaß. Es gab leckeres Essen zu im Hintergrund laufender Reggae-Musik. Bob Marley wurde hier rauf und runter gespielt. Charles setzte sich zu uns und erzählte von seiner Musikkarriere und von der einzigartigen Familie Marley, die er fast alle kannte. Nachdem uns die Kollegen wieder ins bewachte Hotel gefahren hatten, stieg mir aus dem Nebenzimmer ein gewisser süßlicher Geruch in meine empfindliche Nase. Da würde doch wohl niemand von unserer Crew einen Joint …? *Morgen früh hake ich da mal vorsichtig nach*, nahm ich mir vor. Nach dem Frühstück wollten wir mit Charles nach Ocho Rios fahren, da dort heute ein großes Kreuzfahrtschiff anlegen sollte. Mehrere Tausend Passagiere durften dann für kurze Zeit einen Stadtbummel machen, um sich tropische Früchte einzuverleiben, Souvenirs zu kaufen, sich die River-Falls-Wasserfälle anzuschauen und sich vermutlich beklauen zu lassen. Denn auf die Ankunft der Touristen warteten nicht nur wir, sondern auch die Taschendiebe. Man hatte mehrere Zivilstreifen eingesetzt und zeigte uniformierte Präsenz, damit nicht allzu viel passieren würde, denn der Tourismus war eine wichtige Einnahmequelle für die dort lebenden Menschen. Der Tag war heiß, die Kolleginnen und Kollegen erwischten drei Taschendiebe, die man sofort abführte. Wir aßen ein paar tropische Früchte und hielten uns weitgehend im Schatten auf. Am späten Nachmittag konnten wir uns die Wasserfälle anschauen und uns ein wenig abkühlen. Im Verlauf des Tages befragte ich unsere Crew nach dem Marihuana-Geruch, den ich abends im Hotelzimmer bemerkt hatte. Man antwortete mir salomonisch, dass man das Zeug zum Kiffen offenbar am Tor des Schrankenwärters beziehen konnte und man auch dort den Geruch wahrgenommen hatte. Aber roch es nicht fast überall auf der Insel so? Später fuhren wir dann nach Kingston in die Innenstadt.

Gerade als wir uns verabschieden wollten, bekamen die Kolleginnen und Kollegen einen Einsatz: Ein Taxifahrer wurde ganz in der Nähe überfallen. Drei Heranwachsende hatten sich auf die Rückbank des Taxis gesetzt und überfielen den Fahrer, indem sie ihm mit einer Pistole drohten und seine Geldbörse forderten. Danach schlugen sie ihn auf dem Kopf und flüchteten zu Fuß.

Beim Eintreffen kümmerte sich eine kleine ältere Dame um den Mann und drückte ihm einen Verband auf die Wunde.

Sie schilderte uns, dass sie ebenfalls vorne im Taxi gesessen hatte, als der Überfall geschah. Die Heranwachsenden seien in den Wagen gesprungen, hätten den Taxifahrer bedroht und das wenige Fahrgeld an sich genommen. Dann schlugen sie ihn und liefen zu Fuß weg. Sie selbst wurde von den Jugendlichen nicht bemerkt, da sie sich ruhig verhalten und auf dem Sitz zusammengekauert hätte. Auf die Frage des Produzenten, ob sie keine Angst verspürt habe, meinte sie nur:

»Der liebe Gott hat mich beschützt. Meine Zeit ist noch nicht gekommen.«

Während der Befragung baten wir die Kollegen, einen Krankenwagen für das Opfer zu holen. Die Wunde am Kopf musste versorgt und genäht werden.

»Dafür kommt hier kein Rettungswagen, da muss der Fahrer schon selbst in die Klinik«, antwortete man uns. Und so endete dann auch der Abend.

Am nächsten Morgen wachte ich verschnupft auf. Ich konnte die Klimaanlage nicht vertragen, hatte dicke Augen und Halsschmerzen. Trotzdem musste es ja weitergehen. Charles stand schon bereit und wir fuhren zu einem anderen Revier, wo uns ebenfalls ein Polizeichef erwartete.

Man riet uns, eine lange Hose anzuziehen, was bei so einem Empfang üblich sei. Nach kurzem Prozedere, Chef und Stellvertreter schienen nicht ganz einig, was sie uns zeigen oder wie sie uns beschäftigen sollten, ging es am späteren Abend für uns zur Fußstreife. Und zwar mit einem stadtbekannten einheimischen Kollegen, der schon ziemlich lange im dortigen Revier Streife lief. Wir waren einverstanden und nach einem kurzen Besuch in einem Usain Bolt Restaurant fuhren wir mit Charles in die belebte Innenstadt. Es dämmerte schon, als wir an einem Brunnen auf den stadtbekannten Kollegen warteten. Dieser kam fast unbemerkt auf zu uns. Da er wirklich dunkel wie die Nacht war, ich hatte im Leben noch nie einen Menschen mit so dunkler Hautfarbe gesehen, konnte er sich unauffällig nähern. Er grinste uns mit blendend weißen Zähnen an und sprach:

»Ich schleiche wie eine Raubkatze, ich weiß. Habt keine Angst.«

Dabei nahm er unseren Charles in die Arme, den er, wie es sich später herausstellte, schon jahrelang kannte. Mir fiel auf, dass James eine lange Narbe auf der rechten Gesichtshälfte hatte, sie ging bis über sein Auge, was ihn aber offensichtlich nicht beeinträchtigte. Er trug einen hölzernen Knüppel, der mit einer Schlaufe am Gürtel befestigt war. Ein Funkgerät auf der anderen Seite der Koppel rauschte.

»Und ihr seid also aus Germany und ebenfalls Polizisten. Deutschland kenne ich vom Oktoberfest, das ich mal besucht habe, und natürlich vom Fußball, ihr seid ja gerade wieder Weltmeister geworden. Wir auf Jamaika können schnell Laufen und Viererbob fahren«, er grinste höflich.

»Lasst uns eine Runde über den Markt und durch die kleinen Gässchen drehen, damit ihr Kingston richtig kennenlernen könnt.«

Wir schlenderten mit ihm über den Marktplatz, unterhielten uns und jeder, den wir trafen, grüßte ihn freundlich. Nach kurzer Zeit erblickten wir zwei Verdächtige, die sich an einem Stand aufhielten, der mit etlichen Videofilmen beladen war. Der Verkaufsstand war selbst zusammengebaut worden und die Filme wurden zum Verkauf angeboten. Als sie uns sahen, versuchten sie schnell zusammenzupacken, um abzuhauen. Bei der Kontrolle stellte sich heraus, dass sie keinerlei Standgebühren bezahlt hatten und dort Raubkopien, zumeist handelte es sich um Sexfilme, verkauften. James rief einen Streifenwagen, der die beiden mitsamt den Filmen aufs Revier bringen sollte. Wir drehten weiter unsere Runden und unterhielten uns über die verschiedenen Kulturen, die uns geprägt hatten. Es war spannend, mit anzuhören, wie James sich hier durchgesetzt hatte und so ein glückliches Leben mit seiner Familie führen konnte. Nun würde er bald verdient in Rente gehen. Als wir schon fast an der Polizeiwache waren, fielen mir die zwei Verdächtigen von vorhin wieder auf, die mit einer großen blauen Tüte die Wache verließen. Das ging aber schnell, dachte ich mir, aber Hauptsache die Anzeige gegen sie war raus. Die meisten Leute hier steckten in der Armut fest und versuchten sich mit kleinen Verkäufen oder Nebenjobs über Wasser zu halten, um ihre Familien zu versorgen. Zu essen gab es genug, sah man sich nur den Markt oder die Straßenstände an, die tropisches Obst feilboten.

Und das wurde ja auch von den Touristen gut angenommen. Außerdem kauften die Hotelketten bei den Einheimischen und alles in allem war JAMAIKA, NO PROBLEM.

Wir hatten nur noch drei Tage vor uns und wollten natürlich weiter mit Charles und den Kollegen Streife fahren. Wir schauten uns vormittags die verschiedenen Stadtbezirke an und konnten mehrere Stunden am Strand verbringen, da wir erst wieder abends unterwegs sein sollten. Praktisch war, dass wir vom Hotel nur über die Straße gehen mussten, um an den feinsten Sandstrand zu gelangen, den ich je gesehen hatte. Als ich zu Hause in Deutschland die Fotos davon zeigte, meinte man, ich hätte Postkarten abfotografiert. Das bewachte Strandareal wurde von Palmen umsäumt und war picobello sauber. Dafür sorgten einige Einheimische und natürlich die Besucher selbst, die ihren Müll auch in eine der Mülltonnen warfen. Es gab zwei Bars, in denen man etwas essen und Longdrinks genießen konnte. Das türkisblaue Wasser lächelte einen an und lud zum Schwimmen von einem hölzernen Steg aus ein, der ins Meer führte. Was für ein Anblick. Ich legte mich auf mein Badetuch – natürlich in den Landesfarben von Jamaika – und ließ meinen Gedanken freien Lauf.

Resümee: tolle Strände, eine wunderschöne Landschaft, arme, aber glückliche Menschen, eine eigene Währung und Marihuana ohne Ende …

Dann schlief ich kurz ein.

Der Kameramann weckte mich nach einer Weile und zog an meiner Hand.

»Toto, komm, wir wollen weitermachen, du Schlafmütze bist ja schon ganz rot von der Sonne. Zieh dich kurz um, in ein paar Minuten geht es wieder los.«

Also duschte ich kurz, cremte mich in Rekordzeit ein und ab ging es in den Streifenwagen. Wir sollten zunächst in einem Nobelviertel für Recht und Ordnung sorgen und Präsenz zeigen, als ich dort einen Wachmann stehen sah, der plötzlich seine Pistole zog, etwas auf Kreolisch rief und einfach einen Schuss abfeuerte. Der Kollege machte mit dem Streifenwagen eine Wendung, nachdem er, wie wir alle, kurz zusammengezuckt war. Uns bot sich vor einem Haus folgendes Szenario: Ein Täter wollte einen anderen Mann überfallen und ausrauben, er bedrohte diesen mit einem langen Messer.

Der Angegriffene setzte sich zur Wehr und hatte ein noch größeres Messer dabei als der Angreifer. Es kam zu einer Messerstecherei, wobei dem Opfer fast der rechte Daumen abgetrennt worden wäre. Der Attackierende, der sich nun auf den Geschädigten gestürzt hatte, wurde durch einen gezielten Schuss des Wachmannes in die linke Schulter unschädlich gemacht. Beide Personen wurden notdürftig versorgt und zusammen auf die Rückbank eines Streifenwagens gesetzt. Dann ging es mit Sondersignalen zum entfernten Krankenhaus, dort ließen uns zwei schwer bewaffnete

Wachposten passieren, damit die Beteiligten behandelt werden konnten. So etwas hatte ich auch noch nicht erlebt. Später stellte sich heraus, dass der Täter schon hinlänglich als Räuber bekannt war und nun für längere Zeit ins Gefängnis wandern würde. Und das bedeutete etwas ganz anderes als bei uns in Europa. Der letzte Einsatz, den wir mit den Kollegen erlebt hatten, war dann auch der härteste. Am vorletzten Abend fuhren wir in eine etwas heruntergekommene Gegend. James meinte, dass wir auf keinen Fall aussteigen und alleine Kontakt aufnehmen sollten, denn dort sei ein berüchtigter Straßenstrich mit diversen Etablissements. Ich hatte mich schon gewundert, dass uns zusätzlich noch zwei Streifenwagen begleiteten, und so setzte sich der Tross in Bewegung. Als wir vor einem der Bordelle ankamen, fragte ich, ob wir mit den vor Ort befindlichen Personen einmal sprechen könnten. James meinte, er kenne den einen oder anderen Zuhälter. Wir sollten mitkommen, die Kameraleute aber im Auto lassen und bloß kein Theater machen. Wir setzten uns in Bewegung und der vermutliche Anführer des Bordells kam einige Schritte auf uns zu. James und er begrüßten sich in der Landessprache und redeten kurz miteinander. Ich verstand kein Wort, dachte mir aber, dass er uns vorstellte, damit wir unsere Fragen stellen konnten. Ich verhielt mich ruhig und als ich herangewunken wurde, verbeugte ich mich und wartete, bis ich reden durfte. Auch dieser Mensch roch erheblich nach Gras und zusätzlich nach Rum. Er war aber in der Lage, uns die Situation vor Ort zu schildern. Die Polizei und die Leute hier hatten ein stilles Abkommen getroffen, sodass jeder seine Sachen regelte, soweit dies ging. Machte jemand im Bordell Theater, flog er raus und wurde der Polizei übergeben. Man wollte einfach in Ruhe die Geschäfte erledigen und keinerlei Streit untereinander haben.

Auch illegale Frauen duldete man nicht, da irgendwann das Militär kommen und Razzien durchführen würde.

Die Kollegen setzten auch nicht ihr Leben aufs Spiel, zumal das Gehalt des Polizisten hier nicht gerade üppig ausfiel. Viele waren froh, sich sattessen und ihre Familien ernähren zu können. Nach einem interessanten

Gespräch brachen wir ab, um noch eine Diskothek der Kontrolle zu unterziehen. Als wir an einer roten Ampel hielten, hörten wir mehrere Schüsse, die aus unmittelbarer Nähe kamen. Wir fuhren um eine Straßenecke und sahen gerade noch ein mit zwei Personen besetztes Zweirad, welches sich von einem Taxi entfernte.

Dieses stand mit laufendem Motor da, der Fahrer lag vornübergebeugt auf dem Steuer und blutete aus mehreren Kopfwunden. Die Kollegen gaben sofort Alarm und leiteten eine Nahbereichsfahndung ein. Ein uns begleitender Streifenwagen nahm die Verfolgung auf, hatte aber zunächst keine Chance, da das Krad durch eine Reihe kleiner Gässchen flüchten konnte. Wie sich später herausstellte, war das Motorrad gestohlen worden, man fand es in der Nähe des belebten Marktplatzes wieder. Von den beiden Tätern fehlte jede Spur, bei dem Taxifahrer stellte man leider nur noch den Tod fest. Bei der Recherche wurde festgestellt, dass er für etwa dreißig Jamaika-Dollar sein Leben lassen musste.

Er hatte seine Schicht gerade erst begonnen und wenig Geld eingenommen. Der Mann hinterließ eine Frau und drei Kinder.

Nachdem der Tatort mit einem schwarz-gelben Flatterband abgesperrt worden war, kam die Spurensicherung und machte akribisch ihre Arbeit.

Wenn Sie, liebe Leser, auf das Cover meiner Biografie schauen, sehen Sie mich direkt vor Ort, damals, auf den Straßen von Jamaika. Mein Blick spricht Bände …

Wir überlegten, was passiert wäre, wenn wir nur einige Sekunden früher um die Straßenecke gebogen wären. Hätten wir die Tat verhindern können? Die beiden Täter stahlen ein Zweirad und näherten sich dem Wagen am Taxiplatz, der zur Tatzeit alleine da stand. Sie fuhren mit dem Krad bis auf die gleiche Höhe und der Beifahrer schoss dem Fahrer zweimal direkt in den Kopf. Dann ergriff er die Geldbörse und sie flüchteten. Was für eine feige und erbärmliche Tat.

Geschockt traten wir den Rückweg zum Hotel an und keiner von uns konnte in der folgenden Nacht richtig schlafen. Am nächsten Tag mussten wir uns von Charles verabschieden, gerade wo wir uns an seinen Fahrstil gewöhnt und ihn unbeschadet überlebt hatten. Wir nahmen uns in die Arme und wünschten uns viel Glück für das weitere Leben.

»Vielleicht sehen wir uns ja mal in den USA, in Florida, Toto«, sagte er zu mir und drückte mir seine Visitenkarte in die Hand. Leider habe ich es bis heute nicht geschafft, Charles zu besuchen.

Dafür aber hatte ich – versehentlich natürlich – doch ein paar Jamaika-Dollar mit nach Hause genommen …

Alaska

Auf dem Hinflug hoffte ich auf die Möglichkeit, Polarlichter sehen zu können. Wenn man schon einmal so weit weg von der Heimat war, sollten wir das Glück doch haben. Nun ging es also nach Anchorage, der größten Stadt Alaskas. Sie lag an der Grenze zu Bergen und Wildnisgebieten. Früher wurden erhebliche Mengen an Erdöl gefördert, außerdem war sie ein großer und wichtiger Militärstützpunkt gegenüber Russland. Wie erwartet lag bei unserer Ankunft ordentlich Schnee und es war bitterkalt. Nichts für Weicheier, dachte ich und setzte mich in den warmen Bus, der uns zum Hotel transferieren sollte. Nach einer kurzen Fahrt, ich hatte inzwischen ein Nickerchen gemacht, erreichten wir die Unterkunft. In der Lobby standen schwere Holzmöbel, die nach Norden hin ausgerichtet waren. Ich duschte erst einmal heiß und kalt und zog mir einen dicken Pulli an. Ich hatte gerade einen Kaffee getrunken, da kam auch schon ein Abgesandter der Polizei Anchorage, der uns zum Revier brachte. Dort angekommen staunten wir nicht wenig, da es sich um ein älteres mit rotem Backstein gebautes unscheinbares Gebäude handelte. Das Erste, was mir ins Auge fiel, war das Hinweisschild mit der Aufschrift: »John the Legend. 30 Years.« Anscheinend hatte Kollege John über dreißig Jahre als Polizist gearbeitet und nun auf dem Hof einen eigenen Parkplatz zugesprochen bekommen. Das war ja mal ein Umgang mit Legenden. Wir sollten ihn übrigens noch kennenlernen und mit ihm gemeinsam Streife fahren. Beim Betreten des Gebäudes prangte ein großes Plakat hinter dem Wachhabenden an der Wand, sodass es jeder lesen musste, der die Wache betrat. Es erinnerte mich an die Polizeisendung Polizeirevier Hill Street, denn da sprach der Wachmann: »Be careful out there!«

Als die Begrüßung durch den Polizeichef zu Ende war, durften wir mit zum Schießtraining. Man hatte eine supermoderne Schießanlage, die allen Ansprüchen gerecht wurde. Ob feste Ziele oder bewegliche Rollenspiele, in denen man unterscheiden musste, ob man schoss oder nicht – es waren natürlich auch immer Opfer oder Geiseln vorhanden –, wir durften ebenfalls einen Durchgang mitmachen. Und wir hielten uns gut, keine unschuldigen Personen oder eingesetzte Kolleginnen und Kollegen kamen zu Schaden. Am Mittag wurde eine Pause eingelegt und wir lernten endlich John the Legend kennen und schätzen. Dieser erzählte von seinem Werdegang bis zum jetzigen Zeitpunkt, wo er noch zwei Jahre verlängert hatte und erst später in Pension gehen wollte. Er war nämlich aktuell Gruppenführer eines Einsatzkommandos, das bei bestimmten Lagen eingesetzt wurde. Er plante den Einsatz, gab Waffen aus und unterstützte die Mitarbeiter und Mitarbeiterinnen, war aber selber nicht mehr an vorderster Front zu finden. Unsere Crew war begeistert, als John den Laderaum seines Einsatzfahrzeuges, ein geräumiger großer Dodge Ram, öffnete und den Inhalt präsentierte. Mit Stolz zeigte er uns die einzelnen Waffen und Einsatzmittel, angefangen bei einer Polizeiramme über verschiedene Gewehre, die Gummigeschosse abgeben konnten, sowie einen Stop-Stick, eine Nagelreihe, die Autoreifen zerstörte, wenn diese darüber fuhren.

Der Tag neigte sich dem Ende zu und wir gingen erst ins Hotel, entschieden uns dann aber noch für ein paar Bierchen außerhalb. Wir erwischten eine brechend volle Kneipe mit netten touristischen Gästen, die alle nicht aus Anchorage stammten, es wurde ein feuchtfröhlicher Abend und wir unterhielten uns, so gut es ging, in verschiedenen Sprachen. Am nächsten Morgen saß ich mit dem Produzenten beim Frühstück und wir besprachen den weiteren Tagesablauf. Es gab Kaffee, Rührei mit Speck und getoastetes Brot. Wir wollten uns eine Hundeschlittenfahrt auf einem zugefrorenen See gönnen und abends eine Streife mit Good Old John einlegen, den wir alle ins Herz geschlossen hatten. Wenn man in Amerika Auto fuhr, konnte das im Vergleich zum Verkehr auf Deutschlands Straßen nicht unterschiedlicher sein. Alle fuhren diszipliniert und nahmen Rücksicht, natürlich auch weil die Bußgelder deutlich höher ausfielen als bei uns. Das Rotlicht der Ampel nicht zu beachten, kostete schon mal fünfhundert Dollar. Die Kolleginnen und Kollegen konnten zwar einen gewissen Spielraum nutzen, aber geahndet wurde es trotzdem. Hier in Alaska hatten fast alle Fahrzeuge Winterreifen aufgezogen und vorne eine Ramme ein- oder angebaut, falls es zu einem Verkehrsunfall mit Tieren kommen sollte, was hier häufiger der Fall war. Wir fuhren etwas über zwei Stunden, die einem gar nicht so lange vorkamen. Ich bestaunte die schneebedeckte Landschaft und chillte ein wenig. Ich ließ meinen Gedanken freien Lauf und war stolz, dass ich die Reisen mit der Crew in die verschiedenen Länder genießen konnte. Ich würde womöglich nie wieder hierher an diesen Ort kommen. Nach einem kurzen Nickerchen – ich schlafe, wo ich kann und wann ich kann – erreichten wir eine im Wald gelegene Schlittenhundestation. Hier lernte ich die Einheimische Luzie kennen, die indigene Vorfahren hatte. Ihre Haut war wettergegerbt, ihren Händen sah man an, dass sie keine körperliche Arbeit scheute und ihre Huskys liebte. Ich zog die Jacke enger und meine Mütze tiefer ins Gesicht und schaute mir die zwölf Vierbeiner, mit denen ich gleich eine große Runde über den See und durch die Wälder drehen durfte, genauer an. Es waren fantastische Hunde dabei, einer hatte zwei unterschiedliche Augenfarben, ein anderer wiederum ähnelte eher einem Wolf und meist wusste ich nicht, ob es ein Rüde oder eine Hündin war. Nachdem ich mich bei Luzie vorgestellt und ein wenig Small-Talk gehalten hatte, legte ich mich in den Schlitten. Wir fuhren durch ein Waldstück, ich konnte ein paar Videoaufnahmen machen und merkte, wie ich mich entspannte. Ich hatte noch nie so viel Frieden in meinem Körper als in den zwei Stunden Schlittenfahrt. Ich ließ die Seele baumeln und beobachtete die Huskys, auf der gesamten windstillen Fahrt trafen wir weder ein Fahrzeug noch eine Menschenseele. Nach der Hälfte der Strecke machten wir eine Pause und Luzie drückte mir eine Axt in die Hand. Ich dachte, sie sei dazu da, um Brennholz zu schlagen, doch sie übergab mir einen Beutel mit gefrorenem Fisch, den ich zerteilen und verteilen sollte.

Also zerschlug ich die Mahlzeit in Häppchen und legte sie vorsichtig vor die einzelnen Hunde. Danach putzte ich mir die blutverschmierten Hände im Schnee sauber und beobachtete die Tiere beim Fressen. Sie begannen erst, als Luzie das Kommando gab, dann aber war der Fisch im Nu weg. Nach einer kurzen Pause, der Produzent war begeistert von den vielen Aufnahmen, die wir machen konnten – wir fuhren schließlich mit fünf Schlitten über den zugefrorenen See – ging es auf die restliche Strecke und zurück. Im Nachhinein eines der schönsten Erlebnisse in meinem Leben. Nachmittags aßen wir zusammen Fisch und chillten ein wenig, indem wir etwas über den Staat Alaska lasen oder Billard spielten.

Einige von uns gingen in die kleinen ordentlichen Geschäfte und versuchten Souvenirs zu ergattern. The Legend holte uns später mit einem Kollegen ab, da wir ja mehrere Autos brauchten, um Streife zu fahren. Alaska war ein weites Land und der Bezirk groß.

Kurz bevor wir den ersten Einsatz bekamen, ich saß hinten in auf der Rückbank, bremste John ordentlich ab. Ein riesiger Elch mit großem Geweih überquerte seelenruhig die Fahrbahn, um auf die andere Seite zu gelangen. Wir stiegen langsam aus und konnten ein paar Fotos machen und das gewaltige Tier beobachten. Dann kam ein Einsatz für uns rein: eine hilflose Person in einer Wohnung. Offensichtlich hatte sie getrunken und die Musik zu laut aufgedreht. Am Einsatzort angekommen sprachen wir zuerst mit den Nachbarn, die sich bei der Leitstelle beschwert hatten. Diese gaben an, dass die Störerin ihren Mann verloren hatte und nun ihren Kummer in Alkohol ertränkte. Ab einem gewissen Maß drehte sie dann durch. Zunächst gab es die Möglichkeit, durch ein offenes Fenster mit Vorhang ins Innere der Wohnung zu schauen. Dort saß eine nackte Frau mit einer Flasche Whiskey zwischen ihren Schenkeln auf dem dreckigen Teppich, im Mund hatte sie eine brennende Zigarette, die ordentlich qualmte. Es roch süßlich. John schlug mit der flachen Hand gegen die Wohnungstüre, die prompt aufging. Er sprach mit ruhiger Stimme auf die Frau ein, die sich kaum artikulieren konnte, und es gelang ihm im Laufe des Einsatzes, eine Schwester zu erreichen, die sich weiter um sie kümmern sollte. John würde einen Bericht an die Kommune schreiben, damit diese der alkoholkranken Frau half. Der nächste Diensteinsatz stand an. Wir mussten ein Backup für einen anderen Kollegen geben, der zu einer häuslichen Gewalt unterwegs war. Da man in den USA in der Regel alleine Streife fuhr, versuchte man, sich gegenseitig zu unterstützen und zu begleiten. Dieses Mal hatte ein Mann seine Frau geschlagen. Er hatte den Job verloren und die Frau sich einem anderen Mann hingegeben. Arbeitslosigkeit war in Alaska ein großes Problem, da sich die dortigen Ölkonzerne zurückgezogen hatten und somit ein Großteil der Arbeitsplätze weggefallen war. Der Mann wurde zum Polizeigewahrsam verbracht, um auszunüchtern. Die Anzeige war raus und der Täter würde morgen dem Haftrichter übergeben werden. Die Frau erhielt Hilfe durch ein naheliegendes Frauenhaus. Die Nacht ging dann so weiter. Der Alkohol und die Drogen beherrschten die Gesellschaft, die von Armut und Arbeitslosigkeit geprägt war. Ähnliche Probleme wie bei uns in Deutschland.

Der wildeste Einsatz kam gegen Schichtende. Eine betrunkene Person hatte an einer Tankstelle gewütet und mehrere Verkaufsständer beschädigt. Nun hatte er sich mit Benzin übergossen, um sich selbst anzünden. Ich übergab John den vorhandenen Feuerlöscher, während er beruhigend mit dem Betrunkenen sprach. Die verzweifelten Menschen gingen so weit, dass sie sich von der Polizei erschießen lassen wollten – suicide by cop – so vermutlich auch diese arme Person. Das wurde aber vereitelt, indem zwei eingetroffene Kollegen sich mit Decken von hinten an den Mann schlichen und ihn überwältigen konnten. Ich war nassgeschwitzt, und das in nur einer Schicht. John fuhr uns dann zurück ins Hotel, wo die Crew mit ein paar kalten Getränken zusammensaß und eine Nachbesprechung machte. Der nächste Tag sollte entspannter verlaufen. Nach mehreren Pfannkuchen zu Beginn und gefühlten zwei Liter Kaffee ging es zu Fuß in die Innenstadt. John grinste schelmisch, denn er wusste ja, was kommen würde. Da wir früh mit der Polizei unterwegs waren, konnten wir einige Absperrungen passieren und durch die Menge der Zuschauer hindurchgehen. Was feierten die Leute?

Die Menschen trugen Verkleidungen und vergnügten sich ohne Alkohol auf der Straße, denn das war genauso verboten wie das Rauchen in Innenräumen.

»Gibt es hier Karneval wie bei uns in Köln?«, fragte ich und John lächelte. »Warte, bis wir die Tribüne erreicht haben.«

Mit diesen Worten drückte er mir einen Hotdog in die Hand, den er von einem fliegenden Händler gekauft hatte. Als wir die Haupttribüne gerade betraten, ging es auch schon los. Eine Gruppe von Rentieren musste sich durch die Zuschauer und Gäste hindurch bewegen, die nur durch die mittlere abgezäunte Fläche geschützt waren. Dass bei dem Tumult keinem etwas geschah, grenzte an ein Wunder. John erklärte uns, dass nur ausgewählte und nicht so scheue Tiere eingesetzt wurden, und mit denen sei noch nie was passiert.

Die letzten Tage verbrachten wir mit einem anderen lieben Kollegen, mit dem ich noch heute Kontakt halte und der Chef der Polizei in Anchorage geworden war. Er übernahm uns von dem wunderbaren John, den wir zum Abschied alle herzten und drückten.

Es war kalt geworden und ich fragte unseren neuen Mann Richard, warum er denn keinen Parka angezogen habe und nur im Sommerhemd mit Schutzweste draußen stehe.

»Das ist doch noch nicht kalt hier, da müsst ihr mal im Winter kommen«, lächelte er und berichtete uns auf der nächsten Streifenfahrt, dass er ebenfalls in der Armee gedient hatte. Nach bestandenem Studium lockte ihn ein Kollege zur Polizei, wo er sich sehr wohl fühlte und eine höhere Position anstrebte. Nachmittags besuchten wir dann endlich ein Eishockey-Spiel in Anchorage. Es gab schon wieder Hotdogs und Cola und wir saßen direkt an der Bande und bewunderten die beiden Mannschaften, die sich nichts schenkten. Erst wurde die amerikanische Hymne gespielt, es folgte der Körperkontakt. Ich weiß gar nicht mehr, wer gewonnen hat, nur dass ich einen Puck ergattern konnte, der die Spielfläche verlassen hatte. Die circa 160 Gramm schwere Scheibe liegt jetzt bei mir in einer Vitrine.

Abends unterstützten wir ein paar Kollegen, die einen Trunkenbold verfolgten. Dieser hatte seinen Wagen im angetrunkenen Zustand in einen Graben gefahren und war zu Fuß geflüchtet. Dumm nur, dass er die Ausweispapiere im Auto gelassen hatte und sich Blutspuren an der Scheibe fanden.

Der Abschleppdienst stellte das schwer defekte Fahrzeug sicher und wir suchten die Halteranschrift auf, die ganz in der Nähe war. Da der Fahrer sich in der Wohnung verschanzt hatte, wurde kurzerhand mit der Ramme die Wohnungstüre eingeschlagen und der Täter überwältigt. Wie sich später herausstellte, fuhr er unter Drogen- und Alkoholeinfluss. Und wieder ging es zum Haftrichter.

Der krönende Abschluss unserer Reise war ein Rundflug über die Gegend um Anchorage mit all ihrer Schönheit und Wildnis. Ich war gerne dort – nur das Wetterleuchten, die Polarlichter, haben wir nicht gesehen. Ein Grund mehr, noch mal dort hinzufliegen.

Texas

Als bekannt wurde, dass wir nach Texas fliegen sollten, um dort den Sheriff zu treffen, hatte ich ein Ziel vor Augen: mir einen originalen Stetson-Hut in Amarillo zu besorgen. Es war ein langer Flug nach Dallas, dem Dreh- und Angelpunkt im Süden der USA, ein Staat, in dem noch die Todesstrafe angewandt wurde. Texas war fast zweimal so groß wie ganz Deutschland und grenzte an Mexiko, was ja immer noch ein Problem darstellte. Der Flughafen erinnerte mich an eine eigene Stadt und ich kam mir bei den vielen Menschen und Flugzeugen winzig vor. Zunächst fuhren wir in ein Best Western Hotel, um uns ein wenig frisch zu machen, denn wir wollten danach ins Johnson County, um den Sheriff Bob Alford zu besuchen.

Nachdem ich mir einen Kaffee an einem der Automaten gezogen hatte, kam ein Rezeptionist und meldete einen Gast für mich an. Das sollte augenscheinlich ein Scherz werden, denn nicht viele wussten, dass wir in den USA waren. Doch die Überraschung war perfekt. Mein Bochumer VfL-Kumpel, genannt Toto Schmugge, war extra mit seiner Frau angereist, um mich zu besuchen. Ich war zu Tränen gerührt. Wir fielen uns in die Arme, drückten uns und er berichtete mir, dass er vor mehreren Jahren mit der Familie nach Dallas ausgewandert war. Dort hatte er sich an einem Fußball-Verein beteiligt und etliche Mannschaften trainiert und gemanagt. So wie es jetzt in den USA aussah, entwickelte sich der Männerfußball zu einer ansehnlichen Sportart hinter Football, Basketball und Baseball, die Damenmannschaften waren schon in der Weltspitze angekommen. Wir quatschten ein wenig über alte Zeiten und zum Abschied schenkte ich ihm ein VfL-Bochum-Trikot mit TOTO als Beflockung. Wir haben natürlich heute noch Kontakt und sie leben immer noch in Dallas. Am nächsten Tag brachen wir früh auf ins Johnson County, wo uns der Sheriff erwartete und uns seinen Bereich zeigen wollte. Nicht alle Kolleginnen und Kollegen mochten mit uns für das Fernsehen drehen, umso mehr freute ich mich über alle professionellen Mitarbeiter, die ich begleiten durfte. Da wir noch etwas Zeit hatten, kehrten wir in eine Cafeteria ein. Als wir uns setzten, fiel mein Blick auf einen hochgewachsenen Mann, der mit Cowboyhut und Pistolenhalfter lässig an der Theke stand und seinen Kaffee trank. Er hatte einen Zahnstocher im Mundwinkel und zum Unterschied zu Clint Eastwood oder John Wayne trug er eine Brille. Ich stupste den Produzenten an:

»Wenn das nicht unser Sheriff ist, dann fress ich einen Besen.« Und so war es dann auch.

Als er uns erblickte, kam er lässig auf und zu und sagte in einem eigenen texanischen Slang, dass wir uns in fünfzehn Minuten in seinem Büro treffen sollten, er habe vorher noch ein Gespräch. Im Hauptbüro des Sheriffs angekommen sahen wir uns um, an den Wänden hingen zig Berichte von den verantwortlichen Cops der Vergangenheit. Soweit ich es in Erinnerung hatte, gingen diese Porträts (selbst mit Bleistift gezeichnet) bis ins Jahr 1870 zurück. Auch welche berühmten Gangster man damals gejagt hatte, war hier dokumentiert. Dann führte er uns in sein offizielles Büro, dort hingen an den Wänden all seine Ernennungen zum Sheriff, denn er wurde von den Bürgern des Countys gewählt. Er war schon fast zwanzig Jahre im Amt und immer, wenn er gewählt worden war, erhielt er als Geschenk eine Pistole. Die wurden in einer Vitrine aufbewahrt und waren alle echt und schussbereit. Außerdem gab es viele Fotos mit berühmten Persönlichkeiten, wie zum Beispiel Patrick Duffy, dem Schauspieler, der in der Serie Dallas Bob Ewing darstellte. Wir gingen gemeinsam in den Besprechungsraum, wo uns das heutige Team erwartete, und nach einer kurzen Dienstbesprechung hatte der Sheriff eine Überraschung für uns. Er wollte uns in einer zweistündigen Autofahrt den Red River zeigen, an dem damals Cowboys und Indianer aufeinandergetroffen waren. Dort angekommen durften wir noch mal eine Stunde inklusive Kameragepäck laufen, um unser Ziel zu erreichen. Aber das lohnte sich wirklich, welch eine Weite des Landes, mir blieb der Atem weg. Der Sheriff zeigte uns die Stellen, an denen die Indigenen der Stämme Comanche und Kiowa auf die Rinderherden und die Cowboys gewartet hatten, um diese zu überfallen. Und umgekehrt, denn die dortige Armee vertrieb die indigenen Völker damals in einige Reservate. Eine traurige Geschichte. Nachdem wir großartige Aufnahmen machen konnten, wechselten wir in ein anderes Gebiet, in dem eine noch größere Überraschung auf uns wartete. Wir fuhren auf eine Shooting Ranch, die in einem alten Steinbruch gelegen war. Die Crew war erstaunt, als sie die ganzen Waffen sahen, mit denen wir gleich schießen würden. Es handelte sich um einige halbautomatische Pistolen sowie eine Pumping Action und mehrere Gewehre. Fast immer ging der Waffensammler und Schütze mit seinen Schusswaffen entweder zur Jagd oder in den Schießverein, außerdem dienten sie zur Verteidigung gegen Tiere, wenn man in freier Wildbahn wohnte. Waffenbesitz sollte generell überprüft – am besten verboten werden, man sah ja, was gerade in den USA passierte, wenn sich jeder frei Waffen besorgen konnte. Im Großen und Ganzen war es interessant, auf einer Shooting Ranch andere Schusswaffen auszuprobieren und die Ringscheiben zu treffen. Wir ballerten, was das Zeug hielt, und hatten eine gute Trefferquote. Es war anstrengend, sich zu konzentrieren, und der Schießlehrer begleitete uns auf Schritt und Tritt. Danach fühlte es sich gut an, alle Waffen wieder ablegen zu können, denn genau wie in meinem Dienst war ich froh, dass ich nicht auf Menschen oder Tiere schießen musste und die Pistole unbenutzt zurück in mein Waffenfach legen konnte. Auf dem Weg zum Hotel dachte ich daran, was vor über einhundertfünfzig Jahren hier in der Gegend passiert war, dann nickte ich ein.

Am nächsten Tag trafen wir sehr früh morgens im Sheriffbüro ein, denn er wollte mit uns in das Gefängnis fahren, um uns die Todeskandidaten und das Yale näher zu bringen. Auf dem Weg dorthin erzählte er uns, dass Deutschland den Stoff für die Giftspritze nicht mehr liefere und sie nun die zum Tode Verurteilten wieder erschießen mussten. Todesstrafe? War das denn gerecht? Und wenn es einen Falschen erwischte, der die Tat nicht begangen hatte? Durfte der Mensch so urteilen? Ich hatte zwei Lesungen mit Treffen in deutschen Gefängnissen abgehalten und die Insassen befragt: Jeder schien eine andere Meinung zu haben, aber keiner hatte mir erzählt, dass er unschuldig hier einsaß. Beim Betreten des Eingangs sahen wir zunächst das übergroße Porträt des Sheriffs an der Wand hängen. Wir begaben uns an die Kontrollstellen und der Sheriff zeigte dem Personal, wer alles zu unserem Team gehörte. Ohne behördlichen Papierkram kamen wir in die Anstalt. Der Sheriff bürgte für uns und führte uns durch die einzelnen Bereiche. Für mich war es ein beklemmendes Gefühl, eingesperrt zu sein, obwohl ich ja gleich wieder gehen konnte. Man zeigte uns, welche Dinge die Insassen aus verschiedenen Materialien gebaut hatten, und die Kantine, wo sie ihre Mahlzeiten einnehmen durften. Die Männer konnten bedingt Sport und Freigang im Innenhof machen, der natürlich hermetisch abgesichert war. Ich sah die Mauer hinauf, oben in etwa fünf Meter Höhe ragte ein kleines Pflänzchen in den Himmel. Vielleicht für einige eine letzte Hoffnung. Nur nicht für die Personen, die wir jetzt besuchen wollten: Die Todeskandidaten!

Wir erhielten eine strenge Einweisung, indem man uns sagte, wie wir uns zu verhalten und zu welchen Bereichen wir keinen Zutritt hatten. Ich fragte, ob ich mit einigen der Gefängnisinsassen selbst sprechen durfte, und er bejahte.

Wir begaben uns an eine weißmarkierte Linie und der Sheriff sprach einen der Kandidaten an. Dieser befand sich in einer etwa zwölf Quadratmeter großen Zelle, die spärlich eingerichtet war. Der Mann trug ein weißes Unterhemd und war fast komplett tätowiert. Er wurde vom Sheriff aufgefordert aufzustehen und an die Gitterstäbe zu treten. Das machte er, es handelte sich allem Anschein nach um einen Mexikaner, der uns direkt vor die Füße spuckte. Wir blieben ruhig und fragten ihn, welche Straftaten er begangen habe und welches Hinrichtungsdatum ihm genannt worden sei. Er sagte, dass er drei Personen kaltblütig umgebracht habe und wenn er in die Freiheit käme und wieder Alkohol tränke, vermutlich weitere

Menschen töten würde. Er sollte in mehreren Monaten hingerichtet werden. Nach diesem ersten Gespräch mit dem Mexikaner wollte ich gerne mit anderen Delinquenten im Todestrakt sprechen. Das gestaltete sich schwierig, da die meisten mit der Polizei oder Justiz schlechte Erfahrungen gemacht hatten. Wenn man bedachte, dass der Staat auch unschuldige Menschen hinrichtete, war es wohl keinem zu verübeln. Der Sheriff erwähnte, dass über vierhundert Männer und sieben Frauen auf ihre Hinrichtung warteten und das Texas zu den fünfundzwanzig Staaten gehörte, die die Todesstrafe ausführten. Schrecklich. Nachdem uns mehrere der Insassen geflissentlich ignoriert hatten, durfte ich doch noch mit zwei der Todeskandidaten sprechen. Der Erste war ein etwa 45-jähriger Texaner, der als Kind von seinem Stiefvater misshandelt worden war. Nachdem er von zu Hause flüchten konnte, hatte man ihn eingefangen und er verbrachte mehrere Jahre in verschiedenen Kinderheimen. Im Anschluss kam er in eine Pflegefamilie, in der er erneute Misshandlungen über sich ergehen lassen musste. Irgendwann, er war inzwischen drogenabhängig und dealte nebenbei, kam er nach Hause und sah, wie der Pflegevater sich an einem auch in der Pflegefamilie lebenden 9-jährigen Mädchen verging. Da flippte er aus, er holte eine Axt aus der Scheune und erschlug die gesamte Familie. Die Pflegemutter, die die Taten zuließ, den Vater, der sich an allen vergriff, und drei weitere Pflegekinder, damit sie nicht das gleiche Schicksal, wie er es erleben musste, teilten. Daraufhin raubte er einen Kiosk aus, stahl ein Auto und flüchtete in Richtung der mexikanischen Grenze, wo man ihn nach einer wilden Verfolgungsjagd stellte. Nun hatte er etliche Jahre abgesessen und schon zwei Mal seine Henkersmahlzeit erhalten, ohne dass er hingerichtet worden wäre. Mir stockte der Atem und ich hatte eine ganz trockene Kehle. Da war der jetzige Täter als Kind ein Opfer gewesen und keiner hatte ihm geholfen. Die Erwachsenenwelt hatte ihn einfach im Stich gelassen. Was für ein Leben. Ich bedankte mich für das Gespräch und wollte ihm die Hand reichen, doch der Sheriff zog mich zurück.

»Nicht über die weiße Linie gehen. Nicht zu nah an die Insassen, sie haben nichts mehr zu verlieren und man weiß nie, wie sie reagieren. Wir haben vor einiger Zeit einen solchen Fall gehabt. Da hat sich ein Wächter zu sehr genähert und wurde gepackt. Wir konnten ihn befreien, ohne dass er schwer verletzt wurde. Die Linie ist nicht umsonst da«, ermahnte er mich. Das erinnerte mich an den Film mit Tom Hanks, *The Green Mile*, und ich bekam eine Gänsehaut.

Mein letztes Gespräch an diesem Ort führte ich mit einem jungen Mann, der vermutlich unter dreißig war. Zu Beginn fragte er mich über mein Leben aus. Er stellte Fragen zu meinem Job, nach der Familie und ob ich schon einmal geschossen hätte. Nachdem ich ihm Rede und Antwort gestanden hatte, erfuhr ich, dass er in ärmlichen Familienverhältnissen aufgewachsen war. Schon früh in seinem Leben musste er auf dem Feld bei der Ernte helfen, er konnte selten zum Unterricht gehen und träumte von einer Football-Karriere. Auf der weiterführenden Schule lernte er ein Mädchen kennen und sie kamen zusammen. Auch ihr erging es in dieser ländlichen Gegend ähnlich, sodass sie beschlossen abzuhauen. Er stahl ein Auto, sie packten ein paar Sachen ein und verschwanden in Richtung Süden. Da sie wenig Geld hatten, überfielen sie mehrere Tankstellen und Autofahrer, damit sie über die Runden kamen. Leider verstarb ein Tankstellenangestellter vor Aufregung und sie mussten bei weiteren Raubüberfällen Gewalt anwenden. Da die Polizei an Videoaufzeichnungen der Straftaten gelangen konnte, war schnell klar, wer die Täter waren, und es wurde eine landesweite Fahndung ausgeschrieben. Als die beiden ein chinesisches Restaurant überfielen – sie fühlten sich zwischenzeitlich wie Bonny und Clyde – sahen sie ihre Porträts im Fernsehen. Auch der Restaurantchef wurde auf sie aufmerksam und fing an, mit einer Waffe auf sie zu schießen. Bei dem Angriff töteten sie den Mann und auf der Flucht vor der Polizei gab es wiederum eine Schießerei, bei der seine Freundin getötet und er schwer verletzt wurde. Nun wartete er als Delinquent im Todestrakt auf die Hinrichtung. Er hatte beim Gouverneur einen Antrag auf

Aufschub der Todesstrafe eingereicht, die in drei Monaten vollzogen werden sollte. Man hatte ihm das Datum mitgeteilt und da er katholisch war, bat er die Bischofskonferenz um Hilfe. Die hatte ein Schreiben aufgesetzt und jetzt wartete er auf Antwort.

Beim Verlassen der Anstalt dachte ich: *Was waren das für Geschichten und Schicksale, die sicher für eine Verfilmung in Hollywood reichen würden.* Es war ein ziemlich düsteres Szenario, was ich bis heute nicht vergessen konnte. Doch der Sheriff zuckte nach unserem Besuch mit den Schultern und meinte:

»Die Toten werden nicht mehr lebendig und die Opferzahl ist in solchen Fällen ja enorm. Auch die Verwandten des Verstorbenen sind Opfer. Warum sollte es dem Täter anders ergehen und er weiterleben dürfen? Was ist schon die gerechte Strafe? Ich weiß es auch nicht.«

Mit dem Sheriff, der jetzt in Pension ist, habe ich zwischenzeitlich sogar noch mal geschrieben.

Nach diesen intensiven Erlebnissen und einer Weile später fuhren wir nach Fort Worth, um uns einen Texashut anfertigen zu lassen. Ich ließ mir einen schönen schwarzen Cowboyhut machen, mit dem ich mich auf ein Longhorn-Rind setzen durfte. Es ging zwar etwas in die Knie, als ich mich draufsetzte, es hat die Aktion aber überlebt.

Dann flogen wir weiter nach Brownsville, an die mexikanische Grenze. Wir wollten uns die Grenzmauer anschauen und dort mit den eingesetzten Kolleginnen und Kollegen sprechen, die meist selbst aus Mexiko stammten und legal in die USA eingereist oder sogar dort geboren waren. Nachdem wir mittags mexikanisch gegessen hatten, fuhren wir mit einem Grenzschützer/State Trooper, zunächst an ein Stück Grenzmauer zu Mexiko. Ich dachte sofort an die Berliner Mauer, an der ich als 16-jähriger junger Mann fassungslos gestanden hatte, und ich war froh über die Maueröffnung 1989/90, die ich teils im Dienst miterleben durfte.

Vor uns patrouillierten schwerbewaffnete SWAT-Teams und fuhren dort Streife. Viele Mexikaner wollten ihrem Schicksal entrinnen und in den USA neu anfangen, um für ihre Familien zu sorgen. So bezahlten sie viel Geld für Schlepper, die sie über die Grenze bringen sollten. Dabei kamen etliche Menschen ums Leben, oder sie wurden gefasst und wieder zurückgeschickt. Als wir dort ankamen, tranken wir mit den dortigen Grenzschützern einen Kaffee, der mir und meinem Magen- und Darmtrakt die Schuhe auszog. Nach einem WC-Besuch beobachteten wir die Border Patrol dabei, wie sie die Pendler streng kontrollierten und einige Autos fast auseinandernahmen. Insgesamt verlief der Einsatz aber friedlich. Man zeigte uns den Grenzzaun, der die beiden Staaten trennte, und den dortigen Fluss, in dem viele Menschen beim Versuch, auf die andere Seite zu gelangen, ertrunken waren oder erschossen wurden. Abend haben wir uns kühles Bier bestellt, um die ganze Reise noch mal Revue passieren zu lassen. Es war immer gut, über solche Dinge zu sprechen und sich auszutauschen. Das letzte Abenteuer, das auf uns wartete, erlebten wir in South Padre Island. Diese bekannte Insel lockte jährlich Tausende von jungen Menschen an, die dort das Fest Springbreak zusammen feierten und sich ordentlich betranken. Man traf sich am ausladenden Strand oder in den dortigen Bars und legte los. Es erinnerte mich ein wenig an die Loveparade oder an Bochum Total, die ich im Polizeidienst begleiten durfte.

Einfach gesagt: Jugendliche aller Facetten machten Liebe am Strand, erbrachen den Alkohol oder randalierten, indem sie Plakate beschmierten oder Autos beschädigten.

Doch in diesem Jahr sollte es anders werden, weil die dortige Polizei rigoros einschreiten wollte. Da kamen wir ja ganz recht. Zunächst aber hatten wir einen Einsatz in einem Geschäft, bevor wir zum Strand fahren konnten. Eine junge Frau hatte in einem Schmuckgeschäft etwas gestohlen und wurde nun von der Kassiererin festgehalten. Als wir dort ankamen, wollte die Diebin gerade flüchten, aber die Verkäuferin versuchte sie weiterhin festzuhalten. Unsere begleitende Polizistin packte sofort zu und brachte die angetrunkene Ladendiebin erst einmal zu Boden. Wir hörten uns den Sachverhalt an, indem uns mitgeteilt wurde, wie die Frau eine teure Halskette aus der Auslage genommen und sich in den Slip gesteckt hatte. Die Kollegin befragte auch die Diebin, die natürlich alles abstritt. Somit gingen beide in eine Umkleidekabine zwecks Durchsuchung. Nach kurzer Zeit kam die Kollegin lächelnd aus der Kabine zurück, in der behandschuhten Hand hielt sie eine circa dreißig Zentimeter lange Perlenkette, die sich die Ladendiebin in ihre Scheide geschoben hatte. Da die Frau auch noch angetrunken war, wurde sie in Polizeigewahrsam verbracht und Anzeige gestellt. Danach ging es für uns zum Strand. Da es in die Abendstunden ging, war der Küstenstreifen natürlich gut besucht. Man hatte mehrere DJs engagiert, die dem Publikum einheizen sollten. Außerdem gab es eine Reihe von Wasserstationen, an denen sich die Heranwachsenden abkühlen konnten, und zahlreiche Bars, wo strenge Kontrollen durchgeführt wurden. Es herrschte eine ausgelassene, aber friedliche Stimmung, bis auf zwei Personengruppen, die sich anfingen zu schubsen. Die eingesetzten Polizistinnen und Polizisten schafften es aber, die beiden Gruppen zu beruhigen und zu trennen. Sie waren aus verschiedenen Schulen, die das ganze Jahr über im Wettstreit lagen.

Doch sämtliche Jugendliche und Heranwachsende wussten eins: Benahmst du dich nicht, wurdest du sofort eingesperrt und gegebenenfalls direkt verurteilt und bestraft. Also bloß vorsichtig sein, wenn die Polizei auftauchte. Insgesamt war es eine doch friedliche Veranstaltung, die aber mit unseren in Deutschland nicht zu vergleichen war. Das Schönste an dem Einsatz war, dass der Produzent eine Drohne starten durfte und wir tolle Strandaufnahmen machen konnten.

Am kommenden Morgen flogen wir zurück in die Heimat, um tags darauf im Bermudadreieck zu feiern. Man brauchte ja schließlich einen Vergleich!

Lesung hinter Gittern/Schwerte

Man sollte es nicht glauben, aber ich habe wirklich zwei Buchvorstellungen in diversen Gefängnissen gemacht. Die erste wurde durch die Pressestelle eingeleitet, denn der Pressesprecher kannte jemanden aus der Verwaltung der Schwerter Vollzugsanstalt, der daran Interesse zeigte.

Außerdem wollten die Insassen eine Spendenaktion machen und da ich Botschafter der deutschen Kinderhospiz- und Familienstiftung war, passte das sehr gut. Diese Aktion fand der Chefreporter der Bildzeitung ebenfalls gut und so begleitete er uns. Wir fuhren also in Uniform, damals durften wir dies noch, zum Gefängnis nach Schwerte. Dort gaben wir unsere Waffen ab und füllten unzählige Formulare aus. Für die Bediensteten und die Insassen waren wir eine Attraktion, denn wann kam schon mal die Polizei, um eine Lesung abzuhalten. Der Verantwortliche empfing uns aufgeregt und begleitete uns zur dortigen Kapelle, wo die Veranstaltung stattfinden sollte. Er würde moderieren und die Häftlinge konnten Fragen stellen, mit ihm wären noch zwei Wärter anwesend, die die Männer kannten. Es handelte sich um fünfundvierzig auserwählte Insassen, die ausschließlich zu lebenslänglich verurteilt worden waren und noch lange Zeit einsitzen mussten. Dort angekommen herrschte eine seltsame Stille im Raum, aber nach kurzer Zeit und mehreren lustigen Anekdoten meinerseits lockerte die Stimmung auf. Wir schilderten einige Fälle aus unserem Dienst und ich erkannte einen der Insassen wieder – ich hatte irgendwann mal seinen Führerschein beschlagnahmt. Der Mann zwinkerte mir zu. Nach der Lesung erzählte er mir, dass er stark alkoholsüchtig war und im Rausch mehrere Menschen schwer verletzt und sogar einen getötet hatte.

»Ich bin hier gut aufgehoben, Toto. Wenn ich rauskomme, mach ich nur Unsinn. Also versuche ich, drin zu bleiben«, sagte er mir und ich musste schlucken. Nach einer kurzweiligen Stunde ging es für die Zuhörer zurück in die Zellen und für uns in die Freiheit. Der Chefreporter fragte, ob er ein gemeinsames Gruppenfoto für die Zeitung schießen dürfe und wen er auf dem Foto verfremden oder unkenntlich machen sollte. Keiner sprach sich dagegen aus, nur einer sagte:

»Wir haben doch alle lebenslänglich und wenn wir hier rauskommen, schauen wir eh ganz anders aus.«

So ging es natürlich auch. Ich hatte aus der ganzen Geschichte eines mitgenommen: jedermann vernünftig zu behandeln und den Menschen hinter den Straftäterinnen und Straftätern zu sehen.

Eines Tages kam Stephan auf mich zu und bat mich um einen Gefallen, er hatte damals das Marketing und die Betreuung der Botschafter des deutschen Kinderhospizes und der Familienstiftung übernommen. Stephan hatte immer geniale und neue Einfälle, wie wir zum Beispiel Spenden für die Kinder und das Hospiz Mitteldeutschland einsammeln und generieren konnten. Dieses Mal sollte es in die Justizvollzugsanstalt Tonna, eine Gemeinde im thüringischen Landkreis Gotha, gehen. Dort hatten Häftlinge Geld gesammelt und wollten dies nun für das Kinderhospiz spenden. Alle Inhaftierten mussten mehr als fünf Jahre Haft in dem Gefängnis absitzen. Und da hatte sich Stephan überlegt, dass ich bei der Spendenübergabe dabei sein sollte. Auch könnte ich eine Fragestunde mit den Insassen machen und ein paar Anekdoten aus meinem polizeilichen Leben zum Besten geben. Da ich ja zuvor schon in der JVA Schwerte gewesen war, traute ich mir auch diesen Besuch zu. Bei heißem Wetter trafen wir samt Fotograf vor der Justizvollzugsanstalt ein und besprachen kurz das Vorgehen. Der Spendenscheck war zur Hälfte ausgefüllt und wir betraten nun den Haupteingang. Eine verantwortliche Frau empfing uns und wir füllten einige Formulare aus, um in die JVA zu gelangen. Sie zeigte uns den großen Fernsehsaal, in dem die Veranstaltung stattfinden sollte. Als wir dann an einem Fenster standen, sah ich aus den Augenwinkeln mehrere Bedienstete der Justiz und im Anschluss die Insassen eintreten. Es handelte sich vorwiegend um muskulöse tätowierte Männer mittleren Alters, die augenscheinlich viele Stunden im Kraftraum verbracht hatten. Ich zählte über einhundertzwanzig Personen, die mir gegenübersaßen, und mir wurde doch etwas mulmig zumute, zumal mich ein paar von ihnen feindselig musterten. Ich ließ mir meine Furcht nicht anmerken und die Chefin übernahm nun die Begrüßung. Dann wurde es lauter im Saal, denn einige der Zuhörer unterhielten sich miteinander. Sie nutzten hier die Möglichkeit der Kommunikation und des Austausches, indem sie sich zur Teilnahme an der Veranstaltung gemeldet hatten. Ich stand kurzerhand auf und bat um Ruhe.

»Warum seid ihr eigentlich hier? Ihr habt euer weniges Taschengeld für unser Hospiz gespendet und wir wollen uns gebührend bedanken. Ihr möchtet, dass man euch respektiert, also respektiert auch uns.« Rums, das saß.

Zwei der kantigen Männer standen plötzlich auf und ich dachte noch, jetzt war ich wohl zu vorlaut, doch sie lenkten ein und versprachen, mit einem Grinsen im Gesicht, Besserung. Ich war erleichtert und wir konnten mit der Veranstaltung fortfahren. Nachdem ich mich für die Spenden ausführlich bedankt hatte, schilderte ich meine persönlichen Eindrücke, die ich im Kinderhospiz erlebt hatte. Danach war es totenstill und zahlreiche Zuhörer wurden nachdenklich, denn sie hatten draußen auch Familie, die auf sie wartete.

Nach der Veranstaltung durften einige der Häftlinge mit mir sprechen und Fotos machen. Einer der großen vierschrötigen Männer kam auf mich zu, er drückte mich und flüsterte:

»Du scheinst ja doch in Ordnung zu sein, Bulle. Das mit dem Kinderhospiz ist super und wir werden auch weiter sammeln!«

Wo er recht hat, hat er recht.

Sorge um den Vater

An einem verregneten Freitag erhielten wir einen Einsatz über unsere Leitstelle. Wir sollten in die Nähe des Schauspielhauses fahren. Dort erwartete uns eine betagte Dame, die sich Sorgen um ihren alten Vater machte. Bei strömendem Regen trafen wir ein und konnten mit der Anruferin sprechen. Der Neunzigjährige lebte allein und hatte sich leider die ganze Woche nicht bei ihr gemeldet, was ungewöhnlich war. Sie hatte die Feuerwehrleitstelle angerufen und nachgefragt, ob eine Fahrt von seinem Wohnort aus stattgefunden hatte, was verneint wurde. Sie besaß zwar einen Schlüssel, aber sie schaffte es nicht, die schwer gesicherte Wohnungstür zu öffnen. Mein Kollege und ich gingen ans Fenster der Parterrewohnung, dort war die Jalousie etwas hochgezogen, sodass man hineinschauen konnte. Der Arbeitskollege, ein junger kräftiger Kerl, sollte eine Räuberleiter machen und mich hochdrücken, damit ich es schaffte, in das Schlafzimmer des Mannes zu schauen. Ich erschrak – die Bettdecke war aufgeklappt und auf dem Boden lag eine Gestalt und rührte sich nicht. Also Gefahr im Verzug, die Feuerwehr rufen, die die Wohnungstüre öffnen sollte. Die Jungs waren auch sofort vor Ort und mühten sich redlich, die Tür zur Wohnung aufzubekommen.

»Toto, das wird eine schwere Geburt, denn die Türe ist gesichert wie Fort Knox, aber wir schaffen das schon.« Nach kurzer Zeit – so viel Krach hatte ich selten beim Türöffnen gehört – konnten wir die Wohnung betreten.

Die 70-jährige Tochter musste durch den Kollegen gestützt werden, während ich mit einem Sanitäter das Objekt betrat.

Ich rief laut, dass die Polizei nun einen Hausbesuch machen würde, bekam aber keine Antwort. Als wir an die Schlafzimmertür traten, kam mir ein schwarzer älterer Labrador schwanzwedelnd entgegen. Diesen hatte ich vor dem Bett liegen und schlafen sehen – jetzt war er wach und begrüßte uns. Dann gingen wir ins Wohnzimmer und es bot sich folgendes Bild:

Der Fernseher lief, man konnte aber nichts hören und man sah jemanden im Fernsehsessel sitzen, die linke Hand hing schlaff herunter. Ich rief noch einmal laut – keine Reaktion. Ich ging langsam um den Sessel herum in Erwartung einer toten Person, doch ich irrte mich. Als ich in das Gesichtsfeld des Opas trat, schaut er erstaunt auf und nahm die Kopfhörer ab.

»Was machen Sie hier in meiner Wohnung? Wollen Sie mich bestehlen? Sie haben mich total erschreckt. Ich wäre fast gestorben«, maulte er uns an. Ich lachte erleichtert auf.

»Ihre Tochter hat sich große Sorgen um Sie gemacht und da alles dafür sprach, dass Ihnen etwas passiert ist, sind wir hier und kümmern uns. Und warum haben Sie uns bei dem Radau, den wir veranstaltet haben, nicht gehört?«

»Ich bin schwerhörig und um den Fernseher bei meiner Lieblingsserie nicht so laut machen zu müssen, wegen der Nachbarn, trage ich Kopfhörer. Ich war einmal Arzt und sehe deshalb die Schwarzwaldklinik mit Professor Brinkmann so gerne.«

Und mit den Worten: »Jetzt können Sie ja wieder gehen. Danke für Ihren netten Besuch«, setzte er sich die Kopfhörer auf und widmete sich seiner Serie. Wir verabschiedeten uns von der Tochter, die sehr erleichtert wirkte, dass ihr Vater gesund und wohlauf war. Die Feuerwehr hatte tolle Arbeit geleistet und brachte die Wohnungstür wieder in Ordnung. Beim Hinausgehen lächelte mich der Kollege an und sagte:

»Hast du schon mal so einen Einsatz gehabt? Ich nicht. Jeder Tag bei der Polizei ist anders.«

Und damit lag er vollkommen richtig.

Ein Familienangehöriger eines Kollegen rief damals den Notruf an, um einen brisanten Fall zu schildern. Wir erhielten mit zwei Streifenteams einen Einsatz im berühmten Bermudadreieck. Dort wohnte, direkt auf der Meile, ein Verwandter eines Arbeitskollegen, den wir persönlich kannten. Wir waren zwei gemischte Teams – also jeweils ein Mann, eine Frau – und wir parkten defensiv in einer Seitenstraße. Wir bahnten uns zu Fuß den Weg zum Einsatzort, da die Stadt voll mit feierwütigen Menschen war. Wir wussten nur, dass es sich um ein Hilfeersuchen handelte, und klingelten bei dem Anrufer. Dieser drückte den Türöffner für die gläserne Haustür und wir begaben uns in Richtung der Wohnung, die im 2. Stock gelegen war. Schon auf der Treppe kam uns der Mann entgegen, und zwar nackt, die Hände auf dem Rücken waren mit Plüschhandschellen gefesselt.

»Gut, dass ihr kommt«, säuselte er im Hausflur und hielt uns die zusammengebundenen Hände hin. »Öffnet mir mal die süßen Kettchen und dann erzähle ich euch meine Misere«, sagte er erleichtert. Wir blickten uns alle erstaunt an und begaben uns in seine Wohnung, um uns die Story genauer anzuhören.

Nachdem wir ihn von den Fesseln befreit hatten und er sich immerhin ein rosa Betttuch umgelegt hatte, schilderte er uns folgende Geschichte.

»Ihr wisst ja, dass ich homosexuell bin und auf junge Männer stehe. Ich bin ja die meiste Zeit im Ausland. Am liebsten in Thailand, da sind die Boys recht knackig. Ich spendiere ihnen dann ein paar Euro und wir verbringen eine gewisse Zeit zusammen. Jetzt traf ich in Dortmund einen Mann, wir verstanden uns sofort und waren auf das Gleiche aus, also nahmen wir ein Taxi und fuhren zu mir. Im Taxi streichelte er mich und ich wurde nervös. Dann gingen wir in meine Wohnung und …«

»Bitte keine Details«, merkte eine der Kolleginnen an.

»Kommt mal mit ins Schlafzimmer, da ist es dann passiert«, sagte er und stand auf. Das konnten wir uns schon denken, folgten ihm aber trotzdem.

»Also haben wir ein bisschen rumgeknutscht und etwas Prosecco getrunken. Ich bin dann kurz auf die Toilette, um mich noch mal frisch zu machen, und dann ging es weiter. Er animierte mich zum Trinken, und wir leerten die Flasche in kurzer Zeit. Danach weiß ich von nichts mehr. Ich nehme an, dass K.-o.-Tropfen im Glas waren, die mich außer Gefecht setzten.« Die Kollegin schnappte sich mit Einweghandschuhen die beiden auf dem Nachttisch stehenden Gläser, um die Spuren nicht zu zerstören, und ging in die Küche. Sie würde sich Notizen dazu machen und die Kriminalpolizei verständigen, denn das hier war definitiv ein Tatort.

Jetzt ging die Geschichte aber weiter.

»Ich bin dann gefesselt und nackt auf dem Bett liegend zu mir gekommen. Ich habe direkt festgestellt, dass meine rote teure Lederjacke weg war, denn die hing nicht mehr über dem Schlafzimmerstuhl. Da waren noch fünfhundert Euro drin, die auch weg sind. Außerdem hatte er Sex mit mir. Ich spüre es noch«.

Plötzlich rief die Kollegin, die sich in die Küche begeben hatte, nach mir. Mit den Worten:

»Hast du die Kripo und einen Rettungswagen bestellt?«, betrat ich die bunt tapezierte Küchenzeile. Ich staunte, denn beim Eintreten fiel einem sofort eine riesige Kuckucksuhr ins Auge. Vor allem die beiden Zapfen, die aussahen wie große männliche Hoden.

»Die habe ich mir extra anfertigen lassen«, meldete sich der Anrufer, der plötzlich hinter mir stand.

»Es kommt jetzt ein Rettungswagen, der dich zur Untersuchung ins Krankenhaus fährt, und natürlich die Kriminalpolizei, die sich um dieses Verbrechen kümmert, den Tatort aufnimmt und besichtigt. Das andere Streifenteam bleibt hier und wir fahren weiter Streife. Gute Besserung«, wünschte ich ihm und nickte.

»Schade, dass ich beim Sex ohnmächtig war, war bestimmt interessant«, sagte das Opfer nachdenklich, »na ja, vielleicht klappt es ja beim nächsten Mal und danke Toto, bis demnächst.«

Zuletzt habe ich den Onkel des Kollegen in der Fußgängerzone gesehen. Er war frisch gestylt, der Bart und die Haare neu gefärbt und anscheinend war er wieder auf der Jagd nach Abenteuern. Ich dachte aber nur an die berühmte Kuckucksuhr und lachte.

Fußstreife durch die Bochumer Innenstadt, eine meiner Lieblingsbeschäftigungen. So lernte man die Stadt und ihre Einwohner besser kennen, ich nannte es Vollkontakt, denn man konnte sich nicht davonschleichen, wenn die Bürger ihr Begehren vortragen wollten. Ich klapperte Spielhallen ab, trank dort einen Kaffee und kontrollierte einige der anwesenden Personen, wir von der Polizei wussten, dass da mit allerlei Sachen gehandelt und gedealt wurde. Man hehlte mit Autoradios aus diversen Einbrüchen oder überfiel die Spielhalle selbst, weil man in Geldnot geraten war. Daher war Polizeipräsenz wichtig. Im Anschluss folgte ich dem Schleichweg, den ich eines Tages entdeckt hatte, in Richtung Bücherei, die im Arbeitsamt beheimatet war. Auf dem Vorplatz gab es einen stillgelegten Brunnen, an dem sich zahlreiche Arbeitslose, Nichtsesshafte und Kleinkriminelle aufhielten.

Die meisten kannte ich durch diverse Einsätze mit Namen und ich wurde, wenn man mich erkannte, ordentlich, aber respektvoll, angefeindet. Ich war resolut, streng, aber gerecht. Man konnte mit mir auf Augenhöhe reden, doch bei Straftaten, oder wenn Frauen und Kinder im Spiel waren, hörte bei mir der Spaß auf. Neutralität und Sachlichkeit, auch wenn es manchmal schwerfiel, hieß die Devise. Ich begrüßte die Versammlung, hielt ihnen einen Vortrag über Sauberkeit und Ordnung in der Stadt: *Müll in den Mülleimer, Pfandflaschen in eine Tüte, nicht auf den Boden spucken oder ins Gebüsch urinieren*, als von irgendwoher laut gerufen wurde. Ich lief los und wurde linksseitig von einer sportlichen Frau mittleren Alters überholt, die einen kleinen Koffer bei sich trug. Wir machten halt von einer Gruppe Menschen, die sich um einen am Boden liegenden Mann kümmerten. Ich bat sie uns durchzulassen, während die Frau sich als Ärztin outete.

Sie ging in die Hocke und überprüfte die Vitalfunktionen, ich fragte die Umstehenden nach Informationen ab. Laut Angaben habe er, ein Russe, eben noch auf der Bank gesessen und eindeutig zu viel Alkohol getrunken, es lagen zwei leere Flaschen Wodka und etliche Bierdosen auf dem Boden. Die Ärztin hatte bereits das Hemd aufgerissen und den Hosenbund gelockert.

»Sie übernehmen die Herzmassage und ich die Atmung«, sagte sie schnell. Läuft, dachte ich und warf die Jacke beiseite, um das Herz des Mannes wieder in Schwung zu bringen, während sie eine Beatmungsmaske hervorholte und dem Mann auf das Gesicht legte. Zwei anwesende Sicherheitskräfte schirmten die Situation mit einer Decke vor neugierigen Blicken ab. Ein Polizist aus dem Bürgerbüro kam hinzu, er funkte die Wache an und bestellte einen Notarzt und einen Krankenwagen. Dann durchsuchte er den Rucksack nach Personalien. Irgendwie kam mir das Gesicht bekannt vor, aber in diesem Moment fiel mir nicht ein, wer der Sterbende war. Nach einer gefühlten Ewigkeit kamen die Rettungskräfte herbeigeeilt. Doch auch sie konnte nichts mehr für ihn tun. Ich verständigte also die Wache, notierte mir noch ein paar wichtige Angaben der anwesenden Zeugen und fuhr mit ins Universitätsklinikum, wo der endgültige Tod des Russen festgestellt wurde. Die Kriminalwache traf ein und übernahm die Leichenschau. Sie hatten die Personalien überprüft und herausgefunden, dass er im letzten Jahr mehrfach seine Frau verdroschen und bei der Festnahme ordentlich Widerstand geleistet hatte. Danach kam er in die JVA und war nach zwei Wochen wieder draußen. Ich sollte nun die Angehörigen verständigen. Ich erinnerte mich dunkel daran, dass ich im Einsatz bei einer russischen Frau gewesen war, die aufgrund ihrer schweren Verletzungen ins Krankenhaus eingeliefert wurde. Der Rettungsdienst hatte uns verständigt, weil sie angegeben hatte, dass ihr jähzorniger Mann sie geschlagen hatte. Ich steuerte also die Meldeadresse der Ehefrau an und da niemand öffnete, klingelte ich bei den Nachbarn, die die Schwester der Frau erwähnten. Diese wohnte ganz in der Nähe.

Dort angekommen machten wir uns durch Klingeln und Klopfen bemerkbar, ich stellte mich direkt vor den Spion, nannte meinen Namen und bat die Tür zu öffnen, da man wichtige Nachrichten zu überbringen habe. Nach kurzem Zögern wurde die Tür einen Spalt breit geöffnet und wir gingen in die Wohnung, die zwei Schwestern sahen uns erschrocken an.

Und auch ich erschrak, das einstmals bildhübsche Gesicht der Ehefrau war nicht mehr wiederzuerkennen.

Blaue Flecken, ein Auge war komplett zugeschwollen, das Jochbein war immer noch nicht ganz verheilt. Außerdem fehlten ihr mehrere Zähne. Eine Todesnachricht zu überbringen bedurfte Sensibilität, es ging darum, wie man das Gespräch begann. Ich war mir nicht sicher, entschied mich aber für die weichere Variante und verwickelte sie in eine lockere Unterhaltung. Sie sprach von Streitigkeiten, von ihr angedrohter Trennung, Scheidung, mehrfach strich sie sich über ihr verwundetes Gesicht. Nun war es an der Zeit, die Nachricht zu überbringen.

»Ihr Mann ist heute Vormittag in der Stadt verstorben. Er ist einfach von einer Bank gefallen und war sofort tot. Erste Hilfsmaßnahmen haben nicht geholfen.«

Ihr Martyrium hatte ein Ende. Doch weit gefehlt, sie fing an zu schreien und warf sich auf den Boden.

»Mein geliebter Mann ist tot. Was soll ich nun ohne ihn machen? Wer versorgt mich jetzt hier in Deutschland?

Wieso konnten Sie ihn nicht retten? Er war doch auf dem Weg der Einsicht!«

Mir platzte fast der Kragen, für so etwas hatte ich gar kein Verständnis. Ich räusperte mich.

»Sie fahren jetzt in die Universitätsklinik, Station A. Dort erwarten Sie der Arzt und die Kriminalpolizei. Schaffen Sie das zusammen?« Die Schwester nickte und nahm die trauernde Witwe bei Seite. Halleluja.

Vor dem Haus schaute mich die Kollegin erstaunt an, denn so was lernte man wirklich nicht auf der Polizeischule, da konnte man noch so lange dabei sein.

Der Besuch der alten Dame

Die Sonne schien vom Himmel, ich hatte gute Laune und ging auf Fußstreife durch den mir zugewiesenen Bezirk. Bürgerkontakt war angesagt. Auf dem Hinweg hatte ich einigen Falschparkern ein paar Zahlkarten geschrieben, zwei umgetretene Mülltonnen wieder aufgestellt und mich mit dem einen oder anderen Mitbürger unterhalten, als mich ein Funkspruch der Innenstadtwache erreichte. Es ging um einen Einsatz im Bereich des Schauspielhauses und da ich mich in der näheren Umgebung befand, machte ich mich auf den Weg dorthin. Laut Information ging es um eine weibliche Leiche älteren Jahrgangs, der Hausarzt war vor Ort und die Familie schon verständigt. Ich sollte einfach nach dem Rechten sehen. Es handelte sich um eine ruhige gut situierte Wohngegend, wo es so gut wie keine Einbrüche und Kriminalität gab. In dem Viertel um das Bochumer Schauspielhaus tummelten sich viele bekannte Schauspieler in den angrenzenden Kneipen, hier traf man nach den Vorstellungen die Hausmanns, die Rhodes, die Schmidts, die Bärs und andere tolle Akteure.

Am Einsatzort klopfte ich an der Parterrewohnung, in der Küche saßen einige Personen, die sich gedämpft unterhielten, der Hausarzt füllte den Totenschein aus. Ich stellte mich vor, bekundete mein Beileid und fragte, ob ich mir die verstorbene, Frau Schneider, wie mir mitgeteilt wurde, mal ansehen dürfe. Laut Angaben des Arztes war sie nach langer schwerer Krankheit verschieden, er nickte der trauernden Angehörigen zu, die mich in das Schlafzimmer begleitete. Sie erzählte mir, dass sie jeden Morgen nach ihr sehe und es heute früh merkwürdig still in der Wohnung gewesen sei.

»Sie sah so friedlich aus. Als ob sie schlafen würde. Es war wohl eine Erlösung für sie.« Die Frau schluchzte und schaute betreten zu Boden. Der Raum, in dem die ältere Dame lag, war dunkel, sodass ich ans Fenster trat und die Jalousie ein wenig verstellte. Das Zimmer war aufgeräumt und sauber, ich trat ans Bett, um mir die Leiche genauer anzuschauen. Was mit sofort auffiel: Das Oberbett lag glattgestrichen auf dem toten Körper. Hatte der Arzt keine Leichenschau vorgenommen oder waren es die Angehörigen, die sie so aufgebahrt hatten? Ich zog mir Einweghandschuhe über und begann die Verstorbene zu untersuchen. Sie atmete nicht und hatte keinen Puls mehr. Das runzlige Gesicht war aschfahl und die wenigen grauen Haare fielen ihr über die Augen. Der Mund war geschlossen, sie sah friedlich aus. Ich hob die Bettdecke an und warf einen Blick auf ihren abgemagerten Körper.

Sie fühlte sich kalt und starr an. Hatte die Leichenstarre eingesetzt? Wie lange lag sie schon da? Hatte der Arzt sie wirklich auf einen natürlichen Tod hin untersucht?

Viele Fragen schossen mir durch den Kopf. Ich gab mir einen Ruck und legte eine Hand mit sanftem Druck auf ihre Körpermitte, so konnte ich meine Erkenntnisse aus einem Erste-Hilfe-Kurs umsetzen. War dort vielleicht noch ein letztes Flimmern zu verzeichnen? Denn wenn man tot war, verfügte der Bauch/Körper noch über ein paar Liter Restluft, sprich die Gase im Darm würden entweichen. Beim Drücken hörte ich plötzlich einen Seufzer und die Leiche fing an, sich zu bewegen. Mir standen die Haare zu Berge, die Omi schlug die Augen auf und schaute mich verschlafen an. Sie schien ihre Gedanken zu ordnen, dann fragte sie mit zarter Stimme, was ich Lümmel hier, in ihrem Schlafzimmer, zu suchen hätte ob ich sie abholen oder sogar vergewaltigen wolle. Ich brachte ein mühsames Lächeln zustande und beruhigte sie. Ich konnte ihr wohl schlecht erzählen, dass im Nebenraum ihre trauernden Gäste saßen.

»Einige Menschen haben sich Sorgen um Sie gemacht und ich wollte mal nach Ihnen schauen.« Sie atmete aus.

»Die Krebserkrankung setzt mir sehr zu, die Medikamente lassen mich immer tief und fest einschlafen, aber tot bin ich noch lange nicht. Helfen Sie mir hoch, es scheint Besuch da zu sein.«

Sie reichte mir ihr runzliges Händchen. Die Küchentüre war leicht angelehnt, sodass man uns nicht sofort sehen konnte. Wir traten ein und ich setzte Frau Schneider mit einer geschickten Bewegung auf einen freien Stuhl, während die anderen Personen der Reihe nach in Schockstarre fielen. Der Hausarzt machte den Anschein, als ob er sich übergeben müsste, er verstaute das schon ausgefüllte Sterbedokument in einem Ordner. Ich verabschiedete mich bei den Versammelten, Frau Schneider zwinkerte mir mit einer Tasse Kaffee in der Hand munter zu. Vor dem Haus atmete ich aus und fragte mich, was ich denn jetzt der Wache erzählen sollte? Kopfschüttelnd und mit diesen Gedanken im Gepäck begab ich mich wieder zurück in meinen Bezirk.

Die falsche Toilette

Ein heißer Sommertag im nördlichen Stadtbezirk von Bochum.

Auf der Wache löschten wir gerade unseren Durst, als uns der Funker ansprach. Personenkontrolle bei einer Heizungs- und Sanitärfirma. Es bestand der Verdacht auf Hausfriedensbruch, der Geschäftsführer erwartete uns. Meine Kollegin und ich fuhren los, unterwegs philosophierte sie über ihre Erfahrungen im Kampfsportbereich, als wir uns dem Einsatzort näherten. Am Straßenrand stand ein Mann, der uns aufgeregt zuwinkte, ich lenkte den Einsatzwagen auf einen freien Parkplatz, und noch bevor ich eingeparkt hatte, kam der vermeintliche Geschäftsführer angerannt und riss die Fahrertür auf. Seine Worte überschlugen sich, als er uns von einem älteren Herren berichtete, der in seinem Geschäft sein Geschäft verrichtete. Ich kannte das Gebäude von diversen Lesungen, stieg aus und sah, dass im Inneren der Firma jemand hinter einem Fenster saß und ebenfalls hektisch winkte. Meine Kollegin und ich sahen uns an, denn noch verstanden wir nicht, was sich hier abspielte. Auf dem Weg in die erste Etage regte sich der Geschäftsführer weiter auf, es fielen Sätze wie: Er bräuchte die Personalien des Mannes, er werde ihn in Regress nehmen und das der Fremde für sein Geschäft bezahlen müsse. Wir beruhigten ihn, denn eine Toilettenbenutzung konnte ja schließlich kein Vermögen kosten. Nachdem wir zwei Ausstellungsräume passiert hatten, blieben wir abrupt stehen und rissen die Augen auf. Da saß der ältere Herr ganz ruhig auf einem der dort stehenden Ausstellungsstücke, einer schönen cremefarbenen Toilette, und verrichtete seine Notdurft. Es gab weder eine Tür, die man schließen konnte, noch war dieses WC an irgendeinem Abwasserrohr installiert. Dazu kam, dass er direkt am Fenster zur Straße saß, rauchte und die Tageszeitung las. Der Übeltäter blickte uns an, stand auf und putzte sich sein Hinterteil mit einem Tempo ab, warf es in das Ausstellungsstück und verschloss seine Hose. Er rollte die Zeitung zusammen, klemmte sie sich unter den Arm, dann kam er auf uns zu und wollte uns per Handschlag begrüßen. Aufgrund des dreisten Verhaltens stieg mein Blutdruck in schwindelnde Höhen. Während Veronika die Personalien des Mannes aufnahm, schimpfte der Inhaber berechtigterweise weiter: Geschäftsschädigend – Reinigungsdienst-Kosten, er hatte mittlerweile einen feuerroten Kopf.

Der ältere Herr hingegen konterte: Ausprobieren und Probesitzen – gemütlich gemacht – und er nähme die Toilette gleich mit. Das war ja mal eine Ansage, dachte ich kopfschüttelnd. Er übernahm die gesamten Reinigungskosten und erwarb tatsächlich den eingeweihten Thron und ließ ihn sich noch am selben Tag nach Hause liefern. Sachen gibt's.

Verweste Leiche

Ich hatte Spätdienst, als ein guter Freund und Kollege mit der Bitte auf mich zukam, bei einem seiner Musikerkollegen, einem Gitarristen, nach dem Rechten zu sehen. Er machte sich Sorgen, weil er seit Wochen nichts mehr von ihm gehört hatte. Der Mann lebte ganz in der Nähe und so fuhr ich mit einem neuen Mitarbeiter dort vorbei. Als wir am Wohnort ankamen, erwartete uns schon ein anderer Bekannter, der sich ebenfalls erhebliche Sorgen um den Bandkollegen machte.

Die ebenerdige Wohnung, bei der alle Rollläden heruntergelassen waren, versprach nicht Gutes. Wir stellten uns vor und besprachen die Sachlage, bevor wir versuchten, ins Haus zu gelangen. Wir klingelten bei den anderen Bewohnern, es wurde aufgedrückt, dann traten wir in den muffigen Hausflur. Der Briefkasten des Vermissten war bis zum Rand mit Post und Werbung vollgestopft. Ich hörte, wie im oberen Stockwerk die Wohnungstüren aufgingen, und rief Polizei, woraufhin die Türen wieder geschlossen wurden.

An der Tür des Gitarristen hielt ich kurz inne, dann steckte ich meine Nase in Richtung Türzarge. Es roch nach Tod und Verwesung. Ich klingelte und klopfte pro forma an, doch es schien aussichtslos. Mein neuer Kollege rümpfte die Nase und verabschiedete sich nach draußen, um die Personalien der Zeugen und die Einsatzzeiten zu notieren. Um in die Wohnung zu gelangen, musste also ein anderer Plan her. Der Kumpel des Vermissten und ich überlegten gemeinsam – die Terrasse.

Aber auch dort waren alle Rollläden heruntergelassen, die einzige Chance war, sie nach oben zu schieben. Es funktionierte und sie bewegte sich.

Ein vermoderter süßlicher Geruch stieg mir in die Nase, ich musste ruhig bleiben, um die Jalousie nicht fallen zu lassen. Ich klemmte sie mit einem Stock, der dort lag, fest, wickelte mir den Schal ums Gesicht, nun betrat ich vom Garten aus die Wohnung. Sie lag im Dunkeln, ich zog mechanisch die Taschenlampe aus dem Einsatzgürtel und knipste sie an.

Der Schein des Lichtkegels strich über ein Meer aus leeren Whiskyflaschen und Bierdosen, es gab nur einen freien Pfad, der mich in Richtung Lichtschalter stolpern ließ. Ich drückte auf den Schalter, die Deckenbeleuchtung ging an. An der Wand hingen kostspielige Gitarren, in einem Regal lagen hochwertige Fotoapparate der Marke Canon. Eindrucksvolle Fotos an den Wänden zeigten einen lächelnden Mann mit blonden Haaren und Drei-Tage-Bart.

Ich ging ein paar Schritte auf den Wohnzimmertisch zu, als ich auf etwas Weiches trat, fast ausgerutscht wäre, mich aber noch am Tisch abfangen konnte. Und in dem Moment stockte mir der Atem, denn vor mir, zusammengerollt wie ein Embryo, lag der seit Tagen vermisste Mann. Ich war ihm auf die Hand getreten. Ich zog mir Einmalhandschuhe über und untersuchte den Leichnam oberflächlich, aufgrund der Totenflecken und der einsetzenden Verwesung war hier aber nichts mehr zu machen. Ich öffnete ein Fenster, um Luft in die Wohnung zu lassen, mein Spiegelbild hatte Tränen in den Augen. Ich schloss die Wohnungstür von innen auf und sah noch einmal hinab auf den Menschen, der da lag. Dem Tod auf diese Weise zu begegnen, war traurig und schien hoffnungslos. Ich ging vor die Tür, der Freund des Toten rauchte nervös eine Zigarette. Er sah mich an, ich schüttelte den Kopf und sah zu Boden. Dann nahm ich ihn in den Arm und versuchte Trost zu spenden, er weinte, den Seelsorger aber lehnte er ab, er setzte sich auf die Treppenstufen und steckte sich eine Zigarette an.

Mein Kollege ging wortlos zum Streifenwagen, um den Notarzt zu rufen, der den Tod (ungeklärte Ursache) bescheinigen musste, dann wurde die Kriminalpolizei – zumeist die Kriminaldauerwache – verständigt, die sich weiter um den Fall kümmern sollte. Nach kurzer Zeit kamen der Krankenwagen und der Notarzt aus dem naheliegenden Klinikum. Ein junger motivierter Arzt sprang aus dem Fahrzeug, ich erklärte ihm den Sachverhalt, während wir uns dem Fundort näherten.

»Wo liegt denn der Vermisste?«, fragte er und blickte ins Wohnzimmer, »ach, ich sehe schon.«

»Wie, Sie sehen schon?«, konterte ich, denn mit der Leichenschau hatte er noch nicht begonnen.

»Alkoholismus, der Mann hat sich augenscheinlich zu Tode getrunken«, sagte er, zeigte auf die leeren Flaschen am Boden und verschwand zurück zu seinem Einsatzfahrzeug. Super Diagnose, dachte ich mir und sah ihm ungläubig nach. Aber im Endeffekt hatte er den Tatort, ohne Spuren zu verwischen, verlassen, und die Kripo konnte in Ruhe arbeiten. Dann trafen auch schon zwei junge Kolleginnen der Kriminaldauerwache ein, mein Kollege übergab das Protokoll und die anderen Papiere und ich fasste die Sachlage zusammen. Noch während wir die penetrant riechende Wohnung betraten, drehte sich eine Kollegin um und würgte.

»Ich übernehme den Schriftkram und du machst bitte die Fotos«, sagte sie zu ihrer Begleiterin und verschwand ins Badezimmer. Das war nun mal so, der eine konnte mit dem Tod und all seinen Facetten umgehen, dem anderen wiederum fiel es schwer.

Tod und Geburt

In meiner Praktikumszeit versah ich Dienste im Münsterland. Während die dortigen Kollegen zu uns ins Ruhrgebiet fuhren, mussten wir nach Ahaus, Coesfeld oder Borken. Vor Ort begleiteten wir Frischlinge einen erfahrenen Kollegen oder Obermeister in einem Streifenwagen oder per Fahrradstreife.

Es war an einem warmen Sommernachmittag, als wir zu einem schweren Verkehrsunfall geschickt wurden, ein Lkw-Fahrer hatte beim Wenden an einem Rastplatz einen Zweiradfahrer übersehen und diesen überrollt. Der Streifenführer schaltete das Blaulicht ein und preschte über die Landstraße. Von Weitem konnten wir das Drama schon erkennen. Wir stiegen aus dem Wagen, der Kollege blockierte die gesamte Straße, damit kein anderes Auto in die Unfallstelle fuhr, er stellte Lampen und Verkehrshütchen auf und forderte Unterstützung an. Ich spurtete hinüber zum querstehenden Lastkraftwagen, beim Näherkommen sah ich an der Seite ein zertrümmertes Zweirad ohne Vorderreifen, welches über die Straße katapultiert worden war. Im hinteren Bereich stand der bleiche Lastwagenfahrer, der einen Stofffetzen in der Hand hielt und etwas in sein Handy stammelte. Ich hastete an ihm vorbei, suchte mit Grummeln im Bauch den Führer des Zweirades und entdeckte bald zwei leblose Beine unter einem der Zwillingsreifen. Dann schaute ich genauer nach und schloss die Augen. Für den jungen Mann kam jede Hilfe zu spät, sein Körper war total zertrümmert. Mir wurde schlecht und ich holte erst einmal tief Luft. Der Lkw-Fahrer kam wie versteinert zu mir und musste sich sofort übergeben, ich führte ihn ein paar Meter weg von der tragischen Unfallstelle. Vorsichtig erkundigte ich mich, was geschehen war. Er schilderte unter Schock, dass er sich mit der Fahrtroute vertan habe und als er den Parkplatz sah, wollte er wenden, um in die andere Richtung zu fahren. Er fuhr auf Zeit, jede Minute zählte in dem Job. Er drehte also um, bemerkte eine Art Ruckeln im hinteren Bereich des Fahrzeuges und dachte noch, *ich sei wo drü-*

bergefahren, als er im Rückspiegel das Zweirad liegen sah. Er sackte in sich zusammen. Mittlerweile waren der Rettungswagen und die Unterstützung aus dem Nachbarort da. Unser Streifenführer machte derweil Bilder von der Unfallstelle, er markierte und kreidete Spuren ab und holte das Messrad aus dem Streifenwagen. Heute übernimmt so was eine spezielle Unfallaufnahmegruppe von der Polizei, damals musste man das wichtige Prozedere alleine durchführen. Ich nahm das Atemalkohol-Messgerät in Betrieb – bei dem Lkw-Fahrer kam nichts Negatives heraus. Dann wurde ich von unserem Einsatzführer gerufen, wir begaben uns an den Rand des Parkplatzes, wo es einen kleinen Feldweg gab. Dort fanden wir frische Reifenspuren, die zum Motorrad passten, Zigarettenstummel, die auf dem zertretenen Boden lagen, und drei leere Flachmänner. Es schien, als habe der Verstorbene hier zuvor eine Pause eingelegt und im Anschluss die Verkehrssituation nicht richtig eingeschätzt. Die schwerwiegenden Folgen: Er hatte nicht damit gerechnet, dass der Lkw-Fahrer plötzlich wenden wollte. Dieser konnte ihn aufgrund des toten Winkels auch nicht sehen und erahnen, dass sich jemand hinter dem tonnenschweren Wagen aufhielt.

Ein furchtbares Unglück!

Der nächste Notruf führte uns zu einem Fahrzeug, das ohne Fremdverschulden oder Unfall auf einem Feldweg stehen- geblieben war. Wir rasten mit Sondersignalen zur angegebenen Stelle und entdeckten den Wagen mit geöffneter Fahrertüre am Wegesrand. Dort saß eine hochschwangere Frau, die auf dem Weg ins Krankenhaus war, die Wehen hatten eingesetzt und die Fruchtblase war geplatzt. Ihr Mann sei ebenfalls bei der Polizei, hechelte sie, aber er sei momentan nicht zu erreichen. Der Streifenführer kam herbei, staunte und begrüßte sie mit Margot.

»Ist es schon so weit? Dein Mann ist bei einer Razzia, dem sagen wir per Funk Bescheid. Rettungswagen und Notarzt sind auf dem Weg.«

Wir halfen der Frau aus dem Fond des Wagens in den geöffneten, großen Kofferraum und legten zwei Folien unter die Gebärende, die sich beruhigte, weil wir da waren und sie den Arbeitskollegen ihres Mannes kannte. Wir streiften uns je ein paar Einweghandschuhe über und unterstützten die Geburt, so gut wir konnten. Sie bekam ihr drittes Kind und während ich ihre Hand hielt und zum ruhig Atmen und in den Unterleib anstatt in den Kopf Pressen animierte, rief mein Kollege:

»Gleich haben wir es geschafft, ich sehe schon das Köpfchen.«

Ich wischte mir den Schweiß von der Stirn, dann tupfte ich Margots Gesicht trocken, sie schaute mich ein wenig besorgt an – kam das Kind gesund zur Welt?

Ich drehte mich um, Rettungswagen und Notarzt kamen angefahren, während mit einem Schrei ein kerngesunder Junge geboren wurde, den wir auf den Bauch der Mutter legten. Wir hatten es geschafft, der Arzt sprach ein großes Lob aus und begann mit der Untersuchung des Babys.

Sie wurde in ein Krankenhaus verlegt und wir verständigten ihren Mann. Der Streifenführer, Klaus, hielt nach der freudigen Mitteilung das Handy vom Ohr und flüsterte mir zu:

»Der Vater des Kindes gibt eine Runde aus. Wir sollen zum Babypinkeln kommen.«

Ich musste mich erst mal hinsetzen, mir zitterten die Beine und ich zündete mir eine wohlverdiente Zigarette an. Jahre später bin ich zweimal Papa geworden. Es war immer wieder ein Wunder, wenn ein Baby das Licht der Welt erblickte. Ich liebe meine Kinder.

Schäferstündchen

Ein sonniger Tag im Juli, ich war gerade von Köln nach Bochum versetzt worden, da hatte ich Dienst auf der Innenstadtwache. Da ich neu im Bezirk war, begleitete mich eine erfahrene Kollegin, die mir die Geschäftsleute und die Innenstadt näherbringen sollte. Wir liefen Fußstreife, um näher am Menschen zu sein. Als wir über den Marktplatz gingen, kam eine ältere Dame auf uns zu, sie wirkte aufgeregt und fuchtelte mit den Armen.

»Herr Wachtmeister«, rief sie, »mir ist gerade was passiert. Ich bin einkaufen gewesen und ich weiß ja, dass samstags keiner im anliegenden Bürogebäude arbeitet, dennoch bin ich in den Vorraum gegangen und habe mir die Werbebroschüren für nächste Woche eingesteckt. Beim Verlassen des Gebäudes bin ich aus Versehen im Treppenhaus gelandet. Da stehen alle Türen auf, könnten Sie da mal nachschauen?«

Sie nickte uns zu und wir notierten uns die Adresse. Wir gaben dem Funker der Wache Bescheid, damit die Kollegen wussten, wo wir uns befanden. Dann gingen wir leise in das Gebäude und erkundeten das Treppenhaus. In der ersten Etage stand die Tür zu den Büros der Chefetage offen und das Licht im Flur brannte. Es fanden sich auf Anhieb keinerlei Auf- oder Einbruchspuren, wir zogen unsere Dienstwaffen und schlichen den Hauptflur entlang. Da waren Geräusche, die weder meine Kollegin noch ich deuten konnte. Wir teilten uns auf, sodass wir die Laute zwischen uns hatten, dann öffnete ich vorsichtig eine Seitentür und blickte in ein lichtdurchflutetes Büro, es gab eine größere Sitzgruppe neben einem Schreibtisch. An der Wand hingen Urkunden und Fotos, es schien sich um das Büro des Filialleiters zu handeln. Wir schlichen weiter vorwärts und stoppten dann.

Wie ein Einbruch oder Raubdelikt sah das Ganze hier nicht aus. Wir halfterten unsere Dienstwaffen und grinsten.

Auf der Arbeitsplatte des Schreibtisches lag eine brünette junge Dame, sie hatte unten herum nichts mehr an und ihre Bluse stand offen.

»Polizei, können Sie uns das hier bitte erklären?«, fragte meine Kollegin belustigt und sah mich an. Es folgte ein Aufschrei der Frau, die hastig ihr Oberteil verschloss und sich hinsetzte. Der gut gekleidete Herr, vermutlich der Filialleiter, drehte sich zu uns um. Er zog sich die Hose hoch und fragte uns, wie es uns gelungen sei, hier in die Räumlichkeiten zu gelangen.

»Die Türen standen alle offen und wir haben uns Gedanken über unbefugtes Betreten oder einen Einbruch gemacht«, antwortete ich und forderte deren Ausweispapiere. Nach einigem Hin und Her stellte sich heraus, seine neu eingestellte Sekretärin und ihr Chef hatten ein Techtelmechtel. Ob der Mann sich so eine Einarbeitung vorstellte, blieb fraglich. Der jungen Frau war die Sache sichtlich peinlich, sie fing vor Aufregung an zu weinen. Sie blickte verlegen auf.

»Bitte nichts meinem Vater verraten, er ist der oberste Chef im Haus und wenn das hier herauskommt, sind wir geliefert.«

Meine Kollegin nahm ungeniert ein gerahmtes Foto vom Schreibtisch und sah es sich an, Frau und Kinder, die Töchter im gleichen Alter wie die junge Frau vor uns. Der Filialleiter schaute plötzlich beschämt drein und nahm ihr das Bild aus den Händen.

Er versuchte, sich zu rechtfertigen, erzählte mich gesenkter Stimme von Eheberatung, verlorenen Gefühlen und körperlicher Einsamkeit.

»Es tut mir sehr leid, dass Sie sich bemühen mussten und ich Sabine in Schwierigkeiten gebracht habe«, er wechselte den Blick von ihr zu uns, »darf ich Ihre Diskretion erwarten?«

Wir, der Freund und Helfer, waren ja keine Petzen, ein Urteil über sein Verhalten zu fällen stand uns nicht zu.

Wir machten hier das Einsatzende und gaben an, dass sich berechtigte Personen im Gebäude aufgehalten hatten. Beim Verlassen des Bürogebäudes schaute mich meine Kollegin genüsslich an.

»Haben wir ihn gestört, bevor er …, du weißt schon?«

»Gute Frage. Mich hat aber vor allem gewundert, als ich den blanken Hintern und die in der Luft hängenden Beine gesehen habe, dass die Frau keinen Krampf bekommen hat, ansonsten wären wir jetzt noch mit dem Rettungsteam vor Ort!«

Martin

Kölner Dienstzeit, Innenstadtwache. Es war Karneval und ich sollte der Tutor eines jungen Mannes während seiner Ausbildung sein. Martin und ich hatten die Woche gut überstanden, von Gründonnerstag bis zum Aschermittwoch beschäftigten uns fast nur alkoholisierte Personen. Nun schickte uns der Funker ins Gereons-Viertel, dort hielt sich eine unberechtigte angetrunkene Person in einem Wohnhaus auf. Er hatte sich im Hausflur übergeben und sich dann hineingesetzt. Na dann Mahlzeit. Mein junger Kollege neigte zum Toilettengang, bevor es losging, er war nervös und schwitzig. Ich nahm ihn zur Seite und beruhigte ihn: Alles halb so schlimm, erst mal abwarten und in meiner Nähe bleiben, denn der Einsatz entwickelte sich vor Ort.

Ich lenkte den VW Passat geschickt durch das Straßengewirr Kölns, hielt am besagten Wohnblock und während wir ausstiegen, überprüfte Martin sein Reizstoffsprühgerät.

»Wir haben noch keinen Widerstand, beruhige dich«, sagte ich und zog mir – und das war mein Glück – dicke Handschuhe an. Es war dunkel, wir fanden das Klingelschild der Anruferin mit Hilfe der Taschenlampe. In dem Moment, als ich mich an die Tür lehnte, um aufzudrücken, geriet meine Hand in die Türzarge, im selben Augenblick sprang jemand mit voller Wucht von innen gegen die Haustür. Reflexartig versuchte ich, die Hand aus der Gefahrenzone zu bringen, aber es war zu spät und ein heftiger Schmerz durchfuhr mich. Ich zupfte den Handschuh vorsichtig ab, es blutete und eine Fingerkuppe fehlte. Ich steckte mir die Kuppe provisorisch wieder auf, klemmte mir die Taschenlampe in die Armbeuge, um den Blutfluss zu stoppen, und nahm dann das Funkgerät, um Unterstützung anzufordern. Martin hockte derweil auf den Treppenstufen und war ganz grün im Gesicht.

Auf der Fahrt zum Krankenhaus machte er sich Vorwürfe.

»Ich hätte es verhindern können, ich hätte mich vor die Tür werfen sollen …«

Ich unterbrach ihn brüsk, denn ich musste mich konzentrieren und den Wagen lenken. »Halt die Klappe, Martin.«

An der Ambulanz sprang ich aus dem Streifenwagen, meine Hand pochte unerträglich. Mein Kollege taumelte schweißgebadet hinter mir her, der Schweiß tropfte ihm förmlich auf sein Diensthemd und er weinte. Eine Krankenschwester und eine Ärztin kamen uns entgegengelaufen und als sie uns sahen, wurden ihre Schritte schneller.

»Ich sehe schon«, mit diesen Worten trat die Ärztin an Martins Seite und setzte ihn behutsam in einen Rollstuhl.

»Hallo«, sagte ich verblüfft, »ich bin der Patient«, ich hob die verletzte Hand in die Luft. Ihr Blick glitt von mir zum Kollegen und wieder zurück.

»Oh, Entschuldigung, der erste Eindruck sah anders aus.«

Und so übernahm die Krankenschwester Martin, mich führte die Ärztin in einen der Behandlungsräume, wo ich eine Spritze bekam, sie die Fingerkuppe sicherte und sich der Verletzung widmete. Im Raum gegenüber saß mein Kollege, der sich von der Schwester trösten ließ. Unglaublich. Während Dr. Achaby mir beschrieb, wie sie das Nagelbett säuberte, die Wundränder behandelte und meine Wunde vernähte, wurde nebenan händchengehalten. Nun gut. Die Behandlung war fast abgeschlossen, ich sollte noch eine Tetanusimpfung bekommen und dann zum Röntgen gebracht werden.

»Bitte die Hose runter, Herr Wachtmeister«, sie lächelte.

»Und wie bekommt der Polizist die Uniformhose alleine herunter, wenn er nur eine Hand zur Verfügung hat?«, ich sah sie an, jetzt lachte ich. Frau Dr. rief kurzerhand Schwester Inge zur Unterstützung und nachdem wir im Krankenhaus fertig waren, fuhren wir zur Wache, wo sich die Kollegen schon Sorgen gemacht hatten. Sie erzählten mir, dass sie den Randalierer, einen taubstummen Obdachlosen, in Gewahrsam nehmen konnten und es sich um kein vorsätzliches Verschulden gehandelt habe. Der Mann sei einfach betrunken gegen die Tür gefallen, in der meine Hand gesteckt hatte. Ich verzichtete daher auf Regressforderungen und stellte keinen

Strafantrag, er hatte es schon schwer genug im Leben. Martin, mein Kollege, machte übrigens Karriere bei der Polizei, er schaffte es bis in den höheren Dienst mit eigenem Büro.

Die Messerattacke

Größere Kneipenschlägerei in der Kölner Altstadt, so teilte es uns der Funker mit. Wir besetzten mit sechs Kollegen die Trommel – einen Gruppentransportwagen, bei dem die Sitzbänke senkrecht zum Fahrer standen und es keinerlei Gurte gab. Unterwegs bekamen wir eine Ansage vom Streifenführer: *Zweierteams bilden, vorsichtig sein, vor allem, wenn ihr mit dem Reizstoffsprühgerät umgeht. Es haben sich schon viele Kollegen im Umgang mit dem Ding gegenseitig oder selbst ausgeschaltet.* Mein Kollege Heinz und ich einigten uns schnell:

»Wir wirbeln da durch und ich schreibe die Anzeige.« Motiviert öffnete er die Tür, noch bevor der Transporter stand. Wir folgten ihm und bekamen per Funk die Info, dass sich auch zwei Diensthundeführer auf dem Weg zu der Auseinandersetzung befanden. Wir erreichten die Gaststätte *Zum Postillion* in der Altstadt und schon flog uns ein Barhocker entgegen, wir formierten uns, sicherten die Seiten, brachten zwei Beteiligte zu Boden und verschnürten sie mit Einwegplastikhandfesseln. Mittlerweile hatten sich zwei Gruppen gebildet, die sich anpöbelten, mit Stühlen warfen oder sich schlugen, ich packte mir den Erstbesten, stellte ihm ein Bein, während Heinz einen anderen Angreifer mit einem gezielten Fußtritt ausschaltete. Gesichert. So machten wir weiter, bis ich hinterrücks angegriffen wurde und innerhalb von Sekunden einen heftigen Schmerz im linken Schulterbereich spürte. In der Kneipe herrschte Chaos, Tische wurden umgestoßen, Barhocker geworfen, bis endlich die Diensthunde, damals noch ohne Maulkorb, eintrafen und für Ordnung sorgten.

Heinz holte mich an die Seite, wobei sich der Schmerz an der Schulter verstärkte. Er riet mir, mich hinzusetzen, ruhig zu atmen, er würde den Rettungswagen rufen, denn ich hätte ein Messer im Rücken. Er war blass, aber ich dachte an einen Scherz. Mit einem Messer im Rücken ging ich ja noch lange nicht nach Hause. Er schaute mich an.

»Du bist und bleibst tapfer. Aber du wurdest verletzt und es blutet. Wir warten auf den Krankenwagen, okay.«

Kurze Zeit später wurde ich in den RTW gebracht und in die Notfallambulanz des Severinsklösterchen, ein Krankenhaus der Augustinerinnen, gefahren. Heinz, mein treuer Freund, begleitete mich, er informierte auch den Einsatzleiter.

Im Behandlungsraum wurde mir übel und man setzte mich auf einen Hocker. Ich bekam ein Glas Wasser, man schnitt die Uniform auf und sah sich die Verletzung an. Dann betrat die Ärztin, Frau Dr. Achaby, die Ambulanz. Sie hatte vor ein paar Monate erst meinem eingequetschten Finger behandelt, den sie sich kurz ansah, bevor sie sich dem Messerstich widmete. Sie legten mich auf den Bauch, sie setzte mir eine Spritze, danach versank ich langsam im Land der Träume, den Einstich und einen Zug am Rücken bekam ich noch mit, dann wurde es ganz dunkel.

Ich öffnete die Augen, mein Mund war trocken und ich hörte Stimmen. Heinz unterhielt sich mit der Krankenschwester, er, ein untersetzter Kerl aus Ostwestfalen, ausgestattet mit dem dritten Dan im Vollkontakt, vollführte eine Halbdrehung und schilderte unseren Kampf mit den Kneipenrandalierern.

»Hallo, bin ich hier der Patient oder?«, fragte ich lächelnd. Sofort versorgt die Schwester mich, die Bettdecke wurde zur Seite gelegt, ich war splitterfasernackt und zog das Laken rasch zurück.

»Hab schon viele Mann nackt gesehen«, sagte sie schmunzelnd und begann mich zu waschen und die Wunde zu säubern.

Auch Frau Dr. kam ins Zimmer, um nach mir zu sehen.

»Junge, du hast verdammtes Glück gehabt, die Klinge war nicht groß, deine Kleidung, die Muskeln und das Schulterblatt haben den Messerstich abgefangen und gedämpft. Die Wunde wurde gesäubert, geröntgt und mit acht Stichen vernäht.« Damit legte sie mir das desinfizierte Jagdmesser hin und mir wurde wieder ganz schlecht.

Der Täter konnte leider nie ermittelt werden, denn die Schlägertruppe hielt dicht und verriet keinen.

Die Messiewohnung

»Können Sie bitte mal nach meinem Sohn schauen? Wir telefonieren alle zwei Wochen regelmäßig. Er hat sich aber nicht bei mir gemeldet und es sind schon drei Wochen rum.«

Der Anruf der siebzigjährigen Mutter aus Ostfriesland erreichte uns an einem Vormittag.

Ich kannte den fast 50-jährigen Jens, da ich ihn diverse Male – volltrunken und inkontinent – in verschiedene Krankenhäuser begleitet hatte. Meine junge Kollegin und ich machten uns also auf in Richtung Altenbochum, nicht ohne ein mulmiges Gefühl in der Magengegend.

»Torsten, was erwartet uns am Einsatzort? Was, wenn der Mann tot ist? Hattest du schon viele Leichen?« Meine Begleiterin schluckte und sah aus dem Fenster. Sie war eben erst nach der Polizeiausbildung auf eine intakte Polizeiwache versetzt worden. Ich beruhigte sie, wir fuhren erst mal dahin, und ja, Leichen knapp über vierhundert. Mit diesen Worten bog ich in die Einfahrt in Richtung Einsatzort, wir schnappten uns die Funkgeräte und gelangten durch einen schmalen Gang zu besagtem Appartement. Die Jalousien waren heruntergelassen, die Haustür ließ sich aufdrücken. Im Flur roch es nach Putzmittel und Müll, vor der Wohnungstür stand ein Rollator.

Ein Mitbewohner kam rauchend die Treppe herunter, wir begrüßten ihn und stellten einige Fragen zu dem Vermissten.

Ich drückte auf die Klingel, während sich die Kollegin alles genau notierte: zuletzt gesehen vor ein paar Tagen, Schnaps geschnorrt, geliehenes Geld nicht zurückgezahlt.

Der Briefkasten war voll, und weil Jens nicht aufmachte, blieb uns nur die Feuerwehr zum Öffnen der Wohnungstür. Ich gab die Infos an die Wache weiter und rief die 112.

Im Anschluss kämen die Sanitäter, und wenn es einen Totenfund gab, ein Notarzt.

Die Kollegen der Feuerwehr rauschten mit schwerem Gerät auf uns zu, wir begutachteten die Wohnungstür, die allem Anschein nach mit mehreren Schlössern gesichert war.

Ich schlug vor, die Jalousie hochzuschieben und zu versuchen, ob wir durch das Küchenfenster reinkamen, bevor sie die komplette Tür aufbrechen mussten. Es klappte gut.

Das Fenster stand auf Kippe, sodass ein Feuerwehrmann hindurchgreifen und es öffnen konnte. Da war sie, die Realität, denn sofort schlug uns ein bestialischer Gestank entgegen. Meine Kollegin trat einen Schritt zurück und legte sich die Hand vor Nase und Mund. Ich hatte mir vorsichtshalber einen Mundschutz angelegt und schaute nun in die Küche – die man auf den ersten Blick nicht als solche erkennen konnte. Müll, wohin das Auge sah, leere Bier- und Schnapsflaschen, Essensreste und Pappkartons. Hatte hier ein Einbruch stattgefunden oder war das nur die Messie-Wohnung eines alkoholkranken Menschen? Ein junger Bursche von der Feuerwehrtruppe stieg motiviert und ohne den empfohlenen Mundschutz in die Küche, wir gingen derweil zurück zur Wohnungstür und warteten, dass er uns öffnete. Man hörte es scheppern und klirren, er fluchte und hustete, dann schloss er endlich auf und rannte würgend an uns vorbei ins Freie. Es roch fürchterlich, ich setzte einen Fuß vor den anderen, drehte mich zur Kollegin um und verstand. Ich nickte, eine stillschweigende Abmachung: Sie blieb draußen und ich ging hinein. Und das war gut so, denn man sollte an solche Einsätze langsam herangeführt werden. Zu meiner Kölner Zeit hatte ich leider nicht das Glück. Im Dunkeln der Wohnung sah ich das Dilemma. Auf dem Wohnzimmerfußboden, zwischen all dem Müll, lag Jens, er hatte sich wortwörtlich zu Tode getrunken. Aufgrund der Leichenflecken, die man sah, lag er vermutlich schon eine ganze Zeit so da.

Überall lagen leere Flaschen, die früher mal mit Bier oder Wein gefüllt gewesen waren. Zuletzt hatte das alles nicht mehr gereicht und Jens war auf hochprozentigen Schnaps umgestiegen. Somit gab es für uns hier, bis auf das Übergabeprotokoll, nichts mehr zu tun. Die Kollegin verständigte die Kriminaldauerwache und den Notarzt, ich gab der Wache Bescheid und bat darum, die Mutter anzurufen, um ihr die Nachricht vom Tod des Sohnes zu überbringen.

Es war die schlimmste Aufgabe, die man als Polizist/in zu erfüllen hatte. Als der Rettungsdienst eintraf, traute meine Kollegin sich, mit in die Wohnung zu gehen. Es sei ihre erste Leiche und sie wollte sich das einfach mal ansehen. Sie setzte sich die Maske auf und ich gab ihr die Info, nichts am Tatort zu verändern. Zu guter Letzt trafen zwei Kolleginnen von der Kriminaldauerwache ein, wovon ich eine gut kannte. Sie hatte sich damals das Ziel gesteckt, genau die Position zu erreichen, in der sie hier und heute auftrat. Wir nahmen uns in den Arm, besprachen kurz die Sachlage und verabredeten uns auf einen gemütlichen Abend im Bermudadreieck.

Frauen bei der Polizei gab es schon lange, nur die Schutzpolizistinnen in Uniform wurden erst Anfang der 80er Jahre eingestellt. Eine davon war Karina, wir verstanden uns sofort und fuhren im Nachtdienst zusammen Streife, als der Funker uns zu einer Streitigkeit in die Gaststätte Komposition schickte, in der sich Linke trafen. Eine weibliche Person hatte einen Mann mit einem Messer verletzt. Beim Eintreffen beäugte man uns kritisch, die Bude roch nach Hasch, der Boden klebte. Die Kollegin wurde von der Bedienung angesprochen, ich wurde ignoriert und sah mich um. Auch die Sanitäter trafen ein, die sich sofort um einen Mann mit einer stark blutenden Verletzung am Arm kümmerten.

Am Tresen saß eine maskuline Frau, sie trank genüsslich ein Glas Rotwein. Kurze Haare, Sommersprossen, hübsches Gesicht. Sie zog an einem Zigarillo und taxierte mich abwertend.

Neben ihr lag ein blutbeschmiertes Messer. Die Bedienung schilderte uns ihre Beobachtungen und deutete auf die Dame mit dem Weinglas. Um den Sachverhalt zu klären, ging ich auf sie zu und sicherte zuerst die Tatwaffe. Noch bevor ich etwas sagen konnte, wurde ich als Bastard bezeichnet und gefragt, ob ich sie auch begrapschen wolle. Sie stand auf und positionierte sich direkt vor meiner Nase. Unbeeindruckt fragte ich, was der Mann ihr denn getan habe, um ihn so zuzurichten. Karina kam dazu und hörte mit. Der Dreckskerl habe ihr zwischen die Beine gefasst und dann habe sie es ihm gezeigt. Sie nahm ihr Glas, ich stellte es zurück, meine Kollegin fesselte sie seelenruhig mit den Worten:

»Sie sind vorläufig festgenommen, da Sie im dringenden Verdacht stehen, eine gefährliche Körperverletzung begangen zu haben.«

Während Karina sie am Tresen fixierte, ging ich zu dem Tisch, wo beide gesessen hatten, und stellte fest, dass es vom Abstand her unmöglich war, eine andere Person so anzufassen, wie sie es beschrieben hatte, außer der Mann hatte einen Inspector Gadget Arm. Auf dem Weg zum Streifenwagen wurden wir beleidigt, Wort wie Nazis und Misshandlung waren uns nicht fremd. Dass die Frau, die sich wehrte und mich anspuckte, eine Täterin war, schien völlig uninteressant. Nur mit Unterstützung eines anderen Streifenteams schafften wir es endlich, sie in unseren Streifenwagen zu setzen. Ich ging zum Rettungswagen, um mit dem Verletzten zu sprechen und mir seine Sicht der Geschehnisse anzuhören. Ihm zufolge hatte er dort gesessen, um auf seine Freunde zu warten, als die Täterin sich hinsetzte und ihn nach einem Freigetränk fragte. Als er verneinte, zog sie ein Steakmesser vom Behälter des Tisches und stach zu. Die Sanitäter sagten, er habe Glück gehabt, einen Zentimeter weiter und sie hätte eine große Ader getroffen.

Sie brachten den Mann in ein Krankenhaus.

Wir machten uns mit der schimpfenden Frau auf dem Rücksitz auf den Weg zur Innenstadtwache, dort bestellten wir den Blutprobenarzt und führten sie in einen der freien Schreibräume. Karina nahm der Frau die Fesseln ab und untersuchte sie, danach kam ich hinzu. Ich setzte mich an die gute alte Olympia-Schreibmaschine und tippte die Strafanzeige, die Kollegin verabschiedete sich, um das Blutprobenmaterial zu holen. Sie zwinkerte mir zu und ich warf einen Blick auf die Täterin, sie lehnte mit dem Kopf an der frisch gestrichenen Wand und döste vor sich hin, die Puste war ihr ausgegangen. Doch dann atmete sie schneller und hustete, die würde doch wohl nicht …? Sie hatte schließlich große Mengen an Rotwein in sich hineingeschüttet. Abgesehen von den nagelneuen beigefarbenen Wänden saß ich ihr gegenüber. Jetzt würgte die Frau und es blieb mir nur eine Wahl, der Mülleimer unterm Schreibtisch. Ich kickte ihn mit dem Fuß zwischen meine Beine, nahm den Kopf der Frau, drückte ihn über den Eimer und schon erbrach sie literweise Rotwein und Magensäure. Mein Magen drehte sich ebenfalls um, ich musste mich zusammenreißen. Im Moment der eindeutig zweideutigen Stellung kam Karina herein.

Sie öffnete den Mund, schloss ihn wieder. Ich rief noch, dass es nicht das sei, was sie meine, aber sie war schon Richtung Chefbüro verschwunden. Die Kollegen kamen natürlich auch herangeeilt, vom Türrahmen aus konnte man tatsächlich eine sexuelle Handlung vermuten, bis man um den Schreibtisch herumkäme. Da übergab sich die Täterin weiter und weiter.

Ein tragischer Unfall

Es verschlug mich dienstlich auf die Wache im Friesenviertel der Kölner Innenstadt, das Wetter spielte mit und ich wollte nun meine tägliche Runde durch Veedel machen.

Ich checkte die Einsatzutensilien, vor allem das Funkgerät, verstaute die Sachen und nahm die grüne Polizeimütze in die Hand. Auf dem Weg schrieb ich einige Zahlscheine für Falschparker, als ich in der Ecke einen Bierkutscher bemerkte, der auf einem Karren zwei große Fässer in die steile Einfahrt einer Brauerei schob. Ich kniff die Augen zusammen und sah in der Ferne einen Rennradfahrer, der viel zu schnell gegen die Fahrtrichtung auf dem Radweg angebraust kam. Ich spürte eine Gefahr, die ich aber noch nicht einordnen konnte. Zwischen diese beiden Bilder mischte sich eine ältere Dame, die ihr Haus mit einem Rollator verließ und die Richtung des näherkommenden Fahrradfahrers einschlug. Meine Haare sträubten sich, als dann der Bierlieferant mit seinem vollbeladenen Handkarren die steile Einfahrt runterkam. Er konnte die Last kaum noch halten.

Das folgende Unheil geschah im Bruchteil einer Sekunde und war nicht mehr zu verhindern: Der Radfahrer wich der alten Dame aus, die ihn ebenfalls kommen sah und in die gleiche Richtung wechselte. Der Bierkutscher schaffte das Ausweichmanöver nicht und es kam zu einem folgenschweren Zusammenstoß der drei Personen. Ich rief sofort Unterstützung, während ein zufällig vorbeifahrender RTW anhielt, um zu helfen. Die Szenerie war schrecklich.

Das Schienbein des Bierlieferanten hatte sich durch die Jeans gebohrt, er schrie wie am Spieß. Der Radfahrer, der zum Glück einen Helm trug, war aus seinen Klickpedalen nicht mehr herausgekommen und gegen den Lieferwagen des Bierkutschers gerast, er war ansprechbar und hatte Prellungen und Hautabschürfungen. Bei der älteren Dame sah es anders aus, sie lag reglos mit verdrehten Gliedmaßen da, eine Hand an der Gehhilfe. Ihre Augen waren zu, bei genauerem Hinsehen schien es, als habe sie sich das Genick gebrochen. Die Sanitäter überprüften die Vitalfunktionen. Sie hatte noch Körperwärme, aber atmete nicht mehr. Der hinzugekommene Notarzt kümmerte sich um die Unfallopfer, während weitere Streifenwagen dazukamen. Die Kollegen sicherten die Unfallstelle, es wurden Fotos gemacht und Zeugen befragt. Als mein Dienstgruppenleiter eintraf, steckte ich mir eine Zigarette an und schilderte ihm die Ereignisse, die schicksalhafter nicht sein konnten. Ich blickte hinüber zu der kleinen Frau am Boden, der Arzt schüttelte den Kopf.

Wem nun die Verursachung des Unfalls zugewiesen wurde, musste ein Gericht klären. Nur eines wusste ich, die ältere Dame hatte nichts falsch gemacht, sie war nur leider zur falschen Zeit am falschen Ort.

Paula

Paula saß bei fast jeder Lesung schüchtern in der ersten Reihe des Fanclubs, der sich um Toto und Harry gebildet hatte. Menschen aus verschiedenen Regionen Deutschlands und aus unterschiedlichen Schichten trafen sich, um Harry und mir zuzuhören, wenn wir zu einer Autorenlesung eingeladen wurden. Es gab Fotos und Autogramme, zu denen Paula verlegen wie ein Kind immer etwas zu nah an mich herantrat. Wir waren durch unsere TV-Sendung und die Bücher ihre Stars, was mir nicht so gefiel, doch ihre Aufregung konnte ich nachvollziehen, sie war sehr jung, und mir erging es damals ähnlich, als ich die Klitschko-Brüder hautnah erleben durfte. Ich war nervös. Sie wartete oft noch draußen vor der Buchhandlung auf mich, sodass wir ins Gespräch kamen. Vielleicht hätte ich da schon hellhörig werden sollen, denn das junge Mädchen vertraute sich mir an, indem sie auf offener Straße ihr Herz ausschüttete: Vater gestorben, Mutter psychisch labil, mit neuem Partner, der sie schlug.

Paula zog sich zurück und versuchte durch Gitarrespielen eine Balance herzustellen, am Ende blieb nur der Alleingang und der hieß raus aus dem Umfeld. Ich half ihr bei Ämterangelegenheiten und schlussendlich bezog sie eine kleine Wohnung in Dortmund. Durch meine moralische Unterstützung und viele Gespräche bekam sie die Kurve und gestaltete ihr bescheidenes Leben selbst.

Ich hatte sie ins Herz geschlossen, aus diesem Grund schlug ich ihre Einladung nicht aus, sie einmal in ihrem neuen Heim zu besuchen. Zur Überraschung brachte ich ein großes Poster mit, doch das hätte es wahrhaft nicht gebraucht, denn Paula hatte in ihrem Wohn-/Schlafbereich einen kleinen Schrein errichtet. Wo man hinsah, hingen Bilder, Fotos und Artikel von mir. Mir wurde es unbehaglich zumute, was sich noch verstärkte, als Paula mir gestand, was sie wirklich fühlte. Ich rückte ein Stück von ihr ab.

»Hier schlafe ich und denke oft an dich!«, sagte sie und kam auf mich zu. Sie war so alt wie mein Sohn und damit hatte ich zudem überhaupt nicht gerechnet. Beschützerinstinkt ja – väterliche Fürsorge, okay, aber mehr? Gott bewahre. So hielt ich sie behutsam auf Abstand und erklärte ihr meine Bemühungen, die nichts mit Körperlichkeit oder Liebe in dem Sinne zu tun hatten. Dann ging ich. Zu Hause erzählte ich meiner Freundin von dem Vorfall und sie hatte eine Vorahnung, die sich bewahrheiten sollte.

»Da kommt bestimmt noch was von ihr, sie wird dir nachsetzen, du hast ihr anscheinend den Kopf verdreht.«

Und so verging eine Weile, ihre Posts in den sozialen Netzwerken löschte ich und bis auf Fan-Post, die damals noch über unsere Pressestelle lief, blieb es ruhig.

Doch in den nächsten Tagen überschlugen sich die Ereignisse. Auf der Seite der Polizei kamen negative Posts, in der Nacht hatte ich das Gefühl, verfolgt zu werden, am Wagen klebten Zettelchen mit Liebesschwüren oder eine Rose. Paula selber besaß keine Fahrerlaubnis, also hatte da noch wer seine Finger im Spiel. Ich konnte sie aber nie anhalten oder erwischen, da wir immer im Einsatz waren. So ging es nicht weiter, also kontaktierte ich die Stalkerin und empfahl ihr, solches Verhalten zu unterlassen, sonst würde ich rechtlich gegen sie vorgehen. Danach blockierte ich sie auf sämtlichen Social Media.

Leider hatte ich die Rechnung ohne den Wirt gemacht, denn sie nahm Kontakt zu meiner Freundin auf. Da wir aber über alles geredet hatten und einander blind vertrauten, konnte die Schmutzwäsche, wie sie Paula gewaschen hatte, unserer Beziehung nichts anhaben. Es war von glücklicher Liebe die Rede, von einer gemeinsamen Wohnung, von Sex und intimen Gesprächen. Verleumdungen und unwahre Behauptungen vom Feinsten, die am Ende meine Freundin selber aus dem Weg räumte. Wie sie das mit Paula geklärt hatte, habe ich nicht gefragt, aber Frauen unter sich klären das Auge um Auge und Zahn um Zahn.

»Ihr steht doch in der Nähe des Südrings«, sprach uns der Funker an, »da ist ein Porsche ins Schleudern geraten, es wurde eine Laterne umgefahren, der Wagen hängt quer auf einem Steinpoller vor dem berühmten Zombiekeller. Verletzt scheint niemand zu sein.«

Wir verabschiedeten uns von einer Reisegruppe, die uns nach dem Weg zum Hotel gefragt hatte, und fuhren zum angegebenen Unfallort. Aus der Entfernung sah man die dunkle Laterne und eine Menge Gaffer, die sich den völlig demolierten Porsche ansehen wollten. Wir hielten am Seitenstreifen, stiegen aus und knipsten die Taschenlampen an. Drei leicht bekleidete Mädchen, Candy, Chantal und Elisabeth, standen neben dem Totalschaden und knicksten brav, als ich die üblichen Fragen stellte. Wer gefahren sei, ob es ihnen gut gehe, Führerschein und Fahrzeugpapiere bitte.

Candy beugte sich zu mir herüber, ihre Alkoholfahne wehte mir ins Gesicht.

»Der Wagen fährt viel zu schnell, habe ich meinen Eltern auch schon gesagt. Geht gar nicht«, sie nickte, »kennen Sie uns denn nicht? Wir sind prominente Models und wollen in die Disco in Essen mit VIP-Tisch und Schampus.«

»Bitte die Ausweise und dann könnt Ihr zwei eigentlich schon vorgehen.« Ich deutete mit der Hand auf die beiden kichernden Damen.

»Candy begleitet uns zwecks Alkoholtest zur Wache«, sagte ich unbeeindruckt und begutachtete ihr Lichtbild auf dem Führerschein, ich hob die Augenbrauen, »was ist denn mit dem Passfoto passiert?«

»Das Bild war scheiße, ich habe es natürlich gegen ein schöneres ausgetauscht«, antwortete sie selbstverständlich.

Ich sah kopfschüttelnd die Kollegin an.

»Und weshalb muss ich mit zur Wache? Ich will feiern gehen, schleppen Sie das Auto ab und schicken Sie die Rechnung meinen Eltern.« Sie machte auf dem Absatz kehrt und folgte den zwei anderen Models.

»Momentchen«, sagte ich, erwischte ihren Arm und schob sie in den Streifenwagen, wobei sie sich wehrte und vor Schmerz aufstöhnte. Sie bekam zur Sicherheit Handschellen, denn nun gab sie Vollgas.

»Hilfe, man will mich vergewaltigen. Polizeigewalt«, schrie Candy, »deine Karriere ist zu Ende, mein Vater ist Anwalt, ich werde euch verklagen und anzeigen.«

Die vorübergehenden Nachtschwärmer hatten natürlich nur den Rest der Vorstellung mitbekommen und bauten sich vor dem Streifenwagen auf, da hörte ich das wohlklingende Martinshorn. Verstärkung war bald da. Ich fuhr los in Richtung Wache Innenstadt, begleitet von Buhrufen der johlenden Menge, eine Bierflasche landete neben dem Wagen auf der Straße. Über Funk hatten wir den Blutprobenarzt bestellt, nun zogen wir die keifende Candy in einen der Schreibräume. Langsam ging mir ihr Gezeter auf den Zeiger und ich machte ihr eine Ansage, die sie nicht wirklich tangierte.

Der Wachhabende kam endlich mit einem Alkoholtestgerät, steckte ein frisches Mundstück auf und erklärte:

»Jetzt blasen Sie bitte hier in mein Gerät.« Mit diesen Worten hielt er dem Model den Tester hin. »Das ist übrigens freiwillig.«

Candy öffnete den Mund und starrte ihn ungläubig an.

»Ich soll auf der Wache blasen? In Ihr Gerät? Das ist mir ja noch nie passiert«, sagte sie empört und verschränkte die Arme vor der Brust.

»Es gibt immer ein erstes Mal«, antwortete der Wachhabende süffisant, »und jetzt machen Sie schon.«

Sie zögerte, nahm endlich den Tester in die Hand und klemmte ihn zwischen die Lippen … nichts passierte. Kein Geräusch, welches die Durchführung des Alkoholtests ankündigte, denn Candy saugte, anstatt zu pusten. Nach einer korrekten Anwendung durch meine Person klappte es dann, 1,4 Promille, der Führerschein weg und die Sache ging zur Staatsanwaltschaft.

Ich kontaktierte per Anruf ihren Vater, man kannte sich von Bundesligaspielen des VfL Bochum, und schilderte ihm die Sachlage. Er hatte nach dieser Nachricht keine Lust, seine jugendliche Tochter, die den Porsche geschrottet hatte, auch noch von der Wache abzuholen. Candy sollte mit dem Taxi nach Hause fahren, wogegen sie natürlich Einwände hatte.

»Ich fahre in die Disko und mache Party. Jetzt ist es sowieso zu spät«, sagte sie und sortierte ihre Handtasche, schminkte sich die Lippen und stand auf. »Wer fährt mich?«

Und eigentlich könnte die Geschichte hier zu Ende sein, doch Wochen später begegnete ich den drei Models in einem Restaurant, in dem meine Partnerin, ich und ein befreundetes Pärchen saßen. Ich versuchte noch, mich wegzuducken, was mir aber nicht gelang. Sie winkten und dann rief Candy quer durch das Nobelrestaurant:

»Hallo, Herr Wachtmeister. Kennen Sie mich noch? Ich bin die, die auf der Wache so schlecht geblasen hat.« Sie schlenderten ungezwungen an ihren reservierten Tisch und setzten sich. Zum Glück kannten die meisten Gäste mich und meinen Humor, ich stand also auf und ließ mir den belustigten Applaus gefallen. Meine Frau aber trat mir gegen das Schienbein.

»Sei froh, dass du mir diese Anekdote schon erzählt hast, sonst …«

Das war die Geschichte von Candy und ich sage nur: Vertrauen Sie uns. Wir wissen, was wir tun!

Krankenschein

Nach einem Bundesligaspiel des VfL Bochum, bei dem wir mit einer Hundertschaft präsent waren, hatte ich endlich Feierabend, ich duschte auf der Dienstelle und fuhr mit der U-Bahn in die Stadt. Wir wollten mit unserer Clique noch einen Stadtbummel machen, was trinken gehen und 'ne Currywurst essen. Ich fuhr mit der Bahn zu unserem Treffpunkt Brüderstraße, meine Freundin nahm mich sofort in den Arm, sie war nach den Einsätzen immer froh, wenn mir nichts passiert war. Zu viert kehrten wir in verschiedene Lokale ein, wir lachten viel, denn einer aus der Truppe war ein guter Witze-Erzähler. Als der Abend sich dem Ende zuneigte, die Luft war angenehm kühl, machten wir uns über den Südring zu Fuß auf den Weg nach Hause. Auf einem Seitenstreifen einer dort angelegten Bushaltestelle bemerkte ich einen dunklen BMW, der anhielt. Ich hörte, wie sich die Autotüren öffneten und Leute ausstiegen. Wir dachten uns nichts dabei, plauderten und ließen den Abend Revue passieren. Mit einem Mal wurde ich von hinten angesprungen und zu Boden getreten, ich schlug auf dem Bürgersteig auf und wurde von zwei Männern attackiert. Eine weibliche Täterin bekam es mit meiner Freundin zu tun, sie griff in ihre Haare und verpasste ihr eine Ohrfeige, dann rannte sie zum nächsten Münztelefonautomaten, um Hilfe anzufordern. Mittlerweile lief mir das Blut ins Gesicht, sie traten wie verrückt auf mich ein, Worte wie *Scheißbulle, wir machen dich fertig*, wurden gebrüllt. Erst rollte ich mich zusammen, dann brandete die Wut in mir auf und ich mobilisierte meine letzten Kräfte.

Ich sprang auf die Beine, konnte durch einen Schritt nach hinten Abstand gewinnen und dem erstbesten Typen so einen gezielten Kopfstoß verpassen. Der Witze-Erzähler blutete ebenfalls aus der Nase, er hatte sich einen der Angreifer geschnappt, die sich jetzt zusammenrafften, um abzuhauen. Im Hintergrund tönten die Sirenen der näherkommenden Streifenwagen, meine Freundin lotste einen Wagen sofort mit einem Wink hinter dem flüchtigen BMW her, während die anderen Kollegen sich um uns kümmerten und einen RTW riefen.

Auf der Fahrt ins Krankenhaus sah ich meine Partnerin an.

»Wie du die Perle ausgeknockt hast, war echt filmreif«, nuschelte ich und nickte anerkennend.

Ihr stand die Angst noch ins Gesicht geschrieben. In der Universitätsklinik flickten sie mich wieder zusammen, die Summe der Verletzungen lasen sich wie ein schlechtes Buch: Ein Nasenbeinbruch, das linke Jochbein und der Augenboden waren angebrochen, ein blaues Auge, schwere Hämatome im Bereich des rechten Oberschenkels mit Platzwunde unter der Haut, ich hatte Prellungen im Genitalbereich, Schürfwunden an den Händen, eine Rippenprellung und zwei lockere Zähne.

Von den psychischen Problemen und den Ängsten brauchten wir gar nicht zu reden. Am darauffolgenden Montag reichte ich den Krankenschein ein, als ich das Hauptgeschäftszimmer betrat, herrschte Totenstille. Mein damaliger Mentor kam mit bleicher Miene auf mich zu, er bat mich, Platz zu nehmen, und während wir Kaffee tranken, schilderte ich ihm die Details des Überfalls. Im Anschluss erkundigte er sich nach den Fahndungsergebnissen der Kollegen vom Tatort, die eingesetzten Streifenwagen blieben in der Nacht leider ergebnislos. Ich musste die Täter von irgendwoher kennen, und sie mich. Der Angriff ging gezielt gegen meine Person als Polizist, ich kam aber nicht darauf. Ich setzte mich an die Olympia-Schreibmaschine und tippte einen ausführlichen Bericht, den man zur Anzeige packte, dann ging ich nach Hause. In den folgenden Nächten wachte ich abrupt und schweißgebadet auf, mich plagten Alpträume, die mich immer wieder an den Tatort zurückbrachten. Ich besuchte sämtliche Dienststellen, um die Lichtbilder von allen möglichen Tätern anzusehen, ich war mir sicher, dass ich den Haupttäter kannte und schon mal dienstlich mit ihm zu tun hatte. Doch es geschah, trotz detaillierter Beschreibungen der Opfer, wochenlang nichts. Wieder im Dienst fuhren wir routinemäßig über die Rotlichtmeile in Bochum, immer mit einem Auge auf die Angreifer. Ich stand neben dem Streifenwagen und überprüfte gerade einen Betrunkenen, da sah ich auf der anderen Straßenseite einen jungen Mann, der dem Täter sehr ähnlich sah. Der eigentliche Straftäter war allerdings um etliches älter. Trotzdem stellte ich ihn zur Rede, er aber verzog keine Miene. Ich konfrontierte ihn mit dem Tathergang, doch der Mann reagierte immer noch nicht so, wie ich dachte. Er grübelte, dann nickte er.

»Ich glaube, ich weiß, worum es geht. Vor ein paar Wochen habe ich in Gelsenkirchen in einer Dönerbude gesessen. Am Nebentisch saß eine Clique. Da war ein Typ dabei, der aussah wie ich, ein echter Doppelgänger. Sie gölten rum und haben erzählt, wie sie in Bochum ein paar Leute zusammengeschlagen haben, darunter auch einen Polizisten.« Er zeigte auf mich.

Ich entschuldigte mich bei ihm für mein Auftreten und fragte, ob er weitere Infos zu den Typen hätte.

»Eigentlich nicht, aber der eine sollte wohl demnächst ins Gefängnis kommen und der andere hatte eine Vorladung bei der Polizei.« Ich schlug ihm dankend auf die Schulter und konnte es gar nicht abwarten, die Kollegen, die wir kannten und schätzten, in Gelsenkirchen anzurufen.

Am nächsten Tag fuhr ich zum Polizeipräsidium, um einige Mitarbeiter von der Kripo zu befragen. Mir wurde eine Lichtbildmappe mit etwa vierhundert Personen vorgelegt, und als ich bei der Anzahl fast aufgeben wollte, weil mir die Augen brannten, landete ich den ersehnten Treffer. Ich zeigte auf den Täter. »Der war es.«

Der Kollege sah mich an: »Sehr gut. Der sitzt mit seinen Kumpels wegen eines Raubüberfalls in Untersuchungshaft. Ich fordere sofort die Anzeige an und lade deine damaligen Begleiter vor, möglicherweise erkennen sie ja die anderen Täter auch wieder. Dann gibt es eine satte Haftverlängerung.«

So kam es dann tatsächlich auch, denn die Angeklagten räumten die Straftaten ein. Der Grund für ihren Angriff auf uns: Sie hatten mich in einer Spielhalle in Polizeiuniform gesehen und als sie mich zufällig in der Stadt wiedererkannten, schien ihnen die Gelegenheit günstig, mir eine Lektion zu erteilen.

Geiselnahme Lüdenscheid

»Aufsitzen und ab nach Lüdenscheid, Geiselnahme.«

Nach einem langen Frühdienst und einer anschließenden Nachbesprechung kam der Funkspruch. Sofort machten wir uns auf den Weg, im Fahrzeug wurde leise und intensiv gesprochen, denn das Geiseldrama von Gladbeck, bei dem vieles schiefgelaufen war, saß tief in unserer Erinnerung.

Am Tatort selber ging alles sehr schnell, wir lösten die Absperrung auf, damit die Kollegen verschnaufen und anschließend den Verkehr regeln konnten. Unsere Gruppe näherte sich dem inneren Bereich der Bank, eine MP5 im Anschlag. Die Informationen belasteten einen Mann auf Hafturlaub, Banküberfall mit Geiselnahme. Als er mit der Beute die Bank verlassen wollte, fuhr ein Streifenwagen vorbei, der zu einem Einsatz wegen Ladendiebstahls in einem nahegelegenen Geschäft unterwegs war. Und weil der Bankräuber dachte, die kämen seinetwegen, nahm er zwanzig Geiseln und das Katz- und Mausspiel begann. Während sich die Spezialeinheit des SEK mit Decken und Matratzen auf dem Pavillondach in Position brachten, sie hatten die beleuchtete Frontscheibe der Bank im Visier, konnte die Verhandlungsgruppe der Polizei erste Erfolge erzielen. Der Geiselnehmer forderte Handschellen, dafür ließ er eine Frau und drei Kinder frei. Als Boten schickte er eine fast nackte Geisel vor die Tür des Gebäudes, der Mann verlangte konsequente Nachrichtensperre, einen Fluchtwagen und zehn Millionen Mark Lösegeld für die übrigen Geiseln. Was zwischen der polizeilichen Verhandlungsgruppe und dem Geiselnehmer besprochen wurde, bekamen wir nicht mit. Plötzlich wurde ein Schuss abgegeben, der Straftäter warf daraufhin ein blutbeflecktes Hemd vor die

Filiale der Bank. Die Situation nahm immer gefährlichere Ausmaße an, denn er hatte mit einer scharfen Waffe einem älteren Mann in die Schulter geschossen. Ihm wurde ein präpariertes Fluchtfahrzeug, bei dem das SEK den Motor ein- und ausschalten konnte, sowie das mit einem Peilsender versehene Lösegeld ausgehändigt.

Daraufhin entließ er weitere Geiseln. Die Anspannung war uns anzumerken, wir waren gut dreißig Stunden auf den Beinen und der Zugführer versuchte schon seit einiger Zeit neue Kräfte anzufordern. Nun tauschte der Täter die Bekleidung mit den Gekidnappten und näherte sich unter einer Decke verborgen dem Fluchtwagen, seine Finte gelang ihm nicht und wir hatten mittlerweile Bedenken, dass er anfangen würde, um sich zu schießen.

Das SEK war bereit, sie hatten einen Aufzug präparieren können, damit die Türen sich lautlos öffnen ließen, und da der Geiselnehmer erneut drohte, Geiseln zu erschießen, drangen Spezialkräfte in die Bank ein, erschossen den Täter und befreiten die Opfer. Der Versuch, die Gefahr unblutig zu beenden, gelang uns aufgrund der Gewaltbereitschaft des Straftäters nicht. Der Unterschied zu anderen Geiselnahmen war hier, dass der Geiselnehmer nicht mit den Geiseln flüchten konnte, man sprach hier von einer stationären und keiner Mobillage. Für uns junge Beamte war es ein dramatischer und aufregender Einsatz. Vergleichbare Situationen konnten uns immer wieder erwarten.

»Achtung, an alle Streifenwagen! Überfall auf die Tankstelle an der Kaiserstraße. Zwei Täter, bewaffnet mit Schusswaffe und gerade zu Fuß flüchtig. Welches Einsatzmittel steht in der Nähe und fährt auf der Stelle zum Tatort und welcher Einsatzwagen geht in die Fahndung?«

Nachdem wir morgens mit der gesamten Dienstgruppe unter Tage gewesen waren, unterhielten wir uns noch während der normalen Streifenfahrt über dieses Erlebnis, als die Meldung uns erreichte. Ein Team unserer Wache fuhr direkt zum Tatort, wir meldeten uns und übernahmen einen Bereich in der Nähe der Tankstelle, um die vermutlich zu Fuß geflüchteten Täter zu stellen. Wir besprachen die möglichen Fluchtwege und entschieden uns, eine stille Anfahrt zu machen, um den Schleichweg, der parallel zur Schnellstraße verlief, zu nutzen. Wir rollten also mit dem Streifenwagen ohne Beleuchtung über den frisch gepflasterten Weg zum Sportplatz. Als wir eine passende Stelle gefunden hatten, von der aus wir alle Richtungen einsehen konnten, schalteten wir den Motor aus und warteten. Freddy war nervös und wollte sich am heruntergekurbelten Fenster eine Zigarette anzünden. »Jetzt wird nicht geraucht«, zischte ich ihm zu, »man kann doch die Glut sehen.« Er sah mich an.

»Hoffentlich müssen wir nicht schießen«, sagte er und steckte die Kippenschachtel wieder weg. Ich beruhigte ihn, und mich, denn schreien konnte ich und das ließ schon so manchen Täter in Schockstarre verfallen. Die Dämmerung wechselte in die nächtliche Dunkelheit, die Zeit verging, aber es tat sich nichts. Inzwischen hatte Freddy mit der Wache telefoniert und unseren Standort mitgeteilt sowie Neuigkeiten zum Tathergang erfragt.

Demnach waren zwei männliche Personen mit Masken in den Kassenbereich der Tankstelle eingedrungen, hatten Pistolen gezückt und den Angestellten zur Herausgabe von Bargeld, ein paar Schachteln Zigaretten und zwei Flaschen Gin gezwungen. Dann stopften sie alles in einen dunklen

Jutesack und hauten zu Fuß in unsere Richtung ab. Auf dem Gelände zogen sie sich die Masken vom Kopf. Der Tathergang war durch die Videoüberwachung der Tankstelle gefilmt worden. Plötzlich legte Freddy den Zeigefinger an die Lippen und lauschte. Da waren Geräusche. Es hörte sich an, als wenn jemand über den angrenzenden Sportplatz laufen würde. Das könnten sie sein. Meine Nackenhaare richteten sich auf und ich nahm die Taschenlampe fest in die Hand. Gut, dass wir unsere Schutzwesten anhatten, denn die Täter waren ja immer noch bewaffnet.

»Wir lassen sie über den Zaun klettern und stellen sie dann an der dortigen Garage, da kommen sie nicht weg, weil es da nicht weitergeht. Ich habe hier schon einmal Fußball gespielt und kenne die Örtlichkeit«, teilte ich Freddy leise mit. Dann entdeckten wir zwei dunkle Schatten, die über den angrenzenden stählernen Zaun kletterten und einander halfen. Eine Person hatte eine Kappe auf, der andere trug einen Jutesack, wie in der Fahndung beschrieben. Pistolen sahen wir zunächst nicht und das war gut so. Als die Verdächtigen endlich über den Zaun waren, sprangen wir aus dem Fahrzeug und knipsten die Taschenlampen an, sodass ein großer Teil der Umgebung erleuchtet war. Wir zogen die Waffen und ich rief:

»Polizei, keine Bewegung. Ihr seid festgenommen!«

Doch sie wollten wirklich weiter flüchten. Nur kannten die Täter die Örtlichkeit offensichtlich nicht, denn sie liefen genau in den geschlossenen Zwischenraum der Sportstätte, also zwischen Garage und Vereinsheim. Es gab keinen Fluchtweg, nur einen schmalen Spalt hinter der Garage, wo man sich verbergen konnte. Dies tat der Jutesackträger schließlich auch, weil er meinte, so davonkommen zu können. Den anderen hatte sich Freddy gepackt, mit einem Schleuderwurf zu Boden gebracht und ihm Handschellen angelegt. Beim Absuchen fand er eine Maske und eine frische Packung Zigaretten. Der Mann fluchte, weil mein Kollege ihn in den hinteren Bereich des Streifenwagens bugsierte, um mir zur Hilfe zu kommen. Während ich weiter mit vorgehaltener Waffe auf den Versteckten einschrie, hörte ich plötzlich einen zusätzlichen Funkstreifenwagen ankommen. Mittlerweile hatte der andere Täter auch die Nerven verloren und kam mit erhobenen Händen aus der Nische.

»Hör endlich auf zu schreien. Ich halte das nicht mehr aus. Ich ergebe mich«, sagte er kopfschüttelnd.

Wir konnten ihn fesseln und in den zweiten Streifenwagen verfrachten. Schließlich fanden wir den Jutesack mit dem Diebesgut sowie die Pistole. Wir waren froh, dass es nicht zu einer Schießerei gekommen war. Der Täter hatte noch versucht, die Sachen über die angrenzende Mauer der Schnellstraße zu werfen, aber ohne Erfolg. Ich sprang zu Freddy in den Wagen, der sich neben den ersten Verdächtigen gesetzt hatte und diesem jetzt seine Rechte mitteilte.

»Ich war nur mit dabei. Den anderen kenne ich aus einer Spielhalle, ich sollte nur Schmiere stehen, wirklich, Herr Wachtmeister«, sagte er und grübelte auf dem ganzen Weg zum Polizeigewahrsam. Ich erzählte ihm von den Videobeweisen und schwieg dann. Wir trafen zeitgleich mit den Kollegen ein, die den anderen Täter im Wagen hatten, der natürlich im Gegenzug seinen Kumpan beschuldigte.

In Gewahrsam ging es sehr schnell zur Sache. Die dringend Tatverdächtigen wurden professionell behandelt, es wurde alles aufgelistet und geprüft und während ich die Strafanzeige in einem angrenzenden Schreibraum anfertigte, kam Elmo von der Kriminaldauerwache zu mir in den Raum. Er hatte mit mir die Ausbildung absolviert und strich sich über seine Glatze.

»Gut gemacht, Toto, alte Schule. Du hast mit dem einen Täter gesprochen und ihm einiges erklärt. Er ist jetzt in der Vernehmung und hat bereits diesen Überfall und noch weitere Delikte zugegeben. Saubere Arbeit! Wir sehen uns demnächst beim Jahrgangstreffen«, er klopfte mir feste auf die Schulter und verschwand wieder in den Vernehmungsraum.

Im Anschluss trafen Freddy und ich uns auf eine Zigarette im Innenhof, um das Geschehene noch mal Revue passieren zu lassen.

»Freddy, jetzt kannst du dir eine anzünden, das hast du dir verdient. Danke für den professionellen Einsatz, ich habe mich jederzeit sicher gefühlt.«

Unsere Festnahmen führten dazu, dass die Beschuldigten im Rahmen der Vernehmungen und in der Gerichtsverhandlung ein Dutzend bewaffnete Raubdelikte einräumten und weitere Tatverdächtige ermittelt werden konnten. Glück gehabt.

»Fahrt mal zum Großmarkt. Da gibt es einen renitenten Ladendieb, der gerade versucht, zu flüchten.«

Ich war etwa drei Wochen auf meiner neu zugewiesenen Wache, als ich mit Heinz-Peter über die Leitstelle den Einsatz bekam. Wir fuhren auf schnellstem Weg ins Kirchviertel und schalteten kurz vor Eintreffen das Martinshorn und das Blaulicht aus. Wir machten eine stille Anfahrt, denn die Einsatzleitstelle hatte von einem Zeugen einen Tipp über den Fluchtweg des Täters bekommen. Da aber noch kein Einsatzteam am Großmarkt eingetroffen war, um uns die genaue Lage mitteilen zu können, beschloss ich den Auftrag zu ignorieren und den Tatort direkt anzufahren. Außerdem teilte mir die Besatzung eines anderen Streifenwagens mit, dass sie die Täternacheile machten, weil sie günstig zum Fluchtauto standen. So regelte man das eben unter Kollegen – man dachte einfach mit. Beim Eintreffen sprangen wir aus dem Polizeiauto und näherten uns der automatischen Eingangstür, und da fielen mir zwei hilflose Männer zwischen den beiden Kassenbereichen auf, die etwas in den Händen hielten: Ein Mitarbeiter der Filiale hatte die Beine einer Verkäuferin in der Hand und der dabeistehende Mann wusste nicht so recht, wie er Erste Hilfe leisten sollte. Ich erkannte die junge Frau sofort, es war Britta, die mich schon des Öfteren hier bedient hatte.

Die Situation schien lebensbedrohlich, wir zogen sie aus dem engen Bereich der Kasse und legten sie vorsichtig auf den Boden davor. An ihren glasigen Augen sah ich, dass sie gerade gestorben war. Schnell kontrollierte ich Puls und Atmung, aber da war nichts.

Als meine Hand über ihren Bauch fuhr, spürte ich noch eine leichte Regung und wir fingen sofort mit Beatmung und Herzmassage an. Ein Kollege gab Luft und ich massierte das Herz. Wir fanden den Rhythmus und ich sprach die junge Frau in der Hoffnung an, dass sie mich hörte:

»Britta, geh uns nicht von der Fahne, bleib bei uns! Stirb bitte nicht!«

Ich bemerkte eine andere Verkäuferin, die uns fassungslos ansah und fragte, was denn nun passieren würde. Ich sagte ihr, sie soll einen RTW bestellen und nochmals die Polizei verständigen. Sie verschwand mit ihrem Handy am Ohr auf die Straße.

Der Kollege und ich konnten uns kaum noch bewegen, als endlich der Notarzt und die Sanitäter eintrafen. Sie wiesen uns an weiterzumachen, während sie die lebensnotwendigen Geräte anschlossen, bis mich der erste Rettungsassistent wegdrängte und übernahm. Ich legte mich erschöpft daneben, meine Knochen knackten und der Sani fragte mich, ob es gehe. Da erkannte ich ihn, es war Manni, wir hatten im gleichen Fußballverein zusammen gespielt. Nach einer Weile ging es wieder und ich machte mich an die Zeugenbefragung und schaute mir den Videobeweis an. Man sah darauf einen jungen Mann, der in die Kasse griff und Bargeld entwendete.

Britta versuchte noch, diese zu schließen und den Einbrecher am Arm festzuhalten, doch es gelang ihr nicht. Stattdessen erlitt sie einen Herzstillstand und sackte im Kassenbereich zusammen. Während wir uns das Video ansahen, konnte man den Täter samt Komplizin in der Nähe des Tatorts stellen und festnehmen. Wir fuhren somit zur Wache, verständigten die Kriminalpolizei und schrieben den dazugehörigen Bericht.

Britta brachte man in ein Krankenhaus, sie wurde für ein paar Tage in ein künstliches Koma gelegt. Bei den Untersuchungen hatten die Ärzte festgestellt, dass sie von Geburt an einen Herzfehler hatte. Mit einem unterstützenden Stent konnte sie aber nun gut weiterleben. Wir fieberten in dieser Zeit mit und waren froh, als die Mutter uns anrief und uns auf der Wache besuchen kam. Dort erzählte sie, dass sie bei ihrer Tochter am Bett gesessen hatte, als sie die Augen aufschlug.

»Das glauben Sie nicht, Herr Toto. Als Britta aufwachte, sagte sie zu mir: Mama, der Toto hat mich gerettet. Ich habe ihn genau gesehen. Der aus dem Fernsehen, der Polizist, der kauft ab und zu bei uns ein.« Ich bekam eine richtige Gänsehaut und ich war sehr gerührt. Die Mutter wollte sich mit der Geschichte an die Bildzeitung wenden, und ich werde zum

Erste-Hilfe-Kurs gehen, um vielen Menschen mit dem Erlebten den Impuls zu geben, ebenfalls daran teilzunehmen. Denn so kann man Menschenleben retten. Ab jetzt feierte Britta zwei Geburtstage im Jahr und mein Kollege und ich waren herzlich dazu eingeladen.

Privat auf Täterfang

Es war eine sternenklare Nacht, als ich mit meinem alten Ford Taunus privat in Bochum unterwegs war und ihn auf dem Parkplatz auf der Hermannshöhe abstellte. Ich hatte mich mit ein paar Lehrgangskollegen im berühmten Bermudadreieck verabredet. Die Ausbildung bei der Polizei hatte uns zusammengeschweißt und nun wollten wir unser jährliches Treffen abhalten. Ich verschwand durch den unterirdischen Fußgängertunnel, der direkt ins Bermudadreieck führte, der Treffpunkt war an der Dönninghaus Bude, wo es die beste Ruhrpott-Currywurst gab. Wir verbrachten ein paar unterhaltsame Stunden, tranken mal hier und mal dort was, aber nach dem fünften Wasser machte ich mich auf den Rückweg, weil ich am nächsten Morgen Frühdienst hatte. Ich ging also durch den Fußgängertunnel zurück zum Parkplatz und bemerkte dort eine männliche Person, die sich meinem Privatwagen näherte. Ich stoppte, hielt die Luft an und beobachtete, wie der Mann zwischen meinem Taunus und einem Golf stehenblieb und ein Nageleisen aus der Jacke zog. Er holte aus und schlug die Scheibe an der Fahrertür des Golfs ein, es schepperte ordentlich. Danach zog er die Verriegelung hoch, wischte die Scherben vom Fahrersitz und setzte sich ruhig ins Auto. War das sein Wagen und hatte er möglicherweise seinen Schlüssel verloren?

Aus dem Augenwinkel sah ich ein junges Pärchen ankommen, ich zog meinen Dienstausweis aus der Jacke und ging auf sie zu.

Ich bat sie zum Bahnhof zu gehen, um den Autoknacker bei der Polizei zu melden und zu sagen, dass der Täter noch vor Ort sei und ich, ebenfalls Polizeibeamter, ihn zu stellen versuchte. Die beiden Jugendlichen schauten überrascht auf den Ausweis, schüttelten ihre Köpfe und sagten, sie dürften nach dem Jugendschutzgesetz gar nicht mehr draußen sein und sie wollten null Stress mit den Eltern. Mit diesen Worten drehten sie um und ließen mich verdutzt auf dem Parkplatz stehen. Da es zu der Zeit noch keine Handys gab, hatte ich nur die Möglichkeit, eine Telefonzelle aufzusuchen, um die Kollegen zu verständigen, dann wäre aber der Täter weg, der es sich im Wagen gemütlich machte, eine Dose Bier öffnete, eine Zigarette anzündete und das Autoradio ausbaute. Ich überlegte, denn wenn der vorhatte, mehrere Autos zu knacken, ich selber hatte mir vor Kurzem eine nagelneue Kompaktanlage einbauen lassen, müsste das hier sofort beendet werden. So schlich ich zu meinem Kofferraum und sah nach, was ich an Gerätschaft dabei hatte, einen Kreuzschlüssel, ein paar Plastikhandfesseln und eine Taschenlampe. Passt! Ich baute mich vor dem Wagen auf, leuchtete ihm direkt ins Gesicht, hielt ihm den Dienstausweis vor die Nase und teilte ihm mit, dass er festgenommen sei. Er zog das ausgebaute Autoradio heraus, steckte es in die Innentasche seiner Jacke und stieg seelenruhig aus. Geht doch, dachte ich, der wird sich ergeben und dann ab zur Polizei. Stattdessen zog der Täter ein langes Messer aus der Tasche und kam drohend auf mich zu. So hatte ich mir die Festnahme natürlich nicht vorgestellt. Der Typ war zwei Köpfe größer als ich, aber egal, ich war kampferprobt, hatte mehrere Gürtel in verschiedenen Kampfsportarten und ordentliches Training mit der Spezialeinheit hinter mir. Ich stürmte also auf ihn zu und schlug ihm dem Kreuzschlüssel gegen den Arm, sodass er die Klinge fallen lassen musste.

Sein Gesicht verzerrte sich vor Schmerz, er schaute auf und rannte mit etwas Vorsprung in Richtung Bahnhof davon, in der Unterführung holte ich ihn fast ein und rief um Hilfe und nach der Polizei. Einige Passanten drehten sich um, kümmerten sich aber weiter nicht um uns. Alleine ergreifen wollte ich ihn aber nicht, er war gewaltbereit und trug den eisernen Kuhfuß bei sich. Ich schrie ihm hinterher, dass er eh erwischt würde, und wäre vor Unachtsamkeit fast in ein Taxi gelaufen. Der türkische Fahrer, den ich durch Zufall kannte, hielt an und schimpfte, bis er mich erkannte. Ich schilderte ihm rasch die Sachlage und bat ihn, den Notruf zu drücken. Dann rannte ich weiter hinter dem Täter her, der die Fußgängerzone erreicht hatte, er war ordentlich außer Puste, schleppte sich aber voran. Ich holte auf und dachte noch, hoffentlich verschwindet er nicht in einer der dunklen Gassen, als mich ein Pkw überholte. Das Beifahrerfenster war geöffnet, einer der zwei Kollegen steckte den Kopf aus dem Fenster, sie hatten zivilen Dienst und unterstützten mich jetzt. Mir fiel ein Stein vom Herzen. Ihr Wagen fuhr an mir vorbei, sie schnitten dem Täter den Weg ab, die beiden Beamten sprangen aus dem Fahrzeug und überwältigten ihn. Ich kam dazu, doch der Kollege zog mich weg.

»Lass gut sein, Toto«, sagte er, »wir haben den Mann und bringen ihn aufs Präsidium.«

Ich atmete erst mal aus. Dann kam ein Streifenwagen, mit dem ich zurück zum Tatort fuhr, um ihnen den aufgebrochenen Wagen zu zeigen, das Messer zu konfiszieren und den Fahrzeughalter zu ermitteln. Anschließend fuhr ich zur Kriminaldauerwache, um mich schriftlich und mündlich zum Sachverhalt zu äußern. Einer der Kollegen kam mir auf dem Flur entgegen.

Der Festgenommene war wegen etlichen Pkw-Aufbrüchen vorbestraft und auf Bewährung draußen und wir freuten uns, dass wir durch so einen Zufall ein paar Delikte mehr aufklären konnten und dieser Täter nun für einige Zeit in der Justizvollzugsanstalt verschwinden würde. Die Bochumer Pressestelle informierte natürlich die Behörde in Köln über meinen privaten Ausflug, der mir einen zusätzlichen Tag dienstfrei einbrachte. Im Nachhinein bin ich froh, dass nicht mehr passiert ist und es heutzutage Mobiltelefone gibt. Denn mit dem Joggen durch die Innenstadt habe ich es auch nicht mehr so.

Im Auto in Richtung U-Bahn

»Toto, steig schnell rein. In der Stadt hat es einen merkwürdigen Unfall gegeben. Ein Autofahrer soll rückwärts mit seinem Pkw einen Poller umgefahren haben und jetzt auf einer Treppe stehen. Es ist aber niemand ernstlich verletzt.«

So fuhren wir zum Einsatzort, es war etwa elf Uhr morgens, die Innenstadt war schon gut besucht. Der Unfallort lag direkt gegenüber dem Rathaus, es war Markttag und auf dem Vorplatz verkauften die Händler ihre Waren. Außerdem standen mein Lieblingswagen mit frischen Hähnchen sowie eine Fischbude und zwei Wurstto stände dort. Zunächst erkannten wir die Örtlichkeit nicht, erst als uns mehrere Passanten aufgeregt zuwinkten, sahen wir den umgeknickten Poller, aber kein Auto. Unfallflucht?, fragte ich mich. Wir hielten an und stiegen aus, ein Mann mittleren Alters kam auf uns zu und schilderte, dass er alles genau gesehen habe. Das waren uns die liebsten Zeugen, da brauchten wir fast nichts mehr zu machen. Angeblich wollte der Unfallwagen abbiegen, fuhr einen Poller um und geriet danach auf die Treppen zur dortigen U-Bahn-Station.

»Bis zum mittleren Treppenabsatz hat er es geschafft, dann hat er mit dem Wagen aufgesetzt«, sprach eine ältere Dame dazwischen. Sie sortierte nebenbei ihren Einkaufskorb auf dem Rollator: »Irgendwann sollte man auch den Führerschein abgeben«, sie schüttelte mit dem Kopf. Die Kollegin notierte sich die Personalien der Anwesenden, ich ging im Eiltempo der Treppe entgegen, den Wagen sah man wirklich erst, wenn man ganz am Anfang des Treppenabsatzes angelangt war. Er stand quer auf dem zweiten Absatz, um ihn herum eine neugierige Menschenmenge, die das Geschehen digitalisierte. Ich verschaffte mir Platz und schickte die Umstehenden weg, damit ich den Unfall aufnehmen konnte. Ich wusste ja auch nicht, ob sich der Pkw festgefahren hatte oder noch tiefer hinunterrutschen würde. Die junge Kollegin sprintete die Treppenstufen nach unten und sicherte mit dem Absperrband den Durchgang, ich schaute nach dem Fahrer oder weiteren Insassen. Mein Blick fiel auf einen älteren, verwirrten Mann, der am Steuer saß und versuchte, den Anlasser zu betätigen. Doch der Mercedes rührte sich kein Stück. Ich fragte ihn nach seinem Zustand, ob er verletzt sei und warum er nicht aussteige. Er schaute hinauf zu mir und nickte:

»Alles gut, Herr Wachtmeister, ich komme jetzt. Ich habe nur meiner Frau eine SMS geschrieben, dass ich später zum Essen da bin, wegen des Unfalls. Nicht, dass sie sich Sorgen macht!«

Ich half ihm beim Aussteigen und zog zur Sicherheit die Handbremse fest. Während wir die Treppenstufen hinaufstiegen, stellte ich ihm ein paar Fragen zum Unglück, er schien mir körperlich und geistig in guter Verfassung zu sein.

»Ich fahre immer mit Navi und wollte hier zum Rathaus«, nickte er erneut, »da ich von auswärts komme und mich hier nicht auskenne, habe ich dem Gerät vertraut. Das zeigte mir an, dass es hier in ein Parkhaus geht, und da bin ich abgebogen. Ich habe mich noch gewundert, dass ich ein Stück über den Gehweg musste, und dann dachte ich, die Parkgarage ist unter der Erde. Also fuhr ich bergab. Leider war da nur die Treppe, die mich aufhielt. Ich bin froh, dass ich keine Menschen verletzt habe.« Seine Augen glänzten.

»Bis auf einen Blechschaden ist ja nichts passiert, das Parkhaus ist tatsächlich ein paar Meter weiter.

Jetzt nehmen wir in Ruhe den Unfall auf, der Abschleppdienst sorgt dafür, dass Ihr Fahrzeug von der Treppe kommt, und ich begleite Sie zu unserem Bulli, damit Sie nicht von den Medienleuten belästigt werden.«

Die Geschichte ging dann doch durch die Presse, weil mehrere Personen natürlich ihre Bilder ins Internet gestellt hatten. Einige Zeit später ereignete sich fast der gleiche Unfall an derselben Treppe, sodass sich die Stadt genötigt sah, neue Poller und Leitpfosten aufzustellen. Zum Glück ist auch da niemand zu Schaden gekommen.

Jean-Claude

Es war Anfang der 80er-Jahre und es geschah in einer ruhigen Nachtschicht zu meiner Zeit in Köln. Ich saß auf der Wache und kochte gerade die dritte Kanne Kaffee für die Kollegen, als mein Wachhabender, der Manni, mich ansprach. Ich sollte den Telefondienst und den Wachbereich übernehmen. Mit diesen Worten klemmte er sich die aktuelle Bildzeitung unter den Arm, steckte sich eine Zigarette an und verschwand in Richtung Toilette. Ich setzte mich auf seinen Stuhl und drehte mich langsam zum Zimmer des Dienstgruppenleiters um, als es an der Pforte klingelte. Ich warf einen Blick durch den Spion in die Schleuse des Sicherheitsbereichs und drückte die Sicherheitstür auf. Vor mir am Wachtresen betrat ein junger Mann die Wache, der rein optisch der Schiene Zuhälter zugeordnet werden konnte. Groß, Schnauzbart, blonder Vokuhila mit Strähnchen, am Hals baumelte eine dicke Goldkette. Er trug einen grünen Jogginganzug und Turnschuhe. »Ich muss mich hier melden«, sagte er und legte mit einem eingegipsten Arm seinen Ausweis auf den Tresen. Ich zog die Meldemappe für Straftäter unter dem Tisch hervor, suchte nach dessen Nachnamen, fand ihn aber nicht. Fragend blickte ich zu ihm auf, er grinste.

»Ich bin nicht im dem Register, das hier ist ein Dienstausweis, ich bin ein neuer Kollege.« Ich schluckte und bat ihn, einen Augenblick zu warten, dann ließ ich ihn am Tresen stehen und machte mich auf den Weg zum diensthabenden Gruppenleiter. Ich klopfte an, er bat mich herein und ich legte ihm den Dienstausweis des Neuen auf den Tisch.

»Dieser Typ will bei uns anfangen?« Ich versuchte zu lächeln.

»Ah, das ist Jean-Claude. Auf den habe ich schon die ganze Zeit gewartet. Gut, dass der kommt. Und weißt du, wer ihn in seine Obhut nehmen und begleiten wird?« Er zeigte süffisant auf mich. So fing das mit uns beiden an. Er kam nach einer Woche zum Dienst und wir fuhren gemeinsam Objektschutz, darunter zum Beispiel die jüdische Synagoge in Köln. Das machten wir fast drei Tage lang, bis Jean-Claude unzufrieden wurde.

»Ist ja fast so langweilig wie bei uns auf dem Land in Ostwestfalen. Dafür hätte ich nicht hierher kommen müssen.« Er schlug mit der Faust gegen das Dach des Streifenwagens und schnaufte. Ich versuchte, ihn zu besänftigen, erklärte ihm, dass nicht alle polizeilichen Aufgaben aufregend seien, aber trotzdem erledigt werden mussten. Wir hielten am Präsidium und stiegen aus.

»Nicht mit mir, mein Freund«, sagte er und schlug die Streifenwagentür heftig zu, sodass das Blaulicht samt Schrauben vom Dach flog.

»Wie hast du das denn vom Dach bekommen?«, fragte ich ungläubig, denn die Dinger waren damals noch festgeschraubt. Erst guckte er grimmig, dann schon entspannter.

»Ich habe das mit einem Fußkick heruntergetreten«, sagte er und drehte sich blitzschnell im Halbkreis, sein rechtes Bein hob er rückwärts auf Kopfhöhe und trat in die Luft. »So halt.«

Er lachte, dann ging er mit dem abgetretenen Blaulicht in den Wachraum und weiter zum Dienstgruppenleiter. Ihm teilte er mit, dass er ab jetzt keinen Objektschutz mehr fahren werde. Es sei langweilig und er brauche Action, das Blaulicht legte er vorsichtig auf den Tisch. Der Chef hob die Augenbrauen, stand auf und machte die Tür des Zimmers zu, damit niemand das folgende Gespräch mitanhören konnte.

Die Action, die Jean-Claude wollte, gab es die Tage darauf.

Wir hatten zusammen Spätdienst. Jean fläzte sich gedankenversunken auf dem Beifahrersitz und ich fragte ihn, was er dachte.

»Ich geh gleich zum Kampfsporttraining und danach gehe ich zu der Hochzeit eines Freundes. Ich trete heute früher ab, kannst du den Rest machen?« Er sah mich an.

»Zunächst fahren wir zu einem Verkehrsunfall. Die Wache hat uns eben den Einsatz per Funk mitgeteilt«, sagte ich und trat aufs Gaspedal. Kurz vor der Unfallstelle sahen wir zwei Personen, die sich auf der Fahrbahn aufhielten, ein gut gekleideter Mann redete gerade wütend auf eine ältere graumelierte Dame ein, die sich hinter ihrem Pkw in Sicherheit bringen wollte. Wir parkten, stiegen aus und ich stellte schnell fest, dass der vordere Wagen – ein neuer Alfa Romeo – nur einen kleinen Kratzer hatte. Die Dame war wohl nur kurz gegen das Heck getickt und hatte somit kaum Schaden angerichtet. Jean-Claude fing derweil die beiden Personen zwischen den Pkws ein.

»So, meine lieben Leute, ist jemand verletzt? Wenn nicht, setzen wir erst einmal die Autos auf den Seitenstreifen, damit Sie nicht zu Schaden kommen«, ermahnte er die zwei.

Als die Fahrzeuge aus dem Gefahrenbereich waren, versteckte sich die Dame hinter Jean-Claude, sie schien Angst vor dem Schreihals zu haben, der den Kratzer an seinem Wagen als Totalschaden reklamierte. Er war sehr aufgebracht und drängte auf die verängstigte Frau zu. Jean holte einmal tief Luft, trat einen Schritt vor und packte den Mann kurzerhand am Hemdkragen. Nase an Nase standen sich die Männer gegenüber.

»Jetzt halten Sie mal die Luft an. Sie machen aus einer Maus einen Elefanten und mit Ihrem Geschreie der Dame Angst. Das kann ich gar nicht leiden.«

Ich schaltete mich ein, verlangte den Führer- und den Fahrzeugschein des Mannes und gab ihm zu verstehen, sich besser in seinen bezaubernden Wagen zu setzen und sich zu beruhigen. Mein Blick fiel auf meinen Kollegen, ich zwinkerte ihm zu.

Auf einem Klemmbrett notierte ich mir die Daten der beiden Unfallgegner, als ich hinter mir einen Schatten sah und ein zischendes Geräusch hörte. Ein Windhauch strich mir um den Kopf und ich drehte mich um.

»Ich muss mich dehnen«, sagte Jean-Claude, »denn ich gehe gleich zum Training. Wenn ich dich hätte treffen wollen, wäre es geschehen. Du standest gerade so schön da, da habe ich die Chance ergriffen, mal einen neuen Tritt auszuprobieren.«

Ich glaube, ich habe noch nie so blöd aus der Wäsche geguckt, und zeigte ihm einen Vogel.

Bei der Übergabe des Unfallbogens sprach mein Kollege dem Unfallfahrer noch mal ins Gewissen: »Man schreit keine Frauen an und für solche Unfälle gibt es Versicherungen, die sich darum kümmern.« Er richtete seinen Finger auf die Brust des Mannes, was so viel bedeutete wie: Ich habe Sie im Auge.

Das zeigte Wirkung, denn er entschuldigte sich bei der Dame und warf sich wieder in seinen Sportwagen und auch die Frau, die nun beruhigter wirkte, stieg zurück in ihren Wagen. Eine gute Tat mehr, dachte ich noch, als wir per Funk von der Kölner Innenstadtwache angesprochen wurden:

»Toto, Jean-Claude, fahrt mal ins Friesenviertel. Dort haben vier Kollegen in der In-Kneipe Köln mit einem Randalierer zu kämpfen, sie mussten schon Reizgas einsetzen.«

Jean erinnerte mich daran, dass er gleich abtreten wollte, und sagte, wir unterstützen schnell die Jungs und den Schreibkram am Ende übernimmst du. Ich nickte, wie immer, und klopfte ihm auf die Schulter.

An nächstem Tatort sahen wir einen weiteren Streifenwagen mit Blaulicht ankommen, wir stürmten mit den beiden Kollegen die Eingangstreppe hinunter, an der Theke erwartete uns der Einsatzleiter. Er deutete auf den Randalierer, der mit einem Barhocker bewaffnet auf der Tanzfläche stand und die anderen Beamten anschrie. Das Spray hatte ihn nicht einschüchtern können, der Typ wirkte zugedröhnt, bei der Überprüfung vor der Gaststätte kam heraus, dass er ein Drogendealer war und auch ein Haftbefehl gegen ihn vorlag. Daraufhin hatte er ein paar Tütchen mit weißem Pulver weggeschmissen und war in die Kneipe gerannt. Jean-Claude schaute mich an und ging, indem er sich seinen grünen Tuchrock, der damals zur Ausstattung gehörte, aufknöpfte, auf den Mann zu.

»Legen Sie doch bitte den Barhocker beiseite und lassen Sie sich in Ruhe festnehmen, dann passiert Ihnen auch nichts. Wenn Sie meiner Anweisung keinerlei Folge leisten, komme ich aufs Parkett und hole Sie von der Tanzfläche.«

Der Krawallmacher lachte sich kaputt und fragte schreiend, ob er Bruce Lee oder Karate Tiger wäre. Wir sollten besser abhauen und ihn in Ruhe lassen. Er hatte noch nicht ganz ausgeredet, da flog der Barhocker durch die Luft und der Mann rückwärts aufs Parkett. Zwei Schritte, ein Spagat, Beine weggetreten, drei kurze Handkantenschläge in den Unterleib und ins Gesicht. Jean-Claude drehte ihn blitzschnell auf den Bauch und legte ihm die Handfesseln an. Dann zog er den Randalierer hoch, stellte den Barhocker ordentlich an die Theke und schubste mir den Täter entgegen.

»Wie gesagt, Torsten, ich mache die Action und du die Schreibarbeit.« Mit diesen Worten rannte er die Treppe hinauf und verschwand. Draußen bemerkte ich, dass er mit unserem Streifenwagen weggefahren war, und so mussten der Täter und ich gemeinsam in dem Bulli der Kollegen mit zur Wache fahren. Ihr wisst ja – Jean-Claude die Action – ich die Schreibarbeit!

Er wurde später aus Köln versetzt und ist heute in Ostwestfalen als Kontaktbeamter unterwegs.

Die guten Nachbarn

Es ereignete sich an einem schönen Spätsommernachmittag, als wir mal wieder mit der Kamera begleitet wurden. In all den Jahren waren wir ein eingespieltes Team geworden und so fuhren wir gemeinsam mit dem VW Bulli durch die Stadt.

Ich steckte gerade den Kopf aus dem Fenster der Beifahrertür, als uns die Stimme des Funksprechers – Martin, die Legende – in Richtung Weitmar schickte, wo uns eine ältere Dame, die ihren Schlüssel verloren, erwartete. Sie konnte nicht mehr in die Wohnung hinein oder hinaus, eine besorgte Nachbarin hatte sie rufen hören und die Polizei verständigt. Wir lenkten den Wagen in eine ruhige Wohngegend, das Kamerateam wusste, was es zu tun hatte. Sich vorstellen und den Personen mitteilen, dass sie uns zu Fernseh- und Dokumentationsaufnahmen begleiteten. Wir erreichten unser Ziel und beim Aussteigen kam uns schon eine kleine Frau entgegen, sie trug eine Schürze und ein buntes Kopftuch.

»Hallo Ihr beiden. Jetzt lerne ich Sie ja mal persönlich kennen. Dann klappt der Einsatz ja bestimmt. Ich bin die Mine und habe Sie angerufen.«

Dann erzählte sie, dass die gute Frau laut um Hilfe gerufen habe, sie seit zig Jahren befreundet seien und sich umeinander kümmerten. Sie besaß auch einen zweiten Schlüssel, den hatte sie ihr aber vor zwei Stunden geben müssen, da die Nachbarin vom Einkaufen kam und ihren nicht mehr finden konnte. Durch die Tür nahm sie Kontakt mit ihr auf, anscheinend hatte man ihr die Wohnungsschlüssel gestohlen. Während der Kollege durch die geschlossene Tür auf sie einsprach, fragte ich nach einer anderen Zugangsmöglichkeit in die Wohnung. Mine bejahte und führte uns mit einer Aluminiumtrittleiter bewaffnet zu einem kleinen Fenster zum Hof. Als wir samt Kamerateam dort ankamen, zeigt sie hinauf, in sechs Metern Höhe war der besagte Zugang, mit der Leiter erreichte man höchstens drei Meter. Der Kameraschwenk dorthin war genial. Da wir diese Möglichkeit also vergessen konnten, zogen wir zurück zur Wohnungstür. Inzwischen hatten sich die drei Kinder von Mine dazugesellt, sie ermunterten die eingeschlossene Frau, überall zu suchen. Ich mischte mich – wie immer – ein.

»Frau Wolf, gehen Sie doch einfach chronologisch vor und fangen bei der Tür an.« Zuerst wurde es still, dann fragte sie mich, wer ich überhaupt sei und was ich von ihr wollte. Daraufhin schob mich mein Kollege an die Seite und zischte so was wie chronologisch. Er hob eine Augenbraue.

»Oma, hörste? Schau mal inne Schürze nach oder inne Türe«, rief er ihr zu.

»Das mach ich doch schon die ganze Zeit, aber ich kann den Schlüssel nicht finden. Den hat bestimmt jemand geklaut.«

Das ging eine Weile so weiter, aber es nützte nichts, der Schlüsseldienst musste über die Leitstelle verständigt werden. Mine erzählte mir in der Wartezeit, dass die Dame ihre Lieblingsoma geworden war. Ihre eigene Mutter war früh in der Türkei verstorben, sie kam mit ihrem Mann nach Deutschland und lernte schnell die deutsche Sprache – schon allein wegen ihrer drei Kinder, die hier geboren worden waren und hier zur Schule gingen. Als Mine eine Arbeitsstelle erhielt, weil ihr Mann bei einem tragischen Arbeitsunfall in der Stahlindustrie ums Leben gekommen war, machte Frau Wolf mit ihnen die Schulaufgaben und kochte für die Kinder. In letzter Zeit baute die ältere Dame körperlich und geistig leider immer weiter ab und Mine versuchte, über die Stadt eine Betreuung zu bekommen. Aber Oma wollte natürlich nicht aus ihrer vertrauten Umgebung weg. Verständlich!

Endlich kam der Mann vom Schlüsseldienst, ein guter Bekannter, er begrüßte uns per Handschlag und erledigte seinen Job in dreißig Sekunden. Er schrieb eine kleine kostengünstige Rechnung, Mine lief zuerst in die Wohnung und nahm die ältere Dame in die Arme. Sie weinte und wiederholte, dass sie schon überall nach dem Schlüssel gesucht habe. Wir folgten ihr, sahen uns kurz um, mein Kollege zog die oberste Schublade der Kommode auf und nahm den besagten Wohnungsschlüssel heraus. Wir sagten erst mal nichts mehr und rieten ihr dann, sich doch einen

Schlüssel mit einem bunten Band um den Hals zu hängen und einen Mine zuzustecken.

»So machen wir das«, nickte Mine, »und jetzt gehen wir rüber zu uns und essen was. Du hast bestimmt Hunger.«

Wir verabschiedeten uns von den Frauen, beim Gang zum Streifenwagen schwiegen wir alle.

»Das ist eine tolle Geschichte, die zeigt, wie Nachbarschaftshilfe gelebt wird«, sagte der Produzent leise, seine Augen glänzten. Und so kam es, dass nach Unkenntlichmachung der Personen dieses Erlebnis gesendet wurde und sehr viel Zuspruch erlangte. Der Oma haben wir zwischendurch ein paar Blümchen gebracht, sie blieb bis zu ihrem Tod behütet in der Nachbarschaft wohnen.

Schicksal?

Ich hatte an einem längst vergangenen Freitag, den 13. einen schweren und für drei Heranwachsende tödlich endenden Verkehrsunfall auf der Stadtautobahn aufgenommen und bewältigt. Mit das Schlimmste an diesem Einsatz waren die vielen Schaulustigen gewesen, die über eine Brücke und durch Gebüsche näher an die Unfallörtlichkeit herankommen wollten. Nach Jahren fuhr ich dann mit meiner Kollegin Sabine den Streifenwagen betanken und sie bemerkte am Fahrbahnrand eine weibliche Person, die aufgeregt und traurig wirkte.

Die Kollegin kümmerte sich um die Frau, während ich den Einsatz der Wache funkte. Zur Überprüfung der Personalien stieg ich aus. Man durfte einen depressiven aufgewühlten Menschen nicht alleine lassen, schon gar nicht in der Nähe einer Brücke. Wir kamen ins Gespräch und auf die Frage, was sie so bewege, schilderte sie mir den damals erlebten Verkehrsunfall am Freitag, den 13., an dem sie ihren jüngeren Bruder verloren hatte und bei dem auch ich zugegen gewesen war. Sie staunte nicht schlecht, als ich ihr dieses für mich traumatische Ereignis nachzeichnete. Wir fielen uns weinend in die Arme. War das Schicksal, nach all den Jahren eine Angehörige zu treffen? Wir unterhielten uns lange und konnten ihr so ein wenig helfen.

Ein weiteres Mal, wo ich überrascht wurde, war ein Einsatz wegen Ruhestörung. Die Nachbarn beschwerten sich über laute Gitarrenmusik auf dem Hinterhof. Dort angekommen gingen wir zu zweit über eine Rampe zu einem kleinen Appartement. Dort öffnete uns nach langem Klingeln ein Mann, der in einem Rollstuhl saß und nur halb bekleidet war. Im Hintergrund erkannte man ein zerwühltes Bett mit einer jungen Dame drin, die sich schnell eine Decke überwarf. Eine Gitarre war auch vorhanden und wir durften eintreten. Nachdem wir den Grund unseres Eintreffens angegeben hatten, wollte ich wissen, wieso der Mann in einem Rollstuhl saß. Dieser gab an, dass er sich durch einen Fenstersturz bei einer Veranstaltung eine Rückenverletzung zugezogen hatte, aber doch ein wenig gehen konnte. Als ich die Geschichte hörte, sträubten sich mir die Nackenhaare und ich ergänzte seine Ausführung. Denn damals gab es in einem Außenbezirk ein Straßenfest. Der Mann saß im 2. Stock bei geöffnetem Fenster auf einer Fensterbank und lauschte einer Band, die dort musizierte. Plötzlich kam seine damalige Freundin von hinten angestürmt, sie wollte ihn umarmen und küssen. Dies misslang, da er erschrak, sie nicht zupacken konnte und er vom 2. Stock hinunter auf einen Tisch fiel.

Er schien erstaunt, als ich ihm sagte, dass ich den Sachverhalt aufgenommen und vieles von dem Unfall mitbekommen hatte. Schicksal?

Leser fragen Toto

1) Warum wurdest du ausgesucht?

Nachdem die Fernsehanfrage der Drehgesellschaft für die Sat.1-24-Stunden-Reportage vom Bochumer Polizeipräsidenten positiv beantwortet wurde, bat er die Belegschaft um freiwilliges Mitmachen und Begleiten mit Kamerateam. Da sich nach zwei Wochen niemand gemeldet hatte, ging man von der Pressestelle ins Detail und sondierte aus, wen man dafür gut gebrauchen könnte. Da mich zwei Pressesprecher von meiner Ausbildung her kannten, schlugen sie mich vor. Der Polizeiinspektionsleiter bat mich dann um den Gefallen, ich sollte das doch für die Bochumer Polizei machen.

»Es ist ja nur für eine kurze Zeit. Bezahlung gibt es natürlich nicht, aber wir unterstützen Sie!« Wenn der Chef einen bat, konnte man schließlich nicht nein sagen. Die kurze Zeit belief sich dann auf circa achteinhalb Jahre.

2) Wie haben deine Kollegen reagiert, als du für den TV-Job ausgesucht wurdest?

Zunächst haben wir mit der gesamten Dienstgruppe, der Pressestelle und dem Drehteam eine gemeinsame Besprechung abgehalten, um uns kennenzulernen und die Grenzen und Richtlinien abzustecken. Das Fernsehen war 2001 noch ganz anders strukturiert. Bei dem Gespräch kam heraus, dass einige Kolleginnen und Kollegen nicht gefilmt werden und nicht mitmachen wollten. Das wurde akzeptiert. Außerdem konnte sich jeder Protagonist im Anschluss gewisse Einsatzszenen noch mal anschauen. Übrigens: Heute tragen wir alle eine Kamera.

3) Gab es da Neider?

Missgunst und Neid ist die höchste Form der Anerkennung. Zunächst wollte keiner bei der Serie mitmachen und als es dann gut lief, gingen das

Remonstrieren und die hinterhältigen Intrigen los. Auch anonymes Mobbing war angesagt. Nicht, dass mir einer seine Meinung ins Gesicht gesagt hätte, nein, man setzte sich vor den Computer, zeigte uns an oder lästerte ordentlich im Internet ab. Das ging von Morddrohungen über Beleidigungen bis hin zu anderen Straftaten. Und das kam nicht nur aus den Reihen der Bevölkerung.

4) Wie waren die ersten Streifengänge mit TV-Team?

Wir waren jung und hatten keinerlei Erfahrung damit, von einer Fernsehkamera begleitet zu werden. Auch für das Team war es nicht immer einfach, da sie auch keine Erfahrungswerte besaßen. Wir haben uns zusammengesetzt und alles besprochen. Nachher habe ich die Kamera nicht mehr wahrgenommen und mich auf die oft lustigen Einsätze konzentriert. Wenn etwas nicht geklappt hatte, wurde vernünftig und sachlich darüber gesprochen und es dann geändert. Es machte meist richtig Spaß, im Team zu arbeiten.

5) Als du & Harry dann bekannter wurdet, haben sich deine Kollegen für dich gefreut oder dich eher gemieden?

Die Schulterklopfer gab es natürlich auch, da war man im TV und plötzlich everybody`s Darling. Wo die ganzen Freunde herkamen, weiß ich bis heute nicht. Meiner Familie und mir kam das spanisch vor. Man spürte auch, dass einige Mitarbeiter der Polizei einen offen anfeindeten. Manchmal wusste ich nicht mehr, wer Freund oder Feind war. Die Neider und hinterhältigen Menschen, die es auch in der Bevölkerung gab, spornten mich an, um weiter für die Polizei zu werben und uns publik zu machen. Bürgernah und respektvoll. Und wenn ich mich dabei verbessern konnte, dann war das doch prima. Ich habe bestimmt nicht alles richtig gemacht, den einen oder anderen verletzt, das tut mir leid, bei einigen konnte ich mich dafür entschuldigen.

6) Gab es Anzeigen von Personen, die du live im TV verhaftet hast?

Wir wurden durch die Fernsehsendung für fast jede Folge angegriffen oder angezeigt. Es gab viel Jubel, aber auch viel Kritik. Plötzlich wusste es jeder besser. Leute forderten uns über die Leitstelle für diverse Einsätze an und es hieß, wir wären auch in anderen Schutzbereichen tätig gewesen, man hätte uns dort Streife fahren gesehen, was natürlich nicht der Fall war. Außerdem haben uns einige Protagonisten angezeigt, weil sie mit uns öffentlich Quote machen wollten, andersherum haben wir zwei Autogrammkarten für Straftäter ausgestellt, die wir festgenommen hatten.

Die Autogrammkarten mit Unterschrift waren für die Fans und dienten als Werbung für das Kinderhospiz Mitteldeutschland, für das ich immer noch als Botschafter tätig bin.

7) Mussten Einsätze wegen des TV-Teams abgebrochen werden?

Ja, natürlich, denn der jeweilige Polizeieinsatz ging immer vor. Wichtig war für uns, dass wir unsere polizeiliche Arbeit machen und das Beste für alle Beteiligten herausholen konnten. Wir haben keinen Mitbürger gezwungen mitzumachen. Alle wurden durch das Fernsehteam befragt und mussten dies auch bewilligen. Da gab es so manche Menschen, die nicht gezeigt werden wollten. Wer mochte sich im TV sehen, während er sich im Bordellbereich aufhielt? Als die Serie richtig bekannt wurde, haben sich Protagonisten trotz Verfremdung und Unkenntlichmachung damit gebrüstet, in der Sendung dabei gewesen zu sein. Außerdem wurden in der Zeit Rahmenmedienerlasse durch die Polizeiführung ins Leben gerufen. Wir konnten uns die Urväter der Doku-Soap nennen und viel bewegen. Auch in unseren Reihen waren wir zum Politikum geworden und saßen so manches Mal zwischen den Stühlen.

8) Haben diese Einsätze mit dem TV-Team dich persönlich im Umgang mit den Menschen verändert – hast du dich als Polizist anders (überkorrekt?) verhalten?

Eigentlich nicht. Ich habe weiterhin diszipliniert gearbeitet. Ziel ist es ja, den Einsatz für alle Beteiligten so gut es geht zu bewältigen. Ich habe Straftaten zu verfolgen, aber ich sollte als Mensch stets neutral bleiben.

Ich war mir der Verantwortung gegenüber den anderen Tausenden Kolleginnen und Kollegen durchaus bewusst.

Man versuchte, keine Fehler zu machen, und gab sein Bestes. Ob mir das immer gelang, weiß ich nicht.

9) Inwiefern hat sich dein Verhältnis zu deinen Partnern/Kollegen verändert?

Viele Kolleginnen und Kollegen der damaligen Dienstgruppe haben gerne mitgemacht und uns unterstützt. Einige haben auch von den Dreharbeiten profitiert, indem sie neue Kontakte knüpfen konnten. Anderen ging die »Toto & Harry«-Geschichte auf die Nerven. Wenn du in deinem Einsatz immer wieder vom polizeilichen Gegenüber auf uns angesprochen wirst, platzt dir irgendwann auch mal die Hutschnur.

Im Nachhinein wurde es ein paar Beamten zu viel und das anonyme Mobbing fing an. Dies betraf dann auch die Familie. Ich war von mehreren Mitstreitern sehr enttäuscht und hätte erwartet, dass sie mit mir vernünftig sprechen und mir ihre Meinung ins Gesicht sagen würden. Schade, wenn man bedenkt, dass man über zwanzig Jahre befreundet war.

Mein Motto im Leben: wenn man hinfällt, wieder aufstehen, Dreck abwischen und weiter machen. Aufgeben ist keine Option.

10) Da du jetzt eine öffentliche Person bist, passt du mehr auf, was du wie sagst und äußerst?

Eigentlich versuche ich weiterhin, locker zu bleiben, aber man muss heute schon aufpassen, was man sagt. Da wird einem im Nu das Wort im

Munde herumgedreht, oder ganze Sätze aus dem Kontext gerissen. Das ist für viele Klatschblätter eine Schlagzeile wert. Ich habe ein loses Mundwerk, bin offen, ehrlich und geradeheraus, so sind wir im Ruhrgebiet. Nicht hinterhältig, sondern direkt. Damit habe ich offensichtlich einigen hohen Polizeioffizieren auf die Füße getreten.

11) Wenn du in eine Zeitkapsel steigen könntest – was würdest du anders machen?

Hätte hätte Fahrradkette. Mit dem Wissen von heute würde ich mich mit einigen Menschen, die mich schwer enttäuscht haben, nicht mehr abgeben. Aber dann wäre es ja nicht so gelaufen, wie es gelaufen ist. Für das Private gilt das Gleiche.

12) Kennen die jungen Kollegen – die Neueinsteiger – deine TV-Karriere und was sagen die dazu?

Es haben sich viele der Jüngeren erst bei der Polizei beworben, als sie uns im TV gesehen haben. Auszubildende wollten zu uns auf die Wache und mit uns Streife fahren. Ich glaube, dass wir einige Jahre sehr viel Gutes für die Werbung der Polizei tun konnten. Das fing auf Veranstaltungen wie dem Tag der offenen Tür an und hörte im TV bei Schmidt, Kerner und Lanz auf. Wir haben sehr viel Öffentlichkeitsarbeit geleistet und besonders stolz bin ich auf meinen Sohn, der mir gefolgt ist und in meine Fußstapfen treten wird.

13) Absolvierst du den Dienst wie jeder andere Polizeibeamte, oder wirst du ein wenig bevorzugt – auch oder vor allem wegen deiner Bekanntheit?

Nein, das auf gar keinen Fall, da ich ja auch nicht besser oder schlechter bin als alle anderen. Das würde ich auch nicht mitmachen. Ich bin nie aufgrund der Sendung begünstigt oder protegiert worden. Das Gegenteil war der Fall. Ich sagte ja bereits: Es gab und gibt mehrere Strömungen im Haus. Die eine davon versucht mich wegzureißen. Manchmal denke ich, dass es sich um Psychospielchen handelt. Ich mache meinen Dienst immer korrekt und habe nie jemandem etwas persönlich getan. Warum wirft man mir die ganze Zeit Steine in den Weg? Aber abgerechnet wird ja bekanntlich am Schluss. Ich kann den hohen Herren nur sagen: Wir sind noch lange nicht fertig. Ein paar Monate habe ich ja noch.

14) Wirst du im Einsatz als Polizist noch ernst genommen oder bist du dann nur der Toto aus dem Fernsehen?

Die, die jeden Tag mit mir Streife fahren, halten mich schon auf dem Teppich. Ich habe einen guten Stand bei allen Touren der Wache, da ich im hohen Alter immer noch meinen Mann stehe. Ich passe auf die Jugend auf, versuche mein Wissen weiterzugeben und dass wir nach Dienstschluss heile wieder bei unseren Familien ankommen. Ich sorge für gute Stimmung, bin sozial engagiert und das merken und schätzen die Kolleginnen und Kollegen sehr.

15) Wird deinem Wort mehr Gewicht beigemessen oder polizeiintern eher umgekehrt (… ist doch nur der Toto aus dem TV)?

Ich habe mir durch meinen ordentlichen Dienst eine gewisse Lobby bei der älteren Bevölkerung und bei den meisten ausländischen Mitbürgern, die mich im TV gesehen haben, erarbeitet. Sie wissen, wenn ich zum Einsatz komme, werden sie korrekt behandelt, es passiert was und es gibt Gerechtigkeit. Mit allen Bürgern wird vernünftig umgegangen, wenn sie auch mir gegenüber besonnen bleiben. Ansonsten habe ich keinerlei Probleme. Ich konnte mich bis jetzt immer noch durchsetzen. LOL.

16) Als Ruhrpottjunge trägst du ja dein Herz auf der Zunge – wurde dir das schon mal zum Verhängnis?

Ich sagte ja bereits, manche Menschen kriegen selbst nichts geregelt, sitzen augenscheinlich den ganzen Tag vor dem Internet und schauen, was die anderen so machen. Ich hätte nie gedacht, dass ich einmal zum Politikum werde.

In der Öffentlichkeit und bei Veranstaltungen wird man teilweise belauert. Einige Pressevertreter brauchen offensichtlich Artikel und spekulieren. Die Schlagzeile steht, ob man das nun gesagt hat oder nicht.

Ich sage gerne meine Meinung, wenn ich gefragt werde, aber bespitzeln ging gar nicht. Oder das Internet: eine Welt der Bedrohungen, Beleidigungen und des Hasses. Wenn ich alle Menschen, die mir gegenüber im Internet Straftaten verübten, angezeigt hätte, hätte ich einen eigenen Sachbearbeiter gebraucht. Und so wie mir geht es vielen bekannten Gesichtern. Irgendwann hat man keine Lust mehr, sich zu rechtfertigen oder zu diskutieren. Diese Täter würden dir das geschriebene Wort niemals ins Gesicht sagen. Da sind sie zu feige. Aber augenscheinlich ändert sich das Ganze jetzt und viele dort begangenen Straftaten werden verfolgt. Richtig so!

Übrigens: Wer mit mir nicht umgehen kann, ist selbst schuld.

Mit der Wahrheit bin ich offen, ehrlich und geradeheraus, das bleibt auch bis zum Schluss so. Glück auf.

Widmung für Toto

In diesem Augenblick habe ich, haben wir, den letzten Buchstaben in das Manuskript gesetzt. Ich danke dir für die Reise durch dein Leben. Eine Achterbahnfahrt? Das kann man wohl sagen …

Es gibt kein zufälliges Treffen. Jeder Mensch, der uns begegnet, ist entweder ein Test, eine Strafe oder ein Geschenk. Du, lieber Torsten, warst ein Geschenk für mich.

Bochum im Juli 2022

Alexandra Huß

Auch als e-Book erhältlich

PRESSE-SCHWERPUNKT

320 Seiten
Hardcover | 20,00 €
ISBN: 978-3-947145-54-6

Rob Lampe

Kurs Nordwest

Wie der Arzt Peter Döbler 45 km in die Freiheit schwamm

Peter Döbler wuchs mit der Idee des Sozialismus und Kommunismus auf, fest eingebunden in das gesellschaftliche DDR-Gebilde, bis er erkennen musste, dass dort kein Platz für seine Vorstellung von Freiheit vorgesehen war. Er musste sich entscheiden und tat etwas, was noch nie ein Mensch vor ihm gemacht hatte.

Ohne einen einzigen Schluck Wasser begab er sich im Sommer 1971 an den Kühlungsborner Strand, watete mit einem Neopren-Nassanzug in die Ostsee und schwamm 45 Kilometer, an Grenzposten, Patrouillenbooten und Schießbefehl vorbei, Richtung Fehmarn. Es ist die längste Strecke, die je ein Mensch, allein und ohne Hilfsmittel, über die Ostsee geschwommen ist und gehört zu den spektakulärsten DDR-Fluchten überhaupt.

Doch was genau waren die Hintergründe? Wie sahen seine Vorbereitungen aus? Und wie reagierte die Partei nach seiner Flucht? **Ein Stück deutsch-deutscher Zeitgeschichte.**

hansanord